जोश, जज़्बा और जुनून

जोश, जज़्बा और जुनून

भारत के दिव्यांग सैनिकों की वीरगाथाएँ

अम्बरीन ज़ैदी

प्रभात प्रकाशन

प्रकाशक

प्रभात प्रकाशन प्रा. लि.

4/19 आसफ अली रोड, नई दिल्ली–110002

फोन : 011–23289777 • हेल्पलाइन नं. : 7827007777

इ–मेल : prabhatbooks@gmail.com ❖ वेब ठिकाना : www.prabhatbooks.com

संस्करण

2025

अनुवाद

धर्मेंद्र झा

पेपरबैक मूल्य

चार सौ रुपए

मुद्रक

आर–टेक ऑफसेट प्रिंटर्स, दिल्ली

———— ★ ————

JOSH, JAZBA AUR JUNOON

by Ambreen Zaidi

(Hindi translation of SOLDIERING ON)

Published by **PRABHAT PRAKASHAN PVT. LTD.**

4/19 Asaf Ali Road, New Delhi-110002

ISBN 978-93-5521-748-6

₹ 400.00 (PB)

उन सभी सैनिकों को
जिन्होंने हमारे देश के सम्मान की रक्षा करने का
संकल्प लिया

संदेश

Lt. Gen. Shankar Prasad
PVSM, VSM (R)

Former Director General Infantry
Former Colonel the Punjab Regiment

Email: sprasad62@hotmail.com

DO: 242/SP 12 Jul 23

Dear Mrs Zaidi,

DISABLED ARMED FORCES PERSONNEL

1. Armed conflicts are a very devastating and expensive propositions, not only in terms of financial burden on the state but more importantly on physiological and social effects on human being and the society in the general. We in India have been through a number of wars to safe guard our borders and concomitantly internal security challenges. The major burnt of these has been borne by the Armed Forces of the union.

2. Having personal experience of 1971 war, as a Major have seen casualties, such as scull being split into two with shrapnels of Artillery and Mortor shell, complete intestines of the stomach coming out during MMG fire, legs and other body parts been blown off due to mine fields. A little later in service as a Lt Gen, Director General Infantry have seen battle casualties occurring in the 1999 Kargil conflict, soldiers suffering upto 90% to 100% disabilities. Heart just goes to such casualties and marvel at their resolve to live and overcome day to day living problem.

3 Mrs. Ambreen Zaidi has taken upon herself the onerous task of bringing to light the human suffering as a result of unimaginable physical, physiological and social fall outs of armed conflicts on soldiers, sailors and airmen of our Armed Forces, who have survived such conflicts but have been disabled for life.

4. Indian Armed Forces personnel have demonstrated unbelievable courage to face disabilities suffered as a consequence of injuries suffered during such conflicts. Each story has a definite message to convey, demonstrating courage to fight against all odds.

5. The Nation Salute disabled gallant soldiers, sailors, airmen of the Indian Armed Forces.

With Best wishes and
warm regards.

Yours Sincerely
Shankar Prasad

Mrs. Ambreen Zaidi

प्रस्तावना

"...भारतीय संविधान के अनुच्छेद 14 में कहा गया है कि 'राज्य भारत के क्षेत्र के भीतर किसी भी व्यक्ति को कानून के समक्ष समानता या कानूनों के समान संरक्षण से वंचित नहीं करेगा।' भारतीय संविधान के तहत समानता के अधिकार के दो पहलू हैं—औपचारिक समानता और वास्तविक समानता। जबकि औपचारिक समानता का अर्थ है, कि प्रत्येक व्यक्ति के साथ, चाहे उनकी विशेषताएँ कुछ भी हों, समान व्यवहार किया जाना चाहिए और उनके साथ भेदभाव नहीं किया जाना चाहिए। वास्तविक समानता का उद्देश्य सकारात्मक काररवाई के विभिन्न तरीकों के माध्यम से परिणामों की समानता पैदा करना है। उचित आवास का सिद्धांत वास्तविक समानता प्राप्त करने के साधनों में से एक है, जिसके अनुसार, विकलांग व्यक्तियों को उनकी व्यक्तिगत क्षमताओं के आधार पर उचित रूप से समायोजित किया जाना चाहिए। एक सामाजिक संरचना के रूप में विकलांगता किसी व्यक्ति की चिकित्सकीय स्थिति से पहले आती है। सुविधाओं तक पहुँच के अभाव के कारण विकलांगता की भावना का परिचय दिया जाता है।"

ऐसा कहा गया है कि भारत के सर्वोच्च न्यायालय ने सन् 2021 की सिविल अपील 6924 में रविंदर कुमार धारीवाल बनाम भारत संघ का फैसला 17-12-2021 को सुनाया। निर्णय में उस वर्ष की शुरुआत में 2021 की सिविल अपील 273 में विकास कुमार बनाम संघ लोक सेवा आयोग के 11-02-2021 के फैसले के एक और फैसले का हवाला दिया गया, जिसमें निम्नलिखित तथ्य देखा गया था—

"...उचित समायोजन का सिद्धांत स्वीकार करता है कि यदि सामाजिक संरचना के रूप में विकलांगता का समाधान किया जाना है तो विकलांगों के विकास को सुविधाजनक बनाने के लिए सकारात्मक रूप से स्थितियाँ बनानी होंगी। समावेशन के मानदंड में उचित आवास स्थापित किया गया है। बहिष्करण के परिणामस्वरूप व्यक्तिगत गरिमा और मूल्य का हनन होता है, या वे उचित आवास का मार्ग चुन सकते हैं, जहाँ प्रत्येक व्यक्ति की गरिमा और मूल्य का सम्मान किया जाता है। इस मार्ग के तहत शक्तिशाली और बहुसंख्यक इन उद्देश्यों की प्राप्ति की अनुमति देने के लिए, तर्क की सीमा के भीतर और अनुचित कठिनाई की कमी के भीतर, अपने स्वयं के नियमों और प्रथाओं को अपनाते हैं।"

क्या बुद्धिमानों के शब्दों या युगों-युगों के विशेषज्ञों के शब्दों या देश के सर्वोच्च न्यायालय द्वारा पुनः दिए गए जोर ने हमें काररवाई के लिए प्रेरित किया है? दुर्भाग्य से, मुझे इसका उत्तर नकारात्मक ही देना होगा।

यह एक बड़ा विरोधाभास है कि जबकि भारत सरकार के अधिकांश विभाग और मंत्रालय, विशेष रूप से सामाजिक न्याय एवं अधिकारिता मंत्रालय, विकलांगों के लिए सहायता सुनिश्चित करने और विकलांगों को सुगमता तथा वित्तीय लाभ देने के लिए कई नीतियों को लागू करने के रास्ते से हट गए हैं। कर्मचारियों के लिए रक्षा मंत्रालय के कुछ तत्त्वों की भूमिका प्रतिकूल और बिल्कुल विपरीत रही है; जबकि एक सामान्य व्यक्ति उम्मीद करेगा कि उक्त मंत्रालय वरदीधारी बलों के विकलांगों की जरूरतों के प्रति अतिरिक्त संवेदनशील होगा, क्योंकि घटना की संभावना अधिक है। वरदीधारी संगठनों में शारीरिक, चिकित्सकीय और मानसिक स्वास्थ्य स्थितियों की। तो हमारा क्या कसूर है? मैं कहूँगा बहुत।

सबसे पहली और बहुत दुःखद बात यह है कि सभी प्रगतिशील नीतियों, लाभों एवं कानूनों को वित्त और काल्पनिक 'दुरुपयोग' के चश्मे से देखा जाता है, न कि सामाजिक न्याय या आराम के साधन के रूप में।

दूसरे, ऐसे मुद्दों से निपटने वाले कर्मचारी, विशेष रूप से निचले स्तर

पर और सेना के भीतर, आधे–अधूरे ड्राइंग–रूम चर्चाओं से उभरने वाली शहरी किंवदंतियों के प्रति संवेदनशील होते हैं, जिनमें दिखाई देने वाली शारीरिक विकलांगता के बारे में क्या बात की जाए, यहाँ तक कि स्वास्थ्य संबंधी मुद्दों, जैसे—स्वस्थ आदतों वाले स्पष्ट रूप से फिट व्यक्तियों में अचानक हृदय रोग की स्थिति आदि को 'जीवन–शैली' रोगों का नाम दिया जाता है, जिससे भारी तनाव और सैन्य सेवा के तनाव के व्यावहारिक अस्तित्व की अनदेखी होती है, जो लगभग सभी ऐसी चिकित्सा स्थितियों को बढ़ा देता है और जिसे दुनिया भर में सभी सेनाओं में सार्वभौमिक रूप से मान्यता प्राप्त है।

तीसरा, हितधारकों से परामर्श का पूर्ण अभाव है और मुद्दों पर केवल वन–वे नोटिंग प्रणाली के माध्यम से फाइल पर चर्चा की जा रही है, जो नोट–आरंभकर्ताओं के सीमित, प्रतिबंधात्मक और प्रतिगामी विश्व–दृष्टि से ग्रस्त है, जिनके पास विनियामक, पेंशनरी का कोई अनुभव या आभास नहीं है। दृश्य और अदृश्य अक्षमताओं से उभरने वाले व्यावहारिक मुद्दे, फाइल–नोटिंग्स, अकसर प्रभावित कर्मियों या वास्तविक विशेषज्ञों के साथ चर्चा किए बिना 'सक्षम प्राधिकारी' द्वारा अनुमोदित की जाती हैं। कभी–कभी लिपिक कर्मचारियों की व्यक्तिगत राय को उच्च अधिकारियों द्वारा अनुमोदित किए जाने के बाद सार्वजनिक नीति के रूप में लागू किया जाता है। ऐसे कई उदाहरण हैं, जिनमें उच्च नौकरशाही और उच्चतम राजनीतिक कार्यपालिका के सर्वोत्तम इरादों को भी निचले कर्मचारियों और वित्त अधिकारियों के हानिकारक, भ्रामक तथा शरारती फाइल नोटों द्वारा मलबे में तब्दील कर दिया गया है।

क्या निदान है? लगभग ढाई दशकों तक इस विषय पर बारीकी से विचार करने के बाद भी मेरे पास कोई स्पष्ट उत्तर नहीं है। कर्मचारियों के प्रशिक्षण और संवेदनशीलता तथा एक कॉलेजिएट निर्णय लेने की प्रक्रिया की आवश्यकता है, जहाँ प्रभावित पक्षों सहित व्यावहारिक वास्तविकताओं पर चर्चा की जाती है, अच्छी तरह से निर्णय लिये जाते हैं और फिर लोगों के प्रतिनिधियों के इन सैद्धांतिक निर्णयों को प्रभावी किया जाता है और ऊपर से नीचे की ओर जोर से हथौड़ा मारा जाता है।

अन्य विभागों एवं मंत्रालयों और यहाँ तक कि अन्य लोकतंत्रों से सर्वोत्तम प्रथाओं (कम-से-कम न्यूनतम) को अपनाने की भी आवश्यकता है। जब मेरे करीबी दोस्त मेजर डी.पी. सिंह ने अपना एक पैर खो दिया और सक्रिय ऑपरेशनों में उन्हें कई चोटें लगीं, तो जब उन्हें होश आया तो उनके अंग की क्षति के बारे में सलाह देने वाला भी कोई नहीं था। जब विषम परिस्थितियों में काम कर रहे हमारे सैनिक उदास महसूस करते हैं या मानसिक स्वास्थ्य संबंधी समस्या या पी.टी.एस.डी. विकसित करते हैं तो सहारा देने के लिए कोई कंधा नहीं होता है, सुनने के लिए कोई परवाह करने वाला कान नहीं होता है और हमें लगता है कि यूनिट धार्मिक शिक्षकों या 'बडी सिस्टम' आदि को दिया गया कच्चा प्रशिक्षण आदि इन जटिल मुद्दों से निपटने में मदद कर सकते हैं। हमारे पास सेना के भीतर एक समर्पित टेलीफोन हेल्पलाइन भी नहीं है, जिससे कोई व्यक्ति आत्महत्या की प्रवृत्ति सहित मानसिक स्वास्थ्य संबंधी समस्याओं के लिए संपर्क कर सके। यह और बात है कि सन् 2018 में संसद् में कहा गया था कि पेशेवर परामर्श के लिए सेना द्वारा एक 'मानसिक सहायता हेल्पलाइन' स्थापित की गई थी; लेकिन मुझे अभी तक पता नहीं है कि यह वास्तव में मौजूद है या नहीं! यदि ऐसा होता है तो मैं सैन्य बलों में किसी ऐसे व्यक्ति को नहीं जानता, जो इसकी संख्या जानता हो। 'सैनिक शिकायत अधिकारी' (एस.जी.ओ.) की अवधारणा और सैन्य बलों के सदस्यों एवं उनके परिवारों के लिए 24 घंटे की टोल-फ्री हेल्पलाइन की शुरुआत पर एक विस्तृत पेपर अधोहस्ताक्षरी द्वारा लिखा गया है और वर्तमान रक्षा मंत्री द्वारा विधिवत् आगे बढ़ाया गया है, को भी प्रभाव नहीं दिया गया है और फाइल को कक्षा में भेज दिया गया है, क्योंकि शायद हमारे पास इन गैर-ग्लैमरस मुद्दों के लिए समय नहीं है।

इस पृष्ठभूमि में, कभी-कभी एक अकेला रेंजर बने रहना बोझिल हो जाता है; लेकिन फिर यह जानकर खुशी होती है कि संबंधित नागरिकों द्वारा प्रयास किए जा रहे हैं, जैसे कि सुश्री जैदी की यह पुस्तक, यह सुनिश्चित करने के लिए कि महत्त्वपूर्ण मुद्दे सुर्खियों में बने रहें। यह प्रयास जनता

की चेतना के भीतर और शायद नीति-निर्माताओं की अंतरात्मा को हलके ढंग से छू रहा है।

आशा प्रवाह करती है। मैं इस प्रयास के लिए सुश्री जैदी को बधाई देता हूँ और आशावाद बनाए रखता हूँ कि यह हमारी सामूहिक जागृति की ओर ले जाएगा।

—नवदीप सिंह

अधिवक्ता, पंजाब एवं हरियाणा उच्च न्यायालय

रक्षा मंत्रालय द्वारा शुरू की गई मुकदमेबाजी को कम करने और शिकायत निवारण प्रणाली में बदलाव लाने के लिए प्रधानमंत्री के निर्देश पर रक्षा मंत्री द्वारा गठित विशेषज्ञों की समिति के पूर्व सदस्य।

सदस्य, सैन्य न्याय पर सलाहकार समिति, राष्ट्रमंडल सचिवालय।

इंटरनेशनल फेलो, नेशनल इंस्टीट्यूट ऑफ मिलिटरी जस्टिस, वाशिंगटन डीसी।

सदस्य, इंटरनेशनल सोसाइटी ऑफ मिलिटरी लॉ एंड द लॉ ऑफ वॉर

लेखक का नोट

विकलांग सैनिकों के साथ मेरी यात्रा और मेरे अनुभव तब शुरू हुए, जब मैं पहली बार सन् 2002 में पुणे के पैराप्लेजिक रिहैबिलिटेशन सेंटर में फ्लाइंग ऑफिसर एम.पी. अनिल कुमार से मिली, जिन्होंने मुझ पर एक अमिट छाप छोड़ी। वह चतुरंगघात (क्वाड्रिप्लेजिक) रोग से पीड़ित थे और अपनी गरदन के नीचे से काम नहीं कर पाते थे। फिर भी उनकी योग्यता में कोई DIS नहीं था। मैं जीवन के प्रति उनके सकारात्मक दृष्टिकोण और उनके शरीर के शेष कार्यात्मक भाग की उत्पादकता को अधिकतम करने के उनके दृढ़ संकल्प से आश्चर्यचकित थी। वह एक लेखक बन गए और उनके पास एक संशोधित कंप्यूटर था। वह अपने होंठों के बीच लेखनी रखते थे और सुंदर लेख लिखते थे। वास्तव में, वह केंद्र और उसके बाहर अन्य सदस्यों के लिए एक प्रेरणा थे। प्रेरणा के लिए दूर-दूर से लोग उनसे मिलने आते थे। तब से मैं विभिन्न मुद्दों को लेकर कई अन्य विकलांग सैनिकों से मिली। उनमें से अधिकांश के पास प्रत्यक्ष साक्ष्य हैं, जो बलिदान की कहानियाँ बताते हैं—चेहरे पर लगी चोट, कोई अंग या उसका कोई हिस्सा गायब, गहरे खोदे हुए निशान—कुछ स्पष्ट और कुछ उनकी त्वचा के नीचे गहरे छिपे हुए हैं; उन घटनाओं से बना मानसिक आघात, जिसके कारण यह हुआ और उसके बाद उनके जीवन में कठिनाइयाँ। विकलांग सैनिकों के लिए ये घाव उनके दैनिक जीवन का अभिन्न अंग हैं। वे बाधाएँ और चुनौतियाँ खड़ी कर सकते हैं; लेकिन मेरी पुस्तक की कहानियों में ये लोग उन्हें बाधा मानने से इनकार करते हैं। वे अपनी विकलांगताओं के लिए विशेष उपचार

की माँग नहीं करते हैं। वे बस, उचित और दयालु देखभाल चाहते हैं—उस देश से, जिसकी उन्होंने निस्स्वार्थ रूप से सेवा की है और हमसे, उस समाज से, जो उनके आसपास है। ये सैनिक हमारे बिना शर्त समर्थन और सहानुभूति के पात्र हैं, क्योंकि वे उपचार एवं समावेशन की दिशा में आगे बढ़ रहे हैं।

भारतीय सशस्त्र बल यहाँ एक महत्त्वपूर्ण भूमिका निभाते हैं और इनमें से अधिकांश सैनिक अपने अनुभवों के माध्यम से नेविगेट करने, अपने घरों एवं परिवारों में सफलतापूर्वक पुनः एकीकृत होने का लचीलापन पाते हैं और अंततः नागरिक दुनिया में जिम्मेदारियों के अपने हिस्से को स्वीकार करने के लिए तैयार कायाकल्पित व्यक्तियों के रूप में उभरते हैं। हाँ, जीवन उनके साथ अन्यायपूर्ण रहा है, लेकिन वे अपनी परिस्थितियों का शिकार बनने से इंकार करते हैं। बल्कि, इस दौरान जब मैंने उनसे बातचीत की तो उन्होंने जो भी कार्य हाथ में लिया, उसमें मैंने उन्हें विजयी होते देखा। विकलांगताएँ अलग थीं—किसी ने एक अंग खो दिया था, किसी ने एक से अधिक अंग खो दिए थे, किसी को गंभीर आंतरिक चोट लगी थी, किसी को एक आँख खोनी पड़ी थी और कई लोग चिकित्सकीय रूप से 100 प्रतिशत विकलांग हो गए थे। हालाँकि, उनकी अक्षमताएँ अलग-अलग थीं, लेकिन अपने देश के प्रति उनके प्रेम ने उन्हें एक उग्र व्यक्ति बना दिया, जिनमें से प्रत्येक एक-दूसरे से अधिक भावुक था। प्रत्येक की अपनी उल्लेखनीय जीवन-यात्रा थी और उन्हें इस पर बहुत गर्व था। विविध भौतिक मुद्दों को ध्यान में रखते हुए अधिकांश सैनिक वर्षों की चुनौतियों पर विजय पाने और नए कौशल प्राप्त करने से प्राप्त आत्म-आश्वासन एवं दृढ़ दृष्टिकोण का लाभ उठाते हुए अपने जीवन में इस नए चरण को अपनाने में कामयाब रहे। भारतीय सशस्त्र बलों द्वारा दी गई चिकित्सा सहायता की मदद से ये स्टील के लोग विपरीत परिस्थितियों को एक परिसंपत्ति में बदलने की मानसिकता को समाहित करते हैं। यह जीवन का एक बड़ा सबक है, जो मैंने सीखा है।

हालाँकि, सिवी स्ट्रीट में उनके लिए चीजें हमेशा इतनी आसान नहीं होती हैं। उदाहरण के लिए, एक विकलांग सैनिक को अपने अधिकार के लिए सात साल तक अदालत में लड़ना पड़ा। 'दायाँ पैर दिखाई न देने' और इसके समर्थन

में सभी चिकित्सा दस्तावेजों के बावजूद उसे अदालत में यह साबित करना पड़ा कि वह एक युद्ध-विकलांग सैनिक था। हम अपने सैनिकों का सम्मान करते हैं—वे चाहे सेवारत हों, सेवानिवृत्त हों, काररवाई में मारे गए हों या कर्तव्य के दौरान घायल हुए हों, वे हमारे असली नायक हैं। मेरी इस पुस्तक में शामिल हर सैनिक एक प्रेरणा है। जिंदगी आसान नहीं थी। उन्हें अपने तरीके से लड़ना पड़ा और वे अब भी लड़ रहे हैं अपने भाइयों की तरह। वे हार नहीं मानते।

वीरता के इन लोगों ने राख से उठने का फैसला किया। ये वे असाधारण व्यक्ति हैं, जिन्होंने कारगिल संघर्ष, उत्तर-पूर्वी राज्यों और जम्मू व कश्मीर सहित विभिन्न क्षेत्रों में गहन आतंकवाद-विरोधी अभियानों के दौरान अपने अंगों को खोने और अंगों के नुकसान का बहादुरी से सामना किया है। फिर भी, उल्लेखनीय रूप से, उनकी अदम्य भावनाएँ अक्षुण्ण बनी हुई हैं।

जहाँ तक मेरी बात है, मेरे मन में उनके और उनके परिवारों के प्रति अपार कृतज्ञता के अलावा और कुछ नहीं है। परिवारों के लिए एक ऐसे दिव्यांग सदस्य का होना भी चुनौतीपूर्ण है, जो कभी चट्टान की तरह सख्त था, लेकिन अब छोटे-छोटे कामों के लिए दूसरों पर निर्भर रहता है। कई शारीरिक, भावनात्मक, मनोवैज्ञानिक और सामाजिक मुद्दे चलन में हैं। लेकिन परिवारों में भी मुझे कोई पछतावा नहीं दिखता। ऐसी ही उनकी विरासत है। इनमें से अधिकांश सैनिक मुझसे कहते हैं कि विकलांगता मन में है।

"यह भारतीय सेना का लोहा है, न मुड़ता है, न टूटता है।" इन बहादुर लोगों ने बार-बार साबित किया है कि किसी व्यक्ति की एकमात्र विकलांगता नकारात्मक रवैया ही हो सकती है।

मैं इससे अधिक सहमत नहीं हो सकी।

भारतीय सशस्त्र बलों के विकलांग सैनिकों के संबंध में नीति में संचार की कमी और भ्रम के कारण कई सैनिकों को अपने अधिकारों के लिए नागरिक अदालतों में लड़ना पड़ता है। विकलांग सैनिकों के लिए नीतियाँ मौजूद नहीं हैं। हालाँकि, यह सब बहुत अजीब है, भारतीय सशस्त्र बल अपने अत्याधुनिक पुनर्वास केंद्रों, कृत्रिम अंग केंद्र, रीढ़ की हड्डी की चोट केंद्र और पूरे भारत में दर्जनों सैन्य अस्पतालों के साथ अपने सैनिकों के साथ सर्वोत्तम संभव तरीके

से खड़े रहे हैं, जो हम अपने सैनिकों की मदद के लिए हमेशा तत्पर रहते हैं, चाहे वे सेवारत हों, सेवानिवृत्त हों या विकलांग हों। लेकिन यह पर्याप्त नहीं है। अस्पतालों और पुनर्वास केंद्रों से परे भी एक जीवन है। हमें उनके बकाए और वित्त का ध्यान रखना चाहिए; सुनिश्चित करें कि हर सैनिक चाहे जहाँ भी रहे, उसकी अच्छी तरह से देखभाल की जाए।

मुझे आशा है कि यह पुस्तक अपने उद्देश्य को पूरा करने में सक्षम होगी और उच्च स्तर के लोगों की आँखों व कानों तक पहुँचेगी; हमारे सभी सैनिकों को उनका हक मिलना चाहिए। इस पुस्तक को लिखने की अपनी यात्रा के दौरान मैंने देश के कोने-कोने में यात्रा की है; विकलांग सैनिकों से मुलाकात की है, जिनकी हम कल्पना भी नहीं कर सकते हैं। फिर भी, वे एक ऐसी शक्ति हैं, किसी अन्य से भिन्न प्रेरणा नहीं। उनकी उपस्थिति में मैंने दृढ़ता का प्रतीक देखा, क्योंकि वे उन लोगों की अडिग भावना का प्रतीक हैं, जो अपनी विकलांगताओं को परिभाषित करने से इनकार करते हैं। इन सच्चे जीवन-वृत्तांतों के माध्यम से मैं अपने इन बहादुर पुरुषों के जीवन और संघर्षों के बारे में जागरूकता पैदा करना चाहता हूँ और हम, एक राष्ट्र के रूप में, अपने समाज एवं प्रणाली को उनके लिए अधिक समावेशी और अधिक मिलनसार बनाने के लिए कैसे आगे आ सकते हैं।

आभार

सबसे पहले और सबसे महत्त्वपूर्ण, मैं भारत के सभी सैनिकों—सेवारत और सेवानिवृत्त—दोनों, साथ ही उन लोगों के प्रति अपना गहरा आभार व्यक्त करना चाहता हूँ, जो हमारे देश की रक्षा करते समय घायल हो गए हैं। जिन असंख्य सैनिकों से मैं मिली, उनके परिवारों को मेरा विशेष धन्यवाद, जिन्होंने उनका इतना स्वागत किया और उनकी कहानियों में और अधिक मूल्य जोड़ने में मेरी मदद की।

मैं उन सभी की बहुत आभारी हूँ, जिन्होंने इस पुस्तक को लिखने की मेरी यात्रा के दौरान मेरा समर्थन किया है।

मैं सन् 1971 के युद्ध के नायक मेजर चंद्रकांत के साथ शुरुआत करूँगी, जिनके मार्गदर्शन, प्रोत्साहन और मुझ पर अटूट विश्वास के बिना यह परियोजना सफल नहीं होती।

सुहैल, मेरे पति, आपकी अमूल्य प्रतिक्रिया और रचनात्मक आलोचना ने मुझे उन हिस्सों पर दोबारा काम करने पर मजबूर किया, जो पुस्तक में संदेश देने के लिए बहुत महत्त्वपूर्ण थे। हमारी सभी पोस्टिंग्स में, चाहे वह शांति में हो या क्षेत्र में, 'फौजी और फैंटास्टिक' जैसी सभी चीजों के बारे में मैंने जो सबक सीखा, वह आपकी मदद के बिना संभव नहीं होता।

मरियम अहलावत आपा, जो मुझे सुंदर और चुनिंदा व्यावहारिक सुझाव देती रहीं।

रश्मि ओबेरॉय, जब मैं कुछ मुद्दों पर गहरी उलझन में थी तो मेरा हाथ पकड़ने के लिए धन्यवाद।

मैं अपने परिवार के प्रति अपनी गहरी कृतज्ञता व्यक्त करना चाहती हूँ। आपके अटूट समर्थन व प्रोत्साहन ने मुझे आगे बढ़ने में मदद की, खासकर मेरे सबसे बुरे समय में।

मेरे माता-पिता को, ऊपर से उनके असीम प्यार व आशीर्वाद के लिए और मुझमें लिखित शब्द को सीखने और तलाशने का जुनून पैदा करने के लिए विशेष धन्यवाद! आपने मुझमें जो मूल्य डाले, वे मेरी सबसे बड़ी ताकत हैं।

यह पुस्तक लेफ्टिनेंट जनरल ए.के. सिंह, ए.वी.एस.एम., वाई.एस.एम., एस.एम., वी.एस.एम., जनरल ऑफिसर-कमांडिंग-इन-चीफ, दक्षिणी कमान के अथक समर्थन के बिना संभव नहीं होती।

श्रीमती एवं ब्रिगेडियर सूद, आपके भरपूर समर्थन के लिए धन्यवाद।

ब्रिगेडियर राणा, सभी प्रोत्साहन के लिए बहुत-बहुत आभार।

कर्नल एवं श्रीमती कोहली, इस यात्रा के दौरान मेरा मार्गदर्शन करने और मेरा हाथ थामने के लिए धन्यवाद।

कर्नल नवीन, यहाँ इतनी सारी कहानियों की रीढ़ बनने के लिए धन्यवाद।

कर्नल व्योम, मेरे सभी प्रश्नों में धैर्यपूर्वक मेरी सहायता करने के लिए बहुत-बहुत धन्यवाद।

कर्नल मुखर्जी, आप निस्स्वार्थता की प्रतिमूर्ति हैं। दुनिया को निश्चित रूप से आप जैसे और लोगों की जरूरत है।

कर्नल नितिन, अपने अद्‌भुत तरीके से हमारे लड़कों को प्रेरित करके तिरंगे को ऊँचा रखें।

मैं फौज के अपने दोस्तों की आभारी हूँ, जिनकी बुद्धिमत्ता, विशेषज्ञता और मार्गदर्शन इस पुस्तक को आकार देने में अमूल्य रहे हैं—संपर्क ढूँढ़ना, बिंदुओं को जोड़ना और सर्वश्रेष्ठ को सामने लाने की कोशिश करना।

मैं उन शोधकर्ताओं, विद्वानों और विशेषज्ञों के योगदान को भी स्वीकार करना चाहूँगी, जिनके काम और विचारों ने विषय-वस्तु के बारे में मेरी समझ को आकार दिया है। आपके अग्रणी अनुसंधान और अंतर्दृष्टि ने एक नींव के रूप में काम किया है, जिस पर मैंने यह पुस्तक बनाई है।

मैं उन पाठकों और समर्थकों को हार्दिक धन्यवाद देती हूँ, जिन्होंने मेरे

लेखन में रुचि दिखाई है। इस पुस्तक को सफल बनाने में आपका समर्थन और मुझ पर विश्वास महत्त्वपूर्ण रहा है। मैं अपने जीवन में आपकी उपस्थिति के लिए सदैव आभारी हूँ।

मैं उन अनगिनत डॉक्टरों और नर्सों के प्रति अपनी कृतज्ञता व्यक्त करना चाहती हूँ, जिनके नाम शायद इन पंक्तियों में नहीं हैं, लेकिन जिन्होंने इस पुस्तक और उससे आगे वर्णित सैनिकों के जीवन में बहुत महत्त्वपूर्ण भूमिका निभाई है। आपकी निस्स्वार्थ सेवा हम जैसे कम लोगों को राष्ट्र के प्रति अपना योगदान देने के लिए प्रेरित करती है।

यहाँ उल्लिखित सभी लोगों के लिए और जिनके नाम अनजाने में छूट गए हैं, कृपया मेरी गहरी कृतज्ञता स्वीकार करें।

अंत में श्रीमती एवं जनरल इयान कारडोजो को उनकी अंतहीन प्रार्थनाओं के लिए मेरा बहुत-बहुत धन्यवाद, जब मुझे उनकी सबसे अधिक आवश्यकता थी।

अनुक्रम

'इस' क्षमता के साथ जीना

लेफ्टिनेंट विजय के. नायर (सेवानिवृत्त)

अपनी ताकत को गले लगाओ,
अपनी महान् क्षमताओं की खोज करो,
अपने आपको मजबूत करो,
अपनी सभी कमजोरियों को दूर करो,
यह न पूछो, 'मैं ही क्यों ?' जब चुनौतियाँ आती हैं,
इसके बजाय, अपनी आँखों में साहस के साथ कहो, 'मुझे आजमाएँ'।
सहानुभूति न तलाशो, न ही मुफ्त के लिए समझौता करो,
वीरता से लड़ो, अपनी वास्तविक क्षमताएँ सिद्ध करो।
मैं विनती करता हूँ, अपने आपको 'अक्षम' न कहो,
क्योंकि तुम्हारी आत्मा में अनंत भंडार छिपा है,
लचीलेपन, साहस और संभावनाओं का,
बाधाओं को तोड़ना, शत्रुता को चुनौती देना।
कोई भी बाधा तुम्हारी खोज में बाधा न बने,
तुम किसी भी परीक्षा के बावजूद सपनों पर विजय पा सकते हो।
अटूट भावना के साथ, तुम स्वतंत्र होगे,
सपनों को खोलना, अपने भाग्य तक पहुँचना।
इससे कोई फर्क नहीं पड़ता कि तुम्हें
किन सीमाओं का सामना करना पड़ सकता है,
तुम्हारी क्षमता की कोई सीमा नहीं है, इसे अपनाओ।
अपने आप पर, अपनी शक्ति और चपलता पर विश्वास रखो,
'इस' क्षमता से पहाड़ों पर विजय प्राप्त करो।

लेफ्टिनेंट विजय के. नायर (सेवानिवृत्त), भारतीय नौसेना-आई.एन.एस. शिवाजी से इलेक्ट्रिकल इंजीनियरिंग में स्नातक, ने सन् 2006 में अपनी नौसेना सेवा शुरू की। आई.एन.एस. वलसुरा में सेवा करते समय वह एक घातक सड़क दुर्घटना का शिकार हो गए और उनके सिर एवं रीढ़ की हड्डी में चोटें आईं। तीन साल तक स्पाइनल कॉर्ड इंजरी सेंटर, एम.एच. किर्की में उनका पुनर्वास हुआ, जिसके बाद वह कोच्चि में अपने गृह नगर चले गए।

अध्याय-1

लेफ्टिनेंट जनरल विजय ओबेरॉय, पी.वी.एस.एम., ए.वी.एस.एम., वी.एस.एम.

अजेय और अपराजित सैनिक

मुझे फोन उठाने, लेफ्टिनेंट जनरल विजय ओबेरॉय से बात करने और उनसे यह पूछने में बहुत साहस करना पड़ा कि क्या मैं उनसे मिल सकती हूँ और उनकी महान जीवन-यात्रा के बारे में खुद उस व्यक्ति से सुन सकती हूँ? और आखिरकार, जिस दिन मैंने उन्हें फोन किया, उन्होंने मुझे बताया कि उन्हें निमोनिया के कारण अस्पताल में भरती कराया गया है और छुट्टी के बाद वह पंचकुला में नहीं रहेंगे, क्योंकि उन्हें अपनी बटालियन के स्थापना दिवस समारोह के लिए जाना है। मैं उनसे पूछना चाहती थी कि अस्पताल से छुट्टी मिलने के बाद वह कैसे यात्रा करेंगे; लेकिन फिर, यहाँ मैं भारतीय सेना के एक दिग्गज से बात कर रही थी, जिन्होंने हमारे देश के सबसे घातक युद्धों में सक्रिय रूप से भाग

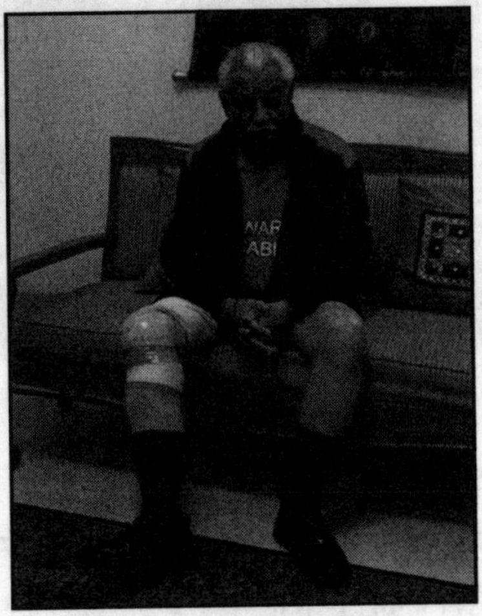

लेफ्टिनेंट जनरल विजय ओबेरॉय

लेफ्टिनेंट जनरल विजय ओबेरॉय अपनी पत्नी दौलत ओबेरॉय के साथ

लिया और अनगिनत लोगों को खोया है। एक ऐसा व्यक्ति, जो विकलांग होने के बावजूद भारतीय सेना का उप-प्रमुख बन गया। इसलिए, मैंने अपना मुँह बंद रखने का फैसला किया।

कुछ हफ्ते बाद जब मैं जनरल ओबेरॉय से मिलने गई तो वह मेरा स्वागत करने के लिए मेन गेट पर ही मौजूद थे। श्रीमती ओबेरॉय स्वादिष्ट नाश्ते के साथ इंतजार कर रही थीं। इससे पहले उन्होंने मुझे जनरल ओबेरॉय के साथ बातचीत शुरू करने से मना कर दिया। उन्होंने महसूस किया कि चूँकि मैं दिल्ली से आई हूँ, इसलिए मुझे अपने काम पर जाने से पहले आराम करने, नाश्ता करने और

कॉफी पीने की जरूरत है। उनका मुझ पर भरपूर प्रेम और देखभाल ने मुझे ऐसा महसूस कराया, मानो मैं अपने माता-पिता के घर आ गई हूँ।

लेफ्टिनेंट जनरल विजय ओबेरॉय का परिवार पाकिस्तान से आए शरणार्थी थे, जहाँ उनके पास झेलम जिले में जमीन-जायदाद थी। विजय कुल छह भाई-बहनों में दूसरे सबसे बड़े थे; लेकिन उनके बड़े भाई अशोक की बहुत कम उम्र में मृत्यु हो गई थी, इसलिए वह लगभग 10 साल की उम्र में सबसे बड़े हो गए। सन् 1947 में उनके पिता भारत के विभाजन और स्वतंत्रता के समय, भारत व पाकिस्तान के बीच भविष्य की सीमा के करीब, कसूर में एक बैंक के प्रबंधक थे।

विजय का जन्म 29 सितंबर, 1941 को रावलपिंडी में हुआ था, जो अब पाकिस्तान का हिस्सा है। जब यूरोप में द्वितीय विश्व युद्ध लड़ा जा रहा था, अविभाजित भारत में शांतिवादी राजनीतिक नेताओं और उन लोगों द्वारा ब्रिटिश शासन से आजादी के लिए आंदोलन पूरे जोश के साथ जारी था, जो आश्वस्त थे कि ब्रिटिश उपनिवेशवादियों के खिलाफ हथियार उठाना उनसे लड़ने का एक बेहतर तरीका था। उन दिनों को याद करते हुए वह अकसर सोचते थे कि क्या युद्ध जैसी घटनाओं के इस संयोजन का सेना को कॅरियर के रूप में चुनने के उनके निर्णय से कोई लेना-देना है ?

सन् 1947 में हमारे देश के विभाजन का पागलपन उनका पहला निर्णायक क्षण था। उन्हें अच्छी तरह याद है कि कसूर रेलवे स्टेशन पर नर-संहार के बाद वह अपनी माँ और भाई-बहनों के साथ दिल्ली जाने के लिए ट्रेन का इंतजार कर रहे थे। जब वह और उनका परिवार उन्हें सुरक्षित स्थान पर ले जाने के लिए ट्रेन का इंतजार कर रहे थे, तब भारतीय सेना के मुट्ठी भर सैनिकों ने दंगाई भीड़ को रोके रखा। आखिरकार, मुरदों और मरने वालों से भरी डिब्बों वाली ट्रेन आई, जो उन्हें दिल्ली ले गई।

उनके पिता को बैंक की नौकरी वापस मिलने में लगभग एक साल लग गया। इन महीनों के दौरान परिवार रिश्तेदारों के साथ रहा। जब उनके पिता को उनकी पुरानी नौकरी वापस मिल गई तो वे हिसार (अब हरियाणा में) चले गए। बाद में, उनके पिता का तबादला बिहार के गया में हो गया और यहीं विजय

की उचित स्कूली शिक्षा शुरू हुई। उन्हें आयरिश-अमेरिकी ननों द्वारा संचालित कैथोलिक स्कूल, नाजरेथ अकादमी में दाखिल कराया गया था। सन् 1953 में उनके पिता को अमृतसर स्थानांतरित कर दिया गया, जहाँ विजय ने श्रीराम आश्रम हाई स्कूल में पढ़ाई की। वे जोर देकर कहते हैं कि इन दो स्कूलों ने उनके चरित्र को ढाला, आत्मविश्वास प्रदान किया और उन्हें जीवन की चुनौतियों के लिए सर्वोत्तम संभव तरीके से तैयार किया।

मैट्रिक की पढ़ाई सफलतापूर्वक पूरी करने के बाद उन्होंने और उनके कुछ अन्य सहपाठियों ने भारतीय सेना में शामिल होने का फैसला किया। चूँकि विजय एन.डी.ए. में शामिल होने के लिए बहुत छोटे थे, इसलिए उन्होंने अमृतसर के खालसा कॉलेज में दाखिला लिया और विज्ञान में इंटरमीडिएट (एफ.एस-सी.) पास किया। वह जून 1957 में एन.डी.ए. में शामिल हुए और जून 1960 में जब वे आई.एम.ए. में शामिल हुए तो पास आउट हो गए। अंतत:, उन्हें सन् 1961 में मराठा लाइट इन्फैंट्री रेजीमेंट में नियुक्त किया गया।

उन्होंने दो युद्धों में भाग लिया था—पहला, दिसंबर 1961 में पुर्तगाली शासन से गोवा की मुक्ति के हिस्से के रूप में दमन के पुर्तगाली उपनिवेश पर कब्जा करने में और दूसरा, 1965 में भारत-पाकिस्तान युद्ध में। 1965 के युद्ध के दौरान गंभीर घावों के कारण उन्होंने अपना दायाँ पैर खो दिया।

अगस्त 1965 में भारतीय सेना के पीछे के क्षेत्रों के खिलाफ हिंसक घटनाओं को बढ़ावा देने और स्थानीय कश्मीरियों को भारत के खिलाफ उठने के लिए प्रोत्साहित करने के इरादे से युद्ध-विराम रेखा को पार कर आए पाकिस्तानी घुसपैठियों द्वारा जम्मू व कश्मीर में एक गुप्त हमला किया था। जब घुसपैठ के पैमाने और सीमा का पता चला तो भारतीय सेना ने घुसपैठ से प्रभावित क्षेत्रों में कई इकाइयों और संरचनाओं को स्थानांतरित करके प्रतिक्रिया व्यक्त की। उनकी बटालियन प्रसिद्ध मराठा लाइट इन्फैंट्री रेजीमेंट की पहली बटालियन, जिसे 'जंगी पलटन' के नाम से जाना जाता है, ऐसी ही एक इकाई थी। उन्हें लद्दाख की चक्करदार ऊँचाइयों और दुर्लभ हवा से हटाकर पाकिस्तानी घुसपैठियों के खिलाफ ऑपरेशन शुरू करने के लिए श्रीनगर घाटी में लाया गया।

बटालियन को घुसपैठियों के खिलाफ कई 'खोज और नष्ट' उप-इकाई

आकार के अभियान शुरू करने का काम सौंपा गया था। ऐसे ही एक ऑपरेशन में, जिसके लिए विजय ने स्वेच्छा से काम किया था, उप-इकाई को दो गाँवों और जंगली पहाड़ के एक हिस्से में घुसपैठियों की खोज करने का काम सौंपा गया था। उत्तरार्द्ध में चढ़ना और खोजना, शीर्ष पर पहुँचना और फिर पहाड़ के दूसरी ओर नीचे जाना शामिल था, जब तक कि वे सड़क तक नहीं पहुँच गए, जहाँ उन्हें उनकी बटालियन के वाहनों द्वारा उठाया जाना था।

गाँवों में घुसपैठियों का कोई निशान नहीं मिलने पर उप-इकाई ने जंगली पहाड़ पर चढ़ना और खोजना शुरू कर दिया। चूँकि अँधेरा हो रहा था और वे अभी भी शीर्ष से दूर थे। उन्होंने सेना की एक टुकड़ी का नेतृत्व करने का निर्णय लिया और अग्रणी स्काउट के पास चले गए। जब वे शीर्ष से थोड़ा दूर थे, घुसपैठियों ने उनके काफिले पर घात लगाकर हमला किया और यह पहली गोली थी, जो उनकी दाईं जाँघ में लगी। उनके बाकी दस्ते ने तुरंत जमीन पर जाकर घात-रोधी अभ्यास शुरू कर दिया। एक युवा और बहादुर अधिकारी, सेकंड लेफ्टिनेंट ए.जी. राउत ने सैनिकों को अपने पास इकट्ठा किया और घुसपैठियों पर हमला कर दिया। काररवाई केवल कुछ मिनटों तक चली, क्योंकि घुसपैठिए मराठों के आरोपों के खिलाफ अपने घायलों और मृतकों को लेकर भाग खड़े हुए।

जब गोलीबारी बंद हुई तो दो लोग हताहत हुए, दोनों अधिकारी। वे लेफ्टिनेंट राउत और विजय ओबेरॉय थे, जो उस समय कैप्टन थे। यह इस बात का सच्चा उदाहरण है कि कैसे भारतीय सेना के अधिकारियों ने हमेशा आगे बढ़कर नेतृत्व किया है। प्राथमिक उपचार और पुनः नियंत्रण पाने के बाद सैन्य टुकड़ी ने अपना कार्य फिर से शुरू कर दिया। चूँकि उस टुकड़ी के पास केवल एक स्ट्रेचर था, लेफ्टिनेंट राउत और उन्हें लगभग छह घंटे के बाद श्रीनगर के अस्पताल पहुँचने तक बारी-बारी से ले जाया गया। दुर्भाग्यवश, लेफ्टिनेंट राउत ने गंभीर घावों के कारण दम तोड़ दिया, जबकि कैप्टन ओबेरॉय की हालत गंभीर थी।

जो अकेली गोली उन्हें लगी थी, उसने उरु धमनी को तोड़ दिया था, जो रक्त को पैर और पैर की उँगलियों तक ले जाती है। इसे दोबारा नहीं जोड़ा जा सकता था, इसलिए दोनों सिरों को सिल दिया गया। डॉक्टरों को उम्मीद

थी कि छोटी पतली धमनियाँ काम सँभाल लेंगी और पैर तक रक्त पहुँचाएँगी। हालाँकि, ऐसा नहीं हुआ और जल्द ही निचले पैर में गैंग्रीन विकसित हो गया, जो पैर की उँगलियों से शुरू हुआ। चूँकि उनका बहुत सारा खून बह चुका था, इसलिए उनका ऑपरेशन तब तक नहीं किया जा सकता था, जब तक कि उनके हीमोग्लोबिन के स्तर में सुधार नहीं हो जाता। बाद में जब आर्मी हॉस्पिटल, दिल्ली में सर्जरी की गई तो सक्षम सर्जन उनके घुटने को बचाने में कामयाब रहे, जो एक बड़ी मदद थी, जब बाद में पूना (अब पुणे) में एक कृत्रिम पैर लगाया गया।

पुणे में दो अनुवर्ती सर्जरी की गईं और लगभग छह महीने बाद कृत्रिम अंग लगाने की प्रक्रिया पुणे के कृत्रिम अंग केंद्र में पूरी की गई।

अस्पताल में भरती होने के दौरान ही उन्हें नौकरशाही प्रक्रियाओं का सामना करना पड़ा, जो भारतीय सेना के लिए अभिशाप बनी हुई है। उन्हें पहला झटका तब लगा, जब उन्हें आधे वेतन पर रखा गया, क्योंकि वह छह महीने से अधिक समय से अस्पताल में भरती थे। यह आसानी से भुला दिया गया कि वह राष्ट्र की रक्षा करते हुए युद्ध में लगे घावों के कारण अस्पताल में थे। स्थिति से निराश विजय को अहसास हुआ कि उनके जैसे विकलांग सैनिकों को कई नौकरशाही बाधाओं का सामना करना पड़ेगा और उन्हें भविष्य में उनका सामना करने के लिए खुद को प्रशिक्षित करना चाहिए।

भविष्य में ऐसी कई घटनाओं के बावजूद उन्होंने कभी भी भारतीय सेना छोड़ने के बारे में नहीं सोचा। शायद एन.डी.ए. और आई.एम.ए. में चार साल के कठोर प्रशिक्षण के साथ-साथ उनकी बटालियन में चार साल की सेवा ने उन्हें कठोर बना दिया था और उन्हें विकलांगता को स्वीकार करने के लिए आत्मविश्वासी बना दिया था। अस्पताल में रहते हुए भी उन्होंने अधिकारियों को सूचित किया कि वे अपनी बटालियन में सैनिक बने रहेंगे और शारीरिक, भावनात्मक एवं बौद्धिक सभी पहलुओं में अपने साथियों के साथ प्रतिस्पर्धा करेंगे। अपनी पूरी सेवा के दौरान और उसके बाद भी वे इस निर्णय से कभी पीछे नहीं हटे। इस निर्णय में परिश्रम और प्रतिबद्धता निहित थी।

वह एक कृत्रिम पैर वाले पहले अधिकारी थे, जिन्होंने एक इन्फैंट्री कंपनी

की कमान सँभाली, सभी अनिवार्य प्रशिक्षण पाठ्यक्रम किए और रक्षा सेवा स्टाफ कॉलेज (डी.एस.एस.सी.) पाठ्यक्रम के लिए प्रवेश परीक्षा में अपने पहले ही प्रयास में प्रतिस्पर्धी रिक्ति प्राप्त की। बाद में उन्होंने एक नवगठित इन्फैंट्री बटालियन की कमान सँभाली और बहुत अच्छा काम किया। वह उन कुछ लेफ्टिनेंट कर्नलों में से एक थे, जिन्हें इन्फैंट्री बटालियन की उनकी विशिष्ट कमान के लिए विशिष्ट सेवा पदक (वी.एस.एम.) से सम्मानित किया गया था।

वे अकसर कहते हैं कि जब वे अस्पताल में थे, तब उनके शुरुआती संकल्पों में से एक यह था कि उन्हें शारीरिक रूप से स्वस्थ और मानसिक रूप से मजबूत रहना होगा, अन्यथा सेवा में पिछड़ जाने का खतरा था, जहाँ ये दोनों गुण जरूरी हैं। प्रशिक्षण अकादमियों में उनके पसंदीदा खेल स्क्वैश, मुक्केबाजी और तैराकी थे। युद्ध में घायल होने और उसके बाद ठीक होने के बाद उन्होंने साइकिल चलाना तथा गोल्फ खेलना शुरू कर दिया।

पुणे में अस्पताल में भरती रहने के दौरान ही उनकी मुलाकात अपनी भावी पत्नी दौलत से हुई। वह दिवंगत मेजर जनरल डी.ए. सुर्वे, उनकी बटालियन के पहले भारतीय कमांडिंग ऑफिसर एवं उनकी पत्नी श्रीमती विमला देवी सुर्वे, की बेटी थीं। दौलत और तत्कालीन कैप्टन ओबेरॉय को पुणे के अस्पताल में रहने के दौरान प्यार हो गया और लगभग एक साल बाद 22 जनवरी, 1967 को उनका विवाह हो गया। दौलत की माँ, सेना की पत्नियों के रीति-रिवाजों एवं मानदंडों का पालन करते हुए, उन्हें देखने के लिए अस्पताल जाती थीं और इसके बाद सभी युद्ध हताहतों तथा अन्य रोगियों को नैतिक समर्थन देती थीं। दौलत कभी-कभी उनके साथ जाती थीं। इन यात्राओं के दौरान वह विजय को करीब से जानने लगीं। जब उनके घाव ठीक हो गए तो वह अकसर उनके घर जाते थे, जिसके परिणामस्वरूप एक अधिक स्थायी रिश्ता बन गया, जो प्यार, विवाह और आजीवन साथ में परिणत हुआ।

उनकी परीकथा 'रोमांस ऑन क्रचेस', जैसा कि बाद में उनकी बड़ी बेटी रश्मि ने डब किया था, जल्द ही शहर में चर्चा का विषय बन गई। यह एक तूफानी प्रेमालाप था, जो फिल्में देखने पर आधारित था; दोस्तों का दौरा,

पूना की मुख्य और पूर्वी सड़कों के रेस्तराँ, जैसे—'थ्री कॉइंस', 'लतीफ्स', 'कमलिंग्स' एवं 'क्वालिटी रेस्टोरेंट' में नाश्ता और भोजन करना, आर्मी क्लब (आर.एस.आई.) को न भूलें।

युवा कैप्टन को अपने लिए एक प्यारा व्यक्ति मिल गया था, जो दिमाग व दिल दोनों में बेहद ईमानदार और संतुलित होने के अलावा जीवंत, बहिर्मुखी और बाहरी गतिविधियों का शौकीन भी था। दौलत ने आज भी इन उत्कृष्ट गुणों को बरकरार रखा है। जैसे-जैसे उनका रोमांस आगे बढ़ता गया, वह अकसर सोचते थे कि क्या एक खूबसूरत युवा लड़की को लुभाना सही है, जबकि विकलांगता के कारण उनका भविष्य न सिर्फ धुँधला था, बल्कि कभी-कभी काफी अंधकारमय भी था। हालाँकि, वह समझ सकता था कि युवती को ऐसी कोई चिंता नहीं थी और उसने इस संबंध में कभी भी कोई नकारात्मक भावना प्रदर्शित नहीं की।

उनकी बड़ी बेटी का जन्म सन् 1969 में दिवाली की रात पूना के सैन्य अस्पताल में हुआ था, जहाँ विजय, जो अब एक मेजर हैं, कंपनी कमांडर के रूप में अपनी बटालियन में तैनात थे। बेटी का नाम 'रश्मि' रखा गया, जिसका अर्थ है—'प्रकाश की किरण'। उनकी दूसरी बेटी का जन्म सन् 1972 में दिल्ली के सैन्य अस्पताल में हुआ था, जहाँ विजय प्रतिष्ठित सैन्य संचालन (एम.ओ.) निदेशालय में एक स्टाफ ऑफिसर के रूप में तैनात थे। उसका नाम 'मनीषा' रखा गया, जिसका अर्थ है—'दिल की इच्छा'। एम.ओ. निदेशालय में विजय की पोस्टिंग उनके भविष्य के सेना कॅरियर में इस निदेशालय में हर रैंक हासिल करने का अग्रदूत थी। यह एक तरह का रिकॉर्ड था, क्योंकि इसे अभी तक कोई नहीं तोड़ पाया है।

अब विजय ओबेरॉय ने पीछे मुड़कर नहीं देखा। एम.ओ. निदेशालय में दो साल के कार्यकाल के बाद वह अपनी बटालियन, 1 मराठा लाइट इन्फैंट्री में वापस चले गए, जिसके साथ उन्होंने दो युद्ध लड़े थे, जैसा कि पहले उल्लेख किया गया है। हालाँकि, जब लेफ्टिनेंट कर्नल के पद पर उनकी पदोन्नति और 1 इन्फैंट्री बटालियन की कमान का समय आया तो 1 मराठा लाइट इन्फैंट्री की कमान उपलब्ध नहीं थी। इसलिए उन्हें अपनी खुद की रेजीमेंट की एक नई

गठित बटालियन, यानी 18 मराठा लाइट इन्फैंट्री की कमान सौंपी गई। उन्होंने इस चुनौती का सामना अपने चिरपरिचित अंदाज में किया और पूरे उत्साह के साथ इस पर काबू पाया।

बटालियन की कमान छोड़ने के एक साल के भीतर उन्हें कुआलालंपुर (मलेशिया) में हमारे उच्चायोग में रक्षा सलाहकार के रूप में विदेश में सेना का प्रतिनिधित्व करने के लिए चुना गया, जो उनकी उपलब्धि में एक और कड़ी थी।

सन् 1986 में एक ब्रिगेडियर के रूप में ओबेरॉय ने सेना द्वारा अब तक आयोजित सबसे बड़े ऑपरेशनल अभ्यास 'एक्सरसाइज ब्रास टैक्स I' के लेखन, योजना और संचालन में प्रमुख भूमिका निभाई। उनके योगदान के लिए उन्हें अति विशिष्ट सेवा पदक (ए.वी.एस.एम.) से सम्मानित किया गया। उन्होंने वर्ष 1986 से 1988 तक पंजाब में 1 इन्फैंट्री ब्रिगेड की कमान सँभाली, जब सिख उग्रवाद अपने चरम पर था। फिर उन्हें संयुक्त राज्य अमेरिका में प्रतिष्ठित यू.एस. आर्मी वॉर कॉलेज में भाग लेने के लिए चुना गया।

एक प्रमुख जनरल के रूप में उन्हें विशेष रूप से मशीनीकृत डिवीजन को कमांड करने और बख्तरबंद डिवीजन में बदलने के लिए चुना गया था, जो एक इन्फैंट्री ऑफिसर के लिए एक दुर्लभ सम्मान था। तब केवल एक इन्फैंट्री ऑफिसर ने बख्तरबंद डिवीजन की कमान सँभाली थी, दिवंगत जनरल के. सुंदरजी, जो बाद में सेनाध्यक्ष (सी.ओ.ए.एस.) बने; वह दूसरे थे। इसके बाद लेफ्टिनेंट जनरल के पद पर पदोन्नति पर उन्होंने एक स्ट्राइक कोर की कमान सँभाली। दो साल बाद जनरल ऑफिसर कमांडिंग-इन-चीफ (जी.ओ.सी.-इन-सी) के रूप में उन्हें पहले शिमला में प्रशिक्षण कमान और फिर चंडीमंदिर में प्रतिष्ठित पश्चिमी कमान सँभालने का सौभाग्य मिला। इन प्रतिष्ठित नियुक्तियों के बीच उन्होंने कई उच्च-स्तरीय स्टाफ और अनुदेशात्मक नियुक्तियाँ कीं, जिनमें सैन्य संचालन महानिदेशक (डी.जी.एम.ओ.) की प्रतिष्ठित नियुक्ति भी शामिल थी।

30 सितंबर, 2001 को 40 वर्षों से अधिक की सेवा के बाद अंततः वह उप-सेना प्रमुख (VCOAS) के पद से सेवानिवृत्त हुए। वर्ष 1965 के युद्ध में जब उन्होंने अपना दायाँ पैर खो दिया था, तब उन्हें कैप्टन के पद से बहुत दूर जाना पड़ा था।

हालाँकि, विजय ओबेरॉय ने अपनी सेना की वरदी छोड़ दी थी, लेकिन वह अन्य गतिविधियों में शामिल हो गए। सेना से सेवानिवृत्ति के एक साल बाद उन्होंने सेना, नौसेना और वायु सेना के सभी युद्ध-विकलांग कर्मियों के दीर्घकालिक पुनर्वास एवं वित्तीय स्वतंत्रता में सहायता के लिए 'वॉर वाउंडेड फाउंडेशन' नामक एक गैर-सरकारी संगठन (एन.जी.ओ.) की स्थापना की। उन्होंने अप्रैल 2022 तक 20 वर्षों तक इस संगठन की अध्यक्षता की और फिर इसकी बागडोर एक अन्य बेहद सक्षम अधिकारी लेफ्टिनेंट जनरल असित मिस्त्री को सौंप दी।

सेवानिवृत्ति के बाद उनका दूसरा उद्यम सन् 2002 में तत्कालीन सेनाध्यक्ष (सी.ओ.ए.एस.) के आदेश पर भारतीय सेना के लिए एक 'थिंक टैंक' की स्थापना करना था। यह दिल्ली में सेंटर फॉर लैंड वारफेयर स्टडीज (सी. एल.ए.डब्ल्यू.एस.) था। उन्होंने पाँच साल बाद कैंट के निदेशक का पद छोड़ दिया और अब इस बेहतरीन संस्थान के एमेरिटस महानिदेशक हैं।

जनरल ओबेरॉय, अपने जीवन पर विचार करते हुए, पिछले छह दशकों में अपनी उपलब्धियों पर खुशी महसूस करते हैं; लेकिन उन्हें लगता है कि उन्हें अभी भी भविष्य में अन्य चुनौतियों का सामना करना पड़ेगा। उनका मानना है कि उन्होंने जो कुछ भी हासिल किया है, वह अपने परिवार से मिले प्रेम और प्रोत्साहन, अपनी स्कूली शिक्षा, सैन्य अकादमियों में अपने प्रशिक्षण और भारतीय सेना के विभिन्न रैंकों से सीखे गए पेशेवर ज्ञान की विशाल मात्रा के माध्यम से किया है। नियुक्तियाँ, साथ ही जीवन के प्रति उनका दृष्टिकोण, जो हमेशा 'सूरज की ओर देखता था, छाया की ओर नहीं।'

जहाँ तक उनकी विकलांगता का सवाल है, तो उन्होंने हमेशा कहा है कि 'विकलांगता सिर्फ दिमाग में होती है।' इसलिए, भविष्य अभी भी संकेत दे रहा है—अभी कई और चुनौतियों का सामना करना बाकी है, कई और पुल पार करने हैं तथा कई और पुरस्कार जीतने हैं।

जैसा कि वह प्रतिबिंबित करते हैं, उन्होंने मुझे बताया कि किसी भी प्रकार की विकलांगता शारीरिक रूप से स्वस्थ सैन्य व्यक्ति के लिए एक मनोवैज्ञानिक और भावनात्मक आघात के रूप में आती है, भले ही विकलांगता की शारीरिक

प्रकृति कुछ भी हो। युद्ध या अन्य युद्ध जैसे अभियानों में विकलांग हुए लोगों के लिए युक्तीकरण की एक संक्षिप्त अवधि होती है, जैसा कि राष्ट्र के लिए अपना कर्तव्य निभाते समय हुआ था। हालाँकि, यह प्रारंभिक अवधि जल्द ही एक के बाद एक सामने आने वाली चुनौतियों का मार्ग प्रशस्त करती है। ऐसी चुनौतियाँ जल्द ही बड़ी और अधिक कठिन हो जाती हैं, क्योंकि दिन महीनों में और कभी-कभी वर्षों में बदल जाते हैं। इसलिए, उन्हें सैनिक और अनुशासित तरीके से चुनौतियों का सामना करने के लिए भौतिक एवं मनोवैज्ञानिक साधनों के अलावा निरंतर प्रोत्साहन व समर्थन की भी आवश्यकता है।

वह पूछते हैं कि क्या सैन्य पदानुक्रमों के साथ-साथ केंद्र और राज्य सरकारों द्वारा युद्ध-विकलांगों के सामने आने वाली प्रसिद्ध चुनौतियों पर पर्याप्त ध्यान दिया गया है? क्या युद्ध-अक्षम कार्मिकों को पदानुक्रम पर भरोसा और विश्वास है या नीति-निर्माताओं से कुछ मोहभंग हो गया है?

सैनिक/नाविक/वायुसैनिक कई कारणों से अपने जीवन और अंगों का बलिदान देते हैं; जैसे—राष्ट्रीय, रेजीमेंटल और यूनिट गौरव; प्रेरणा का उच्च स्तर; साहस, कर्तव्य और सबसे बढ़कर यह समझ कि राष्ट्र उनके परिजनों की देखभाल करेगा, यदि वे युद्ध के मैदान में वीरगति को प्राप्त हो जाते हैं, या यदि वे विकलांग हो जाते हैं तो उनकी अच्छी तरह से देखभाल की जाएगी। ऐसे कई प्रश्न हैं, जिनके उत्तर वह तलाश रहे हैं और भारतीय सशस्त्र बलों की संपूर्ण विकलांग बिरादरी के लिए समाधान खोजने की दिशा में काम कर रहे हैं।

जनरल ओबेरॉय के जीवन और समय की दूसरी छमाही श्रीमती दौलत ओबेरॉय के बारे में एक शब्द यहाँ शामिल करना उचित होगा। दौलत ने अपनी सैन्य पृष्ठभूमि के साथ, एक सैनिक की पत्नी के रूप में अपनी भूमिका सहजता से निभाई, जैसे—पानी में मछली। उसके बाद जब विजय सेना में कमांड नियुक्तियों में आगे बढ़े तो वह अपने तत्त्व में आ गईं, जहाँ उन्होंने अधिकारियों की पत्नियों के अलावा जवानों और उनके परिवारों के प्रति अपनी सहानुभूति के लिए स्वयं को प्रशंसित किया।

दौलत हमेशा एक बाहरी व्यक्ति की तरह थीं, जिन्हें खेल और पर्यावरण से प्यार था। वे टेनिस का अच्छा खेल खेलती हैं और उन्हें अभी भी तैरना पसंद

है। उन्हें बागबानी, पक्षियों को देखने और पर्यावरण संरक्षण का भी बेहद शौक है। उन्हें हमेशा जानवरों से प्रेम रहा है और बचपन से ही उनके पास कई पालतू कुत्ते हैं।

विभिन्न स्थानों पर जनरल ओबेरॉय की सेवा के दौरान उन्होंने हमेशा पर्यावरण और सामुदायिक मामलों में गहरी रुचि ली, विशेष रूप से सैनिकों और उनके परिवारों के कल्याण से संबंधित। यहाँ तक कि जब वे मलेशिया और संयुक्त राज्य अमेरिका में थे, तब भी उन्होंने ऐसी गतिविधियों में सक्रिय रूप से भाग लिया। जब विजय ने प्रतिष्ठित यू.एस. आर्मी वॉर कॉलेज कोर्स में भाग लिया तो वह यू.एस. आर्मी वॉर कॉलेज कोर्स में भाग लेने वाले विदेशी अधिकारियों की पत्नियों व बच्चों के लिए अंग्रेजी बोलने में प्रशिक्षक के रूप में काम करती थीं और कॉलेज की लाइब्रेरी में स्वेच्छा से काम करती थीं। वह और एक अन्य अंतरराष्ट्रीय अध्येता की पत्नी भी वृद्ध जनों की सहायता करने और उन्हें प्रोत्साहित करने के लिए वृद्धों के घर जाती थीं।

उन्हें अपने पोर्टेबल टाइपराइटर का उपयोग करके लंबे पत्र पढ़ना और लिखना भी पसंद था। पुणे में अपने कॉन्वेंट स्कूल में उन्होंने पियानो बजाना सीखा और पश्चिमी संगीत वाद्य बजाने में अपने कौशल को अद्यतन रखा। वे अब भी इस शौक में डूबी हुई हैं; हालाँकि, अब पियानो की जगह यामाहा ऑर्गन ने ले ली है। दौलत भाषाएँ जल्दी सीख लेती हैं; वह फ्रेंच, थोड़ी-बहुत जर्मन और बहासा मलेशिया बोल सकती हैं, जो उन्होंने कुआलालंपुर में 3 वर्ष से अधिक की पोस्टिंग के दौरान सीखी, जहाँ विजय भारतीय उच्चायोग में सैन्य सलाहकार थे। उनकी अन्य उपलब्धियों के अलावा वह दूसरे स्तर की रेकी प्रशिक्षक भी हैं और नियमित रूप से खुद पर तथा दूसरों पर अभ्यास करती हैं।

अंत में, यह कहना उचित होगा कि विजय और दौलत एक उल्लेखनीय जोड़ी हैं, जिनसे हमें बहुत कुछ सीखने की जरूरत है। वे युवा पीढ़ी के लिए उदाहरण बने रहें!

□

अध्याय-2

स्क्वाड्रन लीडर हीरोजीत राजकुमार सिंह

एक कैडेट, जिसे व्हीलचेयर पर कमीशन मिला

यह फ्लाइट कैडेट हीरोजीत राजकुमार सिंह नामक एक युवा और भावुक व्यक्ति की उल्लेखनीय कहानी है, जिसे प्यार से 'हीरो' के नाम से जाना जाता है। इंफाल में जनमे और पले-बढ़े हीरो के पिता राज्य की अग्निशमन सेवा में थे। हीरो अपने पिता और उनके सहयोगियों की वीरता को देखते हुए बड़े हुए। वह याद करते हैं, "मेरे पिता मणिपुर राज्य अग्निशमन सेवा में काम करते थे और सन् 2009 से सेवानिवृत्त जीवन जी रहे हैं। मेरी माँ एक गृहिणी हैं और वह हमेशा मेरे तथा मेरे अन्य चार भाई-बहनों के लिए शक्ति व प्रेरणा का स्रोत रही हैं। मैं इंफाल के अग्निशमन सेवा मुख्यालय परिसर में एक सर्विस क्वार्टर में रहकर बड़ा हुआ हूँ। मैंने बचपन में अपने पिता और उनके सहयोगियों को अपने कर्तव्य निभाते हुए देखा था। मैं हमेशा उनके साहस व समर्पण से प्रेरित हुआ हूँ, क्योंकि वे हमेशा जीवन और संपत्तियों को बचाने के लिए अपने कर्तव्य से परे खड़े रहे, लोगों की सुरक्षा को अपने से पहले

हीरोजीत कुमार सिंह सेवा में रहते हुए

रखा—चाहे वह आग बुझाना हो या प्राकृतिक आपदाओं/आपातकाल के दौरान लोगों की जान बचाना हो।

"आज के दिनों के विपरीत, उन दिनों सर्विस क्वार्टरों में रहने वाले बच्चों का जीवन वास्तविक जीवन के रोमांच से भरा था। हमें बड़े पैमाने पर आग लगने की घटनाओं के दौरान छोटे-छोटे तरीकों से भी अग्निशामकों की मदद करने का सौभाग्य प्राप्त हुआ। कई बार मैं सुबह-सुबह पी.टी. परेड के दौरान जवान अग्निशामकों के साथ पी.टी. (शारीरिक प्रशिक्षण) कक्षाओं में भाग लेता था। वे मुझे अपने साथ शामिल करके बहुत खुश थे। मेरे पिता को उनके साहस के लिए उनके विभाग में हमेशा सम्मानित किया गया था। एक बड़ी खनन घटना के दौरान जान बचाने और खदान से शव निकालने में उनकी वीरता के लिए उन्हें सन् 1975 में अपनी सेवा के पहले वर्ष में ही 'राष्ट्रपति वीरता पुरस्कार' से सम्मानित किया गया था। वे स्वयं एक सक्रिय खिलाड़ी हुआ करते थे। वे एक राष्ट्रीय जिमनॉस्ट और एक राष्ट्रीय तैराक भी थे। स्वाभाविक रूप से, मैंने एक खेल को चुना, जो तैराकी थी। मैंने काफी अच्छा प्रदर्शन किया और सीनियर राष्ट्रीय स्तर की चैंपियनशिप में अपने राज्य का प्रतिनिधित्व किया। इसमें कोई संदेह नहीं कि मैं हमेशा अपने पिता के सक्रिय जीवन और सेवा से प्रभावित रहा हूँ।

"इस बीच मेरी माँ ने मुझे सातवीं कक्षा में एन.सी.सी. में दाखिला दिला दिया। मैंने अच्छा प्रदर्शन किया और अपनी 'ए' प्रमाण-पत्र परीक्षा उत्तीर्ण कर सका। वहीं से कॅरियर के रूप में रक्षा सेवा की ओर मेरा रुझान विकसित हुआ।" हीरोजीत कहते हैं।

उन्होंने बीटेक की परीक्षा उत्तीर्ण की और फिर एन.डी.ए. के लिए अर्हता प्राप्त की तथा एक इंजीनियरिंग कॉलेज में कुछ महीने बिताने के बाद वह दिसंबर 2007 में एन.डी.ए. में चले गए। वहाँ उन्होंने भारतीय वायु सेना में शामिल होने का फैसला किया। सपनों और आकांक्षाओं से भरे दिल के साथ उन्होंने खुद को गौरवशाली भारतीय वायु सेना की वरदी में सजे हुए कल्पना करने का साहस किया। यह उसके लिए महज एक क्षणिक विचार नहीं था; यह एक उत्कट इच्छा थी, जिसने उसके हर जागते पल को निगल लिया। हमारे विशाल राष्ट्र के एक सुदूर कोने से आने वाले इस असाधारण लड़के ने एक साहसिक विकल्प चुना।

स्क्वाड्रन लीडर हीरोजीत राजकुमार सिंह

स्क्वाड्रन लीडर हेरोजीत कुमार सिंह, वर्तमान वायु सेना प्रमुख एयर चीफ मार्शल विवेक राम चौधरी, पी.वी.एस.एम., ए.वी.एस.एम., वी.एम., ए.डी.सी. के साथ

उन्होंने कंप्यूटर प्रौद्योगिकी में बीटेक की डिग्री के आकर्षण से मुँह मोड़ लिया और इसके बजाय उस रास्ते पर चले गए, जो उन्हें पुणे में राष्ट्रीय रक्षा अकादमी के पवित्र मैदान तक ले गया। इस महत्त्वपूर्ण निर्णय के बारे में बताते हुए वह कहते हैं, "अगर आप आज मुझसे पूछें कि क्या मुझे कभी अपने फैसले पर पछतावा हुआ है, खासकर चोट लगने के बाद, तो मैं कहूँगा कि कभी नहीं। मैं एक योद्धा बनने के लिए पैदा हुआ हूँ और जब मैं यह वरदी पहनता हूँ तो मुझे घर जैसा महसूस होता है। अगर दोनों में से दोबारा मौका मिले तो भी मैं योद्धा बनना चुनूँगा।"

ओह, एन.डी.ए. में कितनी अविश्वसनीय यात्रा उनका इंतजार कर रही थी! प्रत्येक बीतते दिन के साथ वह शाब्दिक और रूपक दोनों ही दृष्टियों से नई ऊँचाइयों पर पहुँच गया। उनके दृढ़ निश्चय और दृढ़ विश्वास के कारण उन्हें बटालियन कैडेट एडजुटेंट के रूप में नियुक्त किया गया, जो बहुत सम्मान और जिम्मेदारी का पद था। और जैसे कि यह पर्याप्त नहीं था, उनकी प्रतिभा सैन्य अनुशासन के दायरे से कहीं आगे तक फैली हुई थी। पानी में उनके कौशल ने

स्क्वाड्रन लीडर हीरोजीत कुमार सिंह, कमीशन प्राप्त होने पर तत्कालीन सेनाध्यक्ष जनरल बिक्रम सिंह, पी.वी.एस.एम., यू.वाई.एस.एम., ए.वी.एस.एम., एस.एम., वी.एस.एम., ए.डी.सी. से हाथ मिलाते हुए

उन्हें तैराकी के लिए प्रतिष्ठित अकादमी ब्लेजर दिलाया, जो उस क्षेत्र में उनकी उत्कृष्टता का प्रमाण है। लेकिन वह सब नहीं था; उन्होंने अपनी उल्लेखनीय खेल क्षमताओं का भी प्रदर्शन किया और विभिन्न खेलों में उनकी उत्कृष्ट उपलब्धियों के लिए उन्हें प्रतिष्ठित खेल प्रतीक चिह्न से सम्मानित किया गया।

हालाँकि, यह शारीरिक प्रशिक्षण के क्षेत्र में ही था कि हीरो वास्तव में एक चमकते सितारे की तरह चमके। उनके समर्पण और अथक प्रयास ने उन्हें शानदार रजत पदक जीतने के लिए प्रेरित किया, जिससे उन्हें 119वें अकादमी पाठ्यक्रम के लिए शारीरिक प्रशिक्षण में सर्वश्रेष्ठ कैडेट का ताज पहनाया गया। इस तरह की उपलब्धि कोई छोटी उपलब्धि नहीं थी और इसने केवल उनके भीतर की आग को प्रज्वलित करने में मदद की, जिससे उन्हें खुद को और भी आगे बढ़ाने के लिए प्रेरित किया।

इसलिए, अपना सिर ऊँचा करके और अपनी दृढ़ भावना के साथ हीरो अपनी असाधारण यात्रा के अगले चरण पर निकल पड़ा। हैदराबाद में वायु सेना अकादमी (ए.एफ.ए.) में अपने प्रारंभिक उड़ान प्रशिक्षण के दौरान प्रभावशाली तीसरा स्थान हासिल करने के बाद अब उन्होंने सिकंदराबाद के हाकिमपेट में लड़ाकू प्रशिक्षण विंग पर अपनी नजरें गड़ा दी हैं। यहाँ हीरो अपने उड़ान प्रशिक्षण के दूसरे चरण से गुजरेंगे, अपने कौशल को निखारेंगे और आसमान को जीतने की अपनी क्षमताओं को निखारेंगे। वह जनवरी 2011 में एक स्क्वाड्रन के सीनियर अंडर ऑफिसर के रूप में 188वें पायलट कोर्स के लिए ए.एफ.ए. में शामिल हुए। उन्होंने तैराकी एवं एथलेटिक्स में पदक जीते और 2011 हेक्सागोनल मीट में क्रॉस-कंट्री प्रतियोगिता में ए.एफ.ए. का प्रतिनिधित्व किया। हीरोजीत को स्टेज-1 में उड़ान में तीसरा स्थान मिला और उन्हें फाइटर स्ट्रीम मिली। उन्हें सर्वाधिक निपुण कैडेट पुरस्कार से सम्मानित किया गया।

ओह, हीरो के दिल में उमड़ी भावनाएँ! उनकी रगों में जो प्रत्याशा, उत्साह और सरासर खुशी दौड़ रही थी, वह अवर्णनीय थी। प्रत्येक दिन उन्हें अपने अंतिम लक्ष्य के करीब ले आया—एक शक्तिशाली लड़ाकू विमान में क्षितिज के विशाल विस्तार को पार करने के उनके बचपन के सपने को पूरा करने के करीब। और जैसे-जैसे वह आसमान में उड़ते गए। उनका दिल उनके द्वारा चुने गए उल्लेखनीय रास्ते के लिए कृतज्ञता से गूँज उठा; वह रास्ता, जिसने कल्पना की मात्र उड़ान को एक शानदार वास्तविकता में बदल दिया।

लेकिन नियति को कुछ और ही मंजूर था। 22 अगस्त, 2011 का वह दिन हमेशा के लिए यादगार बन गया, जब त्रासदी ने फ्लाइट कैडेट हीरोजीत राजकुमार सिंह के सपनों को चकनाचूर कर दिया। 'किरण' विमान में एक एकल उड़ान के दौरान एक अप्रत्याशित आपात स्थिति सामने आ गई, जिसके बाद उनके पास इंजेक्शन क्रम शुरू करने के अलावा कोई विकल्प नहीं था। जैसे ही वह नीचे उतरे, पैराशूट के कोमल आलिंगन का सहारा लेते हुए उनके ऊपर आतंक की एक लहर दौड़ गई। यह अहसास धीरे-धीरे घर कर गया कि वह क्रूर और अक्षम्य है—उनके पैर अब उनके नियंत्रण में नहीं थे। चोट के कारण उनके अंग निर्जीव हो गए थे। कोई अनुभूति नहीं थी। उन्हें तुरंत निकटतम

स्क्वाड्रन लीडर हीरोजीत कुमार सिंह अपनी पत्नी कमला के साथ

एम.एच. सिकंदराबाद ले जाया गया और उसके बाद सी.एच. पुणे में स्थानांतरित कर दिया गया, जहाँ उनकी टूटी हुई रीढ़ की हड्डी को आठ स्क्रू और दो रॉड फिक्सेशन के साथ संरेखित करने के लिए सर्जरी की गई।

उनकी शारीरिक स्थिति की कड़वी सच्चाई एक अनवरत तूफान की तरह सामने आई। उनकी रीढ़ की हड्डी की चोट ने उन्हें कमर से नीचे तक

लकवाग्रस्त कर दिया; एक भयावह अहसास, जिसने उनकी शब्दावली में एक नया व अपरिचित शब्द ला दिया—पैराप्लेजिया। उस शब्द का भार, गतिशीलता और स्वतंत्रता की हानि से भरा हुआ हिम-स्खलन की तरह उन पर टूट पड़ा और उन्हें पूरी तरह से निगलने की धमकी दी। उनकी चोट उनके कमीशन से पहले प्रशिक्षण के दौरान लगी थी।

किर्की, पुणे में सैन्य अस्पताल की सीमा में हीरोजीत ने चिकित्सा अधिकारी के शब्दों को ध्यान से सुना, हताश आशा के साथ हर शब्दांश पर ध्यान दिया। लेकिन जो पूर्वानुमान उनके सामने प्रकट हुआ, वह उनकी आत्मा पर करारा प्रहार था। इस अहसास ने कि वह अपना शेष जीवन व्हीलचेयर से बँधे हुए बिताएँगे और चलने की उनकी स्वतंत्रता छिन ली जाएगी, उन्हें बेदम कर दिया। यह एक ऐसी सजा थी, जिसकी उन्होंने कभी कल्पना भी नहीं की थी; एक आजीवन कारावास की सजा, जो उन्हें उनकी अपनी शारीरिक सीमाओं तक सीमित कर देगी। उन्हें A4G4 घोषित किया गया था—सबसे निचली मेडिकल श्रेणी, जो अमान्य होने लायक थी।

किर्की के सैन्य अस्पताल में इलाज के दौरान वह पैराप्लेजिक रिहैबिलिटेशन सेंटर जाते थे। वहाँ उनकी मुलाकात फ्लाइंग ऑफिसर एम.पी. कुमार से हुई, जो लकवाग्रस्त थे और गरदन के नीचे से काम नहीं कर सकते थे। लेकिन एम.पी. कुमार सकारात्मकता से भरपूर और अपनी क्षमताओं के अनुसार अपना जीवन जीने के उत्साह से भरपूर व्यक्ति थे। धीरे-धीरे और निश्चित रूप से वह हीरो की प्रेरणा बन गए।

जैसे कि उस पूर्वानुमान का महत्त्व पर्याप्त नहीं था, भाग्य ने एक और विनाशकारी झटका दिया। कठोर वास्तविकता निर्दयी और अविश्वसनीय रूप से बस गई—अंततः उन्हें वायु सेना से बाहर कर दिया जाएगा, उनकी वरदी छीन ली जाएगी, जो उन्हें बहुत प्रिय थी और उस कॉमरेडशिप तथा उद्देश्य की भावना से अलग कर दी गई थी, जिसने उनके जीवन को परिभाषित किया था। उस क्षण हीरोजीत के आसपास की दुनिया लाखों टुकड़ों में बिखर गई। प्रत्येक टुकड़े ने उनके दिल को अकल्पनीय दर्द से छेद दिया। जो सपने उन्होंने एक बार सँजोए थे, वे अब दूर की प्रतिध्वनियाँ बन गए थे, जो हमेशा के लिए बदल

दिए गए भविष्य की बहरा कर देने वाली खामोशी में दब गए थे। एक समय जो जीवंत आत्मा उनके भीतर जलती थी, वह अब धुँधली हो गई थी। उस भारी दुःख और हानि ने उन्हें घेर लिया था, जिसने उनके अस्तित्व को भस्म कर दिया था।

हार मानने वालों में से नहीं, उन्होंने डॉक्टर से पूछा, "सर, मैं समझता हूँ कि मैं अब पायलट बनने का अपना सपना पूरा नहीं कर सकता; लेकिन मेरे ऊपरी शरीर की ताकत को देखते हुए क्या कोई ऐसा तरीका है, जिससे मैं अभी भी भारतीय वायु सेना में अपनी सेवा दे सकता हूँ? उड़ान भूमिका?" उनकी आवाज आशा की झलक के साथ काँप रही थी।

"तुम एक फ्लाइट कैडेट हो, मेरे बेटे, कमीशनिंग से सिर्फ चार महीने दूर हैं। लेकिन नियम तो नियम हैं और दुर्भाग्य से वे निर्देश देते हैं कि आपको नागरिक जीवन में परिवर्तन करना होगा।" किसी भी सहानुभूति से रहित कठोर प्रतिक्रिया आई। "आप कुछ भी नहीं हैं, बस एक गुमनाम चेहरा हैं। तो आप अपनी आकांक्षाओं को पीछे छोड़ते हुए सिवी स्ट्रीट पर जाएँ।" इन शब्दों ने उन पर वज्रपात की तरह प्रहार किया, जिससे न केवल एक असाधारण विमान चालक के रूप में आगे बढ़ने का उनका सपना चकनाचूर हो गया, बल्कि किसी भी क्षमता में भारतीय वायु सेना की सेवा करने का उनका दूसरा सपना भी चकनाचूर हो गया।

जैसे कि उनकी महत्त्वाकांक्षाओं के टुकड़े उनके पैरों पर बिखरे हुए थे, एक गगनभेदी दुर्घटना उनकी आत्मा में गूँज उठी। एक उत्कृष्ट फ्लायर के रूप में अपने साथियों के बीच खड़े होने की दृष्टि को बेरहमी से छीन लिया गया था। अब भारतीय वायु सेना में एक अलग भूमिका में योगदान देने की आशा की धुँधली किरण भी बुझ गई थी। एक अकेला विचार उनके व्यथित मन को परेशान कर रहा था—काश, वह इस भयावह दुर्घटना से बच जाते तो वह एक कमीशन प्राप्त लड़ाकू पायलट के रूप में अपने सहपाठियों के बीच गर्व से खड़े होते। खुशी और गर्व न केवल उनके माता-पिता और भाई-बहनों में फैल गया होता, बल्कि मणिपुर में उनके साधारण गृह गाँव सिंगजामेई में भी फैल गया होता।

पाँच भाई-बहनों में सबसे छोटे होने के कारण वह उस कठिन यात्रा से भलीभाँति परिचित थे, जो उनके जैसे अधरांगिक व्यक्ति की प्रतीक्षा कर रही

थी। पुन:प्राप्ति का मार्ग दुर्गम लग रहा था, विशेष रूप से एक गलाकाट दुनिया में, जहाँ जीवित रहना क्रूर प्रतिस्पर्धा से निपटने की क्षमता पर निर्भर था। उनका सबसे गहरा डर एक भूत की तरह उन पर मँडरा रहा था—अपने बुजुर्ग माता-पिता पर बोझ बनने का डर। किसी के प्रति दायित्व बनने के विचार मात्र से ही वह भय से भर जाते थे और उसकी कल्पना मात्र से ही डर जाते थे। उनके टूटे हुए सपनों का बोझ, उनके भविष्य की अनिश्चितता और अपने प्रियजनों के प्रति महसूस की गई भारी जिम्मेदारी ने उन्हें दम घुटने से गले लगा लिया। जिस वेदना ने उनकी आत्मा को झकझोरकर रख दिया था, उसने उन्हें पूरी तरह से खत्म कर देने की धमकी दी थी और अपने पीछे एक ऐसा शून्य छोड़ गया था, जिसे कोई भी लचीलापन कभी नहीं भर सकता था।

इस बीच एम.पी. अनिल कुमार ने सुझाव दिया कि हीरो को सेवा में बनाए रखने के लिए आवेदन लिखना चाहिए। आवेदन विभिन्न चैनलों के माध्यम से चला गया। अनिल कुमार भी नजर रख रहे थे। ऐसे कैडेट को बनाए रखने की कोई नीति नहीं थी, जिसे अभी तक कमीशन नहीं मिला था। हालात निराशाजनक लग रहे थे।

अपने कंधों पर आने वाली जिम्मेदारी से पूरी तरह वाकिफ होने के कारण उन्होंने लगन से खुद को कैट (CAT) की तैयारी और विभिन्न अन्य परीक्षाओं की दुनिया में झोंक दिया। हालाँकि, अध्ययन सामग्री पर विचार करने में बिताए अनगिनत घंटों के बीच भी उनका स्थिर मन दिवास्वप्न के अपने परिचित दायरे में भटकने से खुद को नहीं रोक सका। अपनी श्रद्धा में उन्होंने एक नई शुरुआत की कल्पना की—एक गैर-उड़ान भूमिका में भारतीय वायु सेना की सेवा करने का मौका। खोने के लिए कुछ भी न होने पर उन्होंने सेवा में बने रहने के अवसर की उम्मीद में वायु सेना प्रमुख को एक हार्दिक अनुरोध भेजने का साहस जुटाया।

जबकि उन्होंने धीरे-धीरे भारतीय वायु सेना से परे जीवन की संभावना को अपनाने के लिए अपनी मानसिकता को समायोजित किया, भाग्य उन पर मुसकराता हुआ प्रतीत हुआ। एक आकस्मिक उपहार की तरह एक अवसर अप्रत्याशित रूप से सामने आया—वायु सेना प्रमुख एयर चीफ मार्शल एन.ए.के. ब्राउन के सामने सीधे अपना मामला पेश करने का मौका। वह पुणे का दौरा कर

रहे थे और उन्होंने फ्लाइंग ऑफिसर एम.पी. अनिल कुमार से मिलने का फैसला किया। तभी उन्होंने मौके का फायदा उठाया और हीरो का मामला सामने रखा। वायु सेना प्रमुख ने कहा, "मैं वादा तो नहीं कर सकता, लेकिन मैं अपनी तरफ से पूरी कोशिश करूँगा, क्योंकि मामला रक्षा मंत्रालय के हाथ में है।" उधर, हीरो के पिता ने भी अपने क्षेत्र के सांसद और राज्य के मुख्यमंत्री से गुहार लगाई थी।

यह भाग्य का एक अद्भुत संयोग था; एक ऐसा क्षण, जिसमें उनके भाग्य की दिशा बदलने की क्षमता थी। खेल में अनोखी परिस्थितियों को पहचानते हुए—एक उड़ान दुर्घटना, एक इंजेक्शन चोट और एक त्रुटिहीन ट्रैक रिकॉर्ड वाला एक युवा व्यक्ति—वायु सेना प्रमुख को हस्तक्षेप करने के लिए मजबूर होना पड़ा। इस असाधारण व्यक्ति की दुर्दशा ने उनके व्यक्तिगत ध्यान और विचार की माँग की, और उन्होंने इसे वह महत्त्व देने के लिए दृढ़ संकल्प किया, जिसके वह हकदार थे।

भारतीय वायु सेना ने हीरो को आश्वासन दिया कि वे उन्हें गले लगाने के लिए तैयार हैं; लेकिन चूँकि वह एक फ्लाइट कैडेट थे, इसलिए अंतिम निर्णय रक्षा मंत्रालय (एम.ओ.डी.) पर निर्भर था। हीरो ने आह भरी। उनकी आशा अनिश्चित रूप से टिमटिमा रही थी, यह अच्छी तरह से जानते हुए कि मंत्रालय का नेतृत्व एक ऐसे व्यक्ति द्वारा किया जा रहा था, जो नियमों का कड़ाई से पालन करने के लिए जाने जाते थे।

उनकी आशंकाओं के अनुरूप ही आगे का रास्ता बाधाओं से भरा था। उनकी फाइल ने अपनी यात्रा शुरू की—रक्षा मंत्रालय की सूक्ष्म जाँच और वायु सेना मुख्यालय से अपेक्षित प्रतिक्रियाओं के बीच आगे-पीछे घूमती रही। वायु सेना प्रमुख के सराहनीय दृष्टिकोण को स्वीकार करना उचित है—अकसर निराशावादी नौकरशाहों से डरने के बजाय उन्होंने एक सम्मोहक मामला पेश करते हुए सीधे रक्षा मंत्री से बातचीत की। एक ऐसे क्षण में, जो दिसंबर के तीसरे सप्ताह को हमेशा के लिए यादगार बना देगा, रक्षा मंत्री ए.के. एंटनी ने कागज पर कलम रखकर अपने हस्ताक्षर व अनुमोदन की मुहर लगा दी। भारतीय वायु सेना के रैंकों के भीतर हीरो की पकड़ को मजबूत करते हुए अनुमति दे दी गई। वायु सेना के वर्तमान प्रमुख एसीएम वी.आर. चौधरी उस समय AOC2 थे। वह

सुबह–सुबह हीरो को यह अद्‌भुत समाचार देने आए। यह सभी के लिए एक खुशी और बहुत रोमांचकारी क्षण था।

इस बीच, वायु सेना मुख्यालय के अधिकारियों ने उनके विकल्पों पर सावधानीपूर्वक विचार किया। उन्होंने निर्धारित किया कि अकाउंट शाखा हीरो के लिए सबसे उपयुक्त होगी, भले ही एन.डी.ए. के पूर्व छात्र के लिए इस शाखा को सौंपा जाना अपरंपरागत था। अटूट समर्पण के साथ वायु सेना मुख्यालय ने आवश्यक औपचारिकताओं और कागजी काररवाई में तेजी लाने के लिए अथक प्रयास किया। उनके प्रयास रंग लाए, क्योंकि हीरो ने खुद को जनवरी के पहले सप्ताह में वायु सेना अकादमी में पाया, ठीक समय पर लेखा शाखा अधिकारी की नौकरी के रूप में नए पाठ्यक्रम में शामिल होने के लिए। 22 जून, 2013 को हीरोजीत को अंततः प्रतिष्ठित भारतीय वायु सेना में शामिल कर लिया गया। उनकी पहली पोस्टिंग वरिष्ठ लेखा अधिकारी के रूप में बड़ौदा में थी। उन्होंने वहाँ साढ़े तीन साल तक सेवा की और फिर पैरा स्पोर्ट्स को चुनने की योजना बनाई। उन्होंने पैरा–तैराकी को आगे बढ़ाने का फैसला किया और वायु सेना स्टेशन लोहेगाँव, पुणे में पोस्टिंग का अनुरोध किया।

बाद में, उन्होंने सेना की तैराकी टीम के साथ अभ्यास करना शुरू कर दिया, और तब से पीछे मुड़कर नहीं देखा। हीरो ने पुर्तगाल में वर्ल्ड पैरा–स्विमिंग चैंपियनशिप में भारत का प्रतिनिधित्व किया। फिलहाल वह एशियन पैरा गेम्स के लिए होने वाली चयन–प्रक्रिया के लिए खुद को तैयार कर रहे हैं। "पैरा–स्विमिंग के क्षेत्र में मेरे लगातार प्रदर्शन के लिए मेरी जनवरी 2021 में वायु सेना के उप–प्रमुख द्वारा सराहना की गई और बाद में वायु सेना प्रमुख द्वारा सम्मानित किया गया।"

और फिर, उन्हें अपनी दोस्त कमला में सच्चा प्यार मिला। "मेरी शादी 17 दिसंबर, 2021 को कमला से हुई। कमला वर्ष 2017 में मेरे जीवन में आई। हम कुछ सालों तक दोस्त थे। वह वर्ष 2020 में था, जब हमें अहसास हुआ कि हम एक–दूसरे को अच्छी तरह से समझते हैं। मैंने उसके पास जाने में कोई समय बरबाद नहीं किया। वह मुझे अंदर से बाहर तक देख सकती थी और मेरी चिकित्सकीय स्थिति उसके लिए कभी कोई प्रश्न नहीं थी। मैं वास्तव में उसे

अपने जीवन में पाकर धन्य हूँ और इससे अधिक कुछ नहीं माँग सकता। वह वर्तमान में बेंगलुरु सिटी यूनिवर्सिटी से बी.एड. की डिग्री हासिल कर रही है।"

स्क्वाड्रन लीडर हीरोजीत मुझसे कहते हैं, "इसे दैवी हस्तक्षेप कहें या कुछ और, लेकिन मैं कभी अवसाद में नहीं गया।" हर स्तर पर उन्हें आशा की एक किरण मिली। अब उनका लक्ष्य पैरा-स्विमिंग में अंतरराष्ट्रीय स्तर पर भारत और भारतीय वायु सेना का प्रतिनिधित्व करना है।

आज भारतीय वायु सेना और फ्लाइंग ऑफिसर हीरोजीत राजकुमार सिंह ने इतिहास के पन्नों में अपना नाम दर्ज करा लिया है। हीरो ने एक असाधारण उपलब्धि हासिल की है। संभवतः वह दुनिया भर में किसी भी सशस्त्र बल द्वारा नियुक्त होने वाले व्हीलचेयर वाले पहले कैडेट बन गए हैं।

□

अध्याय-3

कर्नल हरि हांडा

हरि—ज़िद्दी घोड़ा

भारत की सुरम्य पहाड़ियों के बीच बसे मसूरी में हरि नाम का एक युवा लड़का रहता था। एक प्रतिष्ठित वंश से आने वाले हरि हांडा को हैंपटन कोर्ट, मसूरी में अपने प्रारंभिक वर्षों के बाद प्रतिष्ठित सेंट जॉर्ज, मसूरी में नामांकित किया गया था, जो अपनी शैक्षणिक कठोरता और अनुशासित माहौल के लिए प्रसिद्ध संस्थान है। उनके पिता एक मुख्य अभियंता, पंजाब सरकार के सचिव थे और सिंचाई विभाग से सरकार के सचिव बनने वाले पहले व्यक्ति थे, जिसके बाद यह पद समाप्त कर दिया गया था। भाखड़ा नहर को तय समय से दो साल पहले पूरा करने के लिए उन्हें 'पद्म भूषण' से सम्मानित किया गया था।

नवविवाहित कर्नल हरि हांडा एवं श्रीमती राधा हांडा

हालाँकि, अपने साथियों के विपरीत हरि ने खुद को माँग वाले शैक्षिक पाठ्यक्रम के साथ तालमेल बनाए रखने के लिए संघर्ष करते हुए पाया। उनकी बेचैन आत्मा कक्षा की दीवारों के भीतर सीमित रहने के बजाय अन्वेषण करने

कर्नल एवं श्रीमती हरि हांडा

और खेल में संलग्न होने की स्वतंत्रता के लिए तरसती थी। एक दुर्भाग्यपूर्ण दिन हरि के पिता गंभीर भाव से उनके पास आए और उन्होंने देहरादून में राष्ट्रीय इंडियन मिलिटरी कॉलेज (आर.आई.एम.सी.) नामक एक प्रतिष्ठित संस्थान के बारे में एक दिलचस्प कहानी साझा की। उन्होंने स्कूल की अनूठी चयन प्रक्रिया के बारे में बताया, जिसमें हर छह महीने में प्रत्येक राज्य से केवल एक छात्र को प्रवेश दिया जाता था। कथा से मंत्रमुग्ध होकर हरि की जिज्ञासा शांत हो गई। उन्होंने महसूस किया कि आर.आई.एम.सी. वह रोमांच और उत्साह प्रदान कर सकता है, जिसके लिए वे तरस रहे थे। दृढ़ निश्चय के साथ उन्होंने अवसर का लाभ उठाने का निर्णय लिया और उनके पिता ने उनके प्रवेश के लिए आवेदन कर दिया।

साक्षात्कार का दिन आ गया और हरि ने खुद को प्रिंसिपल मिस्टर स्कॉट और पंजाब के गवर्नर सर इवान जेनकेंस के साथ आमने-सामने पाया, जिन्होंने एक अप्रत्याशित सवाल पूछा, "आप सेना में शामिल होने की इच्छा क्यों रखते हैं?" अपने स्वभाव के अनुरूप हरि ने स्पष्ट रूप से जवाब दिया, "क्योंकि मैं

पढ़ाई में कमजोर हूँ।" कमरे में क्षण भर के लिए सन्नाटा छा गया और प्रिंसिपल की भौंहें आश्चर्य से तन गईं। उनके वास्तविक जवाब ने प्रिंसिपल को सोचने पर मजबूर कर दिया, क्योंकि उन्होंने युवा लड़के की अप्रयुक्त क्षमता पर विचार किया। यह मानते हुए कि सेना उनके व्यक्तिगत विकास और शैक्षणिक विकास के लिए आवश्यक संरचना एवं अनुशासन प्रदान कर सकती है, पैनल ने उनकी क्षमता पर विश्वास रखते हुए हरि को एक अवसर देने का फैसला किया। इसके तुरंत बाद हरि ने खुद को आर.आई.एम.सी. में नामांकित पाया, सेंट जॉर्ज के परिचित दायरे से विदाई ली और अपने जीवन में एक परिवर्तनकारी अध्याय की शुरुआत की।

उन्हें यह देखकर आश्चर्य हुआ कि आर.आई.एम.सी. में प्रारंभिक प्लेसमेंट परीक्षा में अनजाने में उन्हें आवश्यकता से कहीं अधिक ऊँची कक्षा दे दी गई। कक्षा एक में शुरू करने के बजाय हरि, जो तब 11 वर्ष के थे, को 14 वर्ष के आयु वर्ग के अन्य लोगों के साथ सीधे कक्षा 4 में प्रवेश दिया गया। जैसे ही हरि अपनी नई कक्षा में पहुँचे, उन्हें त्रिकोणमिति और बीजगणित जैसे अपरिचित विषयों का सामना करना पड़ा। वह कठिनाई महसूस करने लगे। जटिल गणितीय अवधारणाएँ उनके लिए गूढ़ साबित हुईं। हताश होकर हरि ने स्कूल के प्रिंसिपल की सहायता लेकर गलत प्लेसमेंट को संबोधित करने का संकल्प लिया, लेकिन उनके अनुरोध को अनसुना कर दिया गया। चौथी कक्षा में उन्होंने अपने हिंदी शिक्षक पंडितजी को क्रोधित कर दिया, क्योंकि वह उन्नत पाठों के साथ तालमेल नहीं बिठा सके। हर दिन जैसे ही वह कक्षा में प्रवेश करते, वह हरि को कक्षा से बाहर निकाल देते। इस प्रकार, हरि को हिंदी में ग्राउंडिंग नहीं मिली। उन्होंने अपने पिता को पत्र लिखकर स्थिति के बारे में बताया, क्योंकि प्रिंसिपल ने उन्हें आलसी मानते हुए उनके तर्क को खारिज कर दिया था।

बाद में, आर.आई.एम.सी. की रजत जयंती के दौरान जब उक्त प्रिंसिपल से उनका सामना किया गया तो उन्होंने स्वीकार किया कि हरि को उससे अधिक उच्च ग्रेड में स्वीकार करना एक गलती थी। लेकिन हरि को इसका खामियाजा भुगतना पड़ा और अगले तीन वर्षों तक संघर्ष करना पड़ा, जब तक कि उन्होंने खुद को उम्र और बुद्धि में अपने साथियों के बराबर नहीं पाया। पद से हटाए जाने

के झटके के बावजूद उन्होंने एथलेटिक्स, हॉकी, फुटबॉल, तैराकी, वाटर पोलो, टेनिस और स्क्वैश में उत्कृष्ट प्रदर्शन करते हुए विभिन्न खेल टीमों के कप्तान के रूप में स्कूल का प्रतिनिधित्व किया। उन्हें बुनियादी आधार से वंचित कर दिया गया—एक मजबूत आधार, जो कि जूनियर कक्षाओं में प्रदान किया जाना था।

कुछ साल बाद उन्हें जे.एस.डब्ल्यू. (अब एन.डी.ए.) में शामिल होने के लिए एक लिखित परीक्षा देनी पड़ी। उनके प्रिंसिपल को उनकी क्षमताओं पर संदेह था, लेकिन उन्हें यह देखकर आश्चर्य हुआ कि उन्होंने परीक्षा उत्तीर्ण कर ली। तब तक उनके पिता को सच्चाई का अहसास हो गया था और उन्होंने एक शिक्षक को काम पर रखा था। आर.आई.एम.सी. में गणित शिक्षक के मार्गदर्शन से उनके गणित के अंक 99 और यहाँ तक कि 100 तक पहुँच गए। वे उनकी युवावस्था के यादगार दिन थे।

हरि हांडा, जिन्हें उनके मित्र और सहकर्मी (Hari–The Horse) 'घोड़ा' उपनाम देते थे, बहुमुखी प्रतिभा के धनी व्यक्ति थे। उन्हें मुक्केबाजी, हॉकी, फुटबॉल, एथलेटिक्स और तैराकी सहित विभिन्न खेलों में नौ अकादमी ब्लूज के साथ एक उभरता खिलाड़ी माना जाता था। खेल के प्रति हरि के दृढ़ समर्पण को केवल अपने देश की सेवा करने के जुनून ने ही मात दी। हरि ने 3 जून, 1956 को भारतीय सैन्य अकादमी से एक अंडर ऑफिसर के रूप में स्नातक की उपाधि प्राप्त की और तिरुवनंतपुरम में 2/9 जीआर बटालियन में शामिल हो गए। उनका विवाह राधा से हुआ और उनकी दो खूबसूरत बेटियाँ हुईं।

जब मैंने उनसे उनकी चोट के बारे में पूछा तो कर्नल हांडा ने बताया, "हम एक खतरनाक बारूदी सुरंग क्षेत्र में नेविगेट कर रहे थे। सुरंगे रेत के नीचे छिपी हुई थीं, जिससे उनका पता लगाना मुश्किल हो गया था। जिस व्यक्ति ने सुरंग बिछाई थी, उसके पास कोई रिकॉर्ड नहीं था और हम इस तरह से बिछाई गई सुरंगों की सटीक स्थिति से अनभिज्ञ थे। बहुत सावधानी से पूछने पर भी वे उनका पता नहीं लगा सके। दुर्भाग्य से, जैसे ही मैंने अनजाने में एक पर पाँव रखा, इससे अचानक और हिंसक विस्फोट हो गया।" इसके बाद उसे निकालने के लिए तत्काल कदम उठाए गए और उन्हें अस्पताल में भरती कराया गया। इस बीच उनकी पत्नी, जो अपने पिता के साथ देहरादून में थीं—एक सम्मानित डॉक्टर, जिन्होंने सन् 1914

के युद्ध के दौरान उनकी बटालियन में सेवा की थी—को दु:खद समाचार मिला। अपने रेजीमेंटल इतिहास के माध्यम से उन्होंने परिवारों के बीच इस उल्लेखनीय संबंध की खोज की। खबर मिलने पर उनकी पत्नी ने उनके पास जाने में कोई समय बरबाद नहीं किया।

जम्मू में वह गंभीर स्थिति में थे। उन्हें तत्काल चिकित्सा की आवश्यकता थी। उन्हें तुरंत पठानकोट के एक अस्पताल में स्थानांतरित कर दिया गया, जहाँ जो दृश्य उनका इंतजार कर रहा था, वह सांत्वना देने वाला नहीं था। चिलचिलाती धूप में स्ट्रेचर पर लिटाए जाने के बाद, जहाँ उन्हें बचाने के लिए कोई छाया नहीं थी, उन्होंने सुबह 8.30 बजे से लेकर शाम के लगभग 4.35 बजे तक, जब उनकी पत्नी आ गईं, प्रचंड गरमी सहन की। उन्हें निराशा हुई, जब अस्पताल के कमांडेंट कर्नल सेनगुप्ता नाम के एक बंगाली डॉक्टर ने उनके पास जाकर पूछताछ की कि क्या सब कुछ ठीक है? जबकि वास्तव में ऐसा नहीं था। मौके का फायदा उठाते हुए उनकी पत्नी ने क्षोभ से भरकर उन पर अपना गुस्सा निकाला और निराशा व्यक्त की। उसने कर्नल को बताया कि जब से उनके पति को जम्मू से लाया गया है, तब से किसी ने उनकी सुध नहीं ली है। उन्हें एक गिलास पानी भी नहीं दिया गया था और कोई नर्स या चिकित्सा कर्मी उनकी जाँच करने नहीं आया था। डॉक्टर उनके जायज गुस्से से चकित हो गया और नाराज होकर चला गया।

आखिरकार, एक अन्य डॉक्टर ने घटनास्थल पर प्रवेश किया और पाया कि उनके पैर में गैंग्रीन हो गया था, जिसमें शुरू में केवल आंशिक चोट लगी थी। ऐसे में, पैर बचाने के लिए उसे काटना जरूरी था। इस कठिन समय के दौरान उनके बहनोई, जो वीआईपी स्क्वाड्रन में वायु सेना में कार्यरत थे, दिल्ली से एक विमान लेकर पहुँचे। उन्होंने अपने सहित सभी विकलांगों को दिल्ली ले जाने की पेशकश की, क्योंकि उनके साथ वायु सेना के डॉक्टर भी थे। हालाँकि, जम्मू के सैन्य अस्पताल में नाराज कमांडेंट ने इस विकल्प को सख्ती से अस्वीकार कर दिया और जोर देकर कहा कि सभी इसके बजाय ट्रेन से यात्रा करें। अत: विमान जम्मू से खाली लौट आया!

उन्हें अन्य लोगों के साथ ट्रेन से दिल्ली सैन्य अस्पताल ले जाया गया। दिल्ली के अस्पताल में विजय ओबेरॉय, सतनाम सिंह और कुछ अन्य लोग

चिकित्सा सहायता प्राप्त करने की प्रतीक्षा कर रहे थे। बात उनकी माँ तक पहुँच गई और उन्होंने कमांडेंट से भिड़ने के लिए तैयार होकर अस्पताल पहुँचने में कोई समय बरबाद नहीं किया। कभी-कभी चीजों को आगे बढ़ाने के लिए इतनी दृढ़ता की आवश्यकता होती है। वह एक प्रतिष्ठित आर्थोपेडिक सर्जन ब्रिगेडियर चंद को ढूँढ़ने में कामयाब रहीं और उन्होंने मिलकर काररवाई का सर्वोत्तम तरीका निर्धारित किया। इसके तुरंत बाद नौसेना स्टाफ के प्रमुख के तत्कालीन ए.डी.सी. लेफ्टिनेंट दिलीप घोष, एक रिमकोलियन, हरि की चोट के बारे में जानकर पहुँचे और उनके लिए एक कमरे की व्यवस्था की। वहाँ के सबसे युवा अधिकारी सतनाम ने पूछा कि क्या वह उनके साथ कमरे में आ सकते हैं, जिस पर वह सहर्ष सहमत हो गए। उन दोनों को एक ही कमरे में स्थानांतरित कर दिया गया। तब, उनकी चोट के लगभग एक महीने बाद, उनकी सर्जरी हुई और बाद में उन्हें आगे के इलाज के लिए पुणे स्थानांतरित कर दिया गया। कारावास की इस अवधि के दौरान तत्कालीन एडजुटेंट जनरल हर तीसरे दिन उनसे मिलने आते थे और जनरल शर्मा की पत्नी श्रीमती सरूपी शर्मा लगभग प्रतिदिन उनसे मिलने आती थीं।

उस दौरान एक निर्देश जारी किया गया था कि जो भी घायल होगा, उसे सेना से छुट्टी देनी होगी; वे अपनी सेवा जारी नहीं रख सके। जब उन्होंने कृत्रिम अंग केंद्र का दौरा किया तो उन्होंने खुद को संकट में पाया, जहाँ कमांडेंट ने उन्हें कृत्रिम अंग लगाने से पहले छह से आठ महीने की प्रतीक्षा सूची के बारे में खेदपूर्वक सूचित किया। हरि की पत्नी, अपनी आठ महीने की बेटी के साथ, पुणे में उनके साथ शामिल हो गई थीं। वह इंटेलिजेंस स्कूल में तैनात 9 जीआर अधिकारी तत्कालीन कैप्टन प्रणब दत्त के साथ रहीं।

वे लगभग 1,800 से 1,900 विकलांग सैनिकों से घिरे हुए थे। दोनों अधिकारी और अन्य रैंक के लोग अपने कृत्रिम अंगों की प्रतीक्षा कर रहे थे। समाधान खोजने के लिए दृढ़ संकल्पित हरि उस कारखाने तक पहुँचने में कामयाब रहे, जहाँ अंगों को बनाने की आवश्यकता थी, भले ही यह प्रतिबंधित था। कार्यशाला के लिए जिम्मेदार इंजीनियर अधिकारी ने उनके साथ एक तालमेल विकसित किया, जिससे उन्हें विनिर्माण प्रक्रिया का निरीक्षण करने की अनुमति मिली। कृत्रिम अंगों

के निर्माण के बजाय कार्यशाला कमांडेंट के आदेश पर फर्नीचर बना रही थी, जबकि विकलांग अपने परिवारों से दूर अस्पताल में सड़ रहे थे और कुछ पहले से ही आधे या बिना वेतन पर थे! यह हृदय-विदारक था।

तभी हरि ने काररवाई करने का फैसला किया और सेना प्रमुख को संबोधित एक कड़ा पत्र लिखा तथा उसी पत्र की एक प्रतिलिपि सेना कमांडर को भी लिखी। पत्र में उन्होंने इस तथ्य पर प्रकाश डाला कि वह सबसे वरिष्ठ विकलांग अधिकारी थे और कमांडेंट द्वारा विशिष्ट व्यक्तियों के लिए फर्नीचर उत्पादन को प्राथमिकता देने के कारण अंग प्राप्त किए बिना उन्हें कृत्रिम अंग केंद्र में हिरासत में रखा जा रहा था। ऐसा लग रहा था कि पूरी फैक्टरी अंग उत्पादन के बजाय फर्नीचर पर केंद्रित थी। उनके संघर्षों को बढ़ाते हुए एक आदेश जारी किया गया था, जिसमें कहा गया था कि अस्पताल में तीन महीने के बाद एक व्यक्ति का वेतन आधा कर दिया जाएगा और छह महीने के बाद कोई वेतन नहीं होगा। यह वह स्थिति थी, जिसमें उन्होंने बिना किसी आय के छह महीने तक इंतजार करते हुए खुद को पाया।

स्थिति की खबर से जवानों में हड़कंप मच गया, जिसके बाद कमांडेंट को तुरंत बुलाया गया। यह उस समय के अनसुने विरोध के रूप में बदल गया, जिससे सेना को हस्तक्षेप करना पड़ा। जब कमांडेंट से हरि द्वारा लिखे गए पत्र के बारे में पूछताछ की गई तो उसने इसे स्वीकार कर लिया, जिसके परिणामस्वरूप कमांडेंट को तुरंत बदल दिया गया। एक नए अधिकारी ने कमान सँभाली और बिना किसी देरी के सभी के अंगों की माप शुरू हुई और कृत्रिम अंगों का निर्माण जोर-शोर से शुरू हुआ। कुछ दिनों बाद उन्हें उनका कृत्रिम अंग प्राप्त हुआ। पुराना बोझिल लकड़ी का कृत्रिम अंग, जिसके लिए क्रॉस बेल्ट की आवश्यकता होती थी, बेहद भारी था। कृत्रिम परिसर पर चलते समय ए.एल.सी. वाहन ने उनके नए कृत्रिम अंग को कुचल दिया। बाद में, जब उनकी पत्नी ने घटना के बारे में पूछताछ की तो उन्होंने उसे यह कहते हुए कम कर दिया कि वह ठीक से फिट नहीं हुआ और उन्हें प्रतिस्थापन जारी किया जा रहा है।

इस समय के दौरान, ओटोबॉक जर्मनी से लगभग एक सौ कृत्रिम अंग बड़ी संख्या में आयात किए गए थे। एक सूबेदार, जिसने बीमार घायलों के लिए

उनके कार्य की सराहना की थी, ने सुझाव दिया कि वह ओटोबॉक कृत्रिम अंग का विकल्प चुनें। उनकी सलाह को स्वीकार करते हुए उन्हें ओटोबॉक कृत्रिम अंग इस शर्त के साथ प्रदान किया गया कि यदि अनुपयुक्त है तो उन्हें प्रतिस्थापन के लिए भुगतान करना होगा। उन्होंने ले लिया।

इस बीच, श्रीमती इंदिरा गांधी ने अस्पताल का अप्रत्याशित दौरा किया। उनके साथ सेना मुख्यालय, दक्षिणी कमान और चिकित्सा शाखा के उच्च पदस्थ वरिष्ठ अधिकारियों का एक समूह भी था। वह एक बिस्तर से दूसरे बिस्तर पर गईं, कुछ टॉफियाँ एवं कुछ सिगरेटें दीं और पूछा कि क्या सबकुछ ठीक है? एक घायल सेकंड लेफ्टिनेंट को बिस्तर पर पड़ा हुआ देखकर वह उसी भाव से उसके पास पहुँचीं। हालाँकि, उन्हें कुछ और ही कहना था। उन्होंने साहसपूर्वक उनसे पूछा, "मैडम, क्या आप केवल दिखावा कर रही हैं या आप वास्तव में जानना चाहती हैं कि क्या हो रहा है?" इस अप्रत्याशित प्रश्न ने सभी को चौंका दिया। इंदिरा गांधी ने पीछे मुड़कर जवाब दिया, "बोलो।" दूसरे लेफ्टिनेंट ने खुद को सरदार बताते हुए सिगरेट भेंट किए जाने पर असंतोष व्यक्त किया, क्योंकि वह एक सिख अधिकारी था। उन्होंने अपने पीछे खड़े एक वरिष्ठ आर्थोपेडिक सर्जन—जो सर्जरी के प्रमुख भी थे—की ओर इशारा किया और उन्हें सूचित किया कि उन्होंने ऑपरेशन के बाद उनकी जाँच करने की जहमत उठाए बिना उनकी बाँह का ऑपरेशन किया है। उसके कटे हुए हाथ में दर्द की लगातार रिपोर्ट के बावजूद सर्जन ने कोई चिंता नहीं दिखाई। स्थिति से तंग आकर वह अंततः अपने गृह नगर जयपुर लौट आए, जहाँ उनकी एक और सर्जरी हुई। उस समय तक हाथ में गैंग्रीन हो चुका था। अब वह जयपुर में अपनी आपबीती के बाद दोबारा अस्पताल लौटे थे।

अव्यवस्था और हंगामे के बीच विकलांग सैनिकों ने अपने भविष्य के बारे में स्पष्टता की माँग की। सेना प्रमुख उपस्थित थे और उन्होंने स्पष्ट रूप से कहा कि वे अपनी विकलांगताओं के कारण सेना में सेवा जारी नहीं रख सकते। हालाँकि, जब तक वे चिकित्सा देखभाल में रहेंगे और जब तक उन्हें अमान्य नहीं किया जाता, तब तक उनके वेतन या रैंक पर कोई प्रभाव नहीं पड़ेगा और उनकी देखभाल की जाएगी। यह सुनिश्चित करते हुए आदेश जारी किए गए

कि अस्पताल में रहने के दौरान उन्हें अमान्य होने तक पूरा वेतन मिले। रैंक भी वही रहेगी।

जब वह मेडिकल बोर्ड के पास गए तो उन्होंने उनकी वर्तमान शारीरिक क्षमताओं का आकलन किए बिना ही उन्हें जल्दबाजी में श्रेणी 'डी' में वर्गीकृत कर दिया। उन्होंने उनके फैसले पर सवाल उठाते हुए अपना विरोध जताया। एक साहसिक कदम में, वह अपनी कुरसी से खड़े हुए और हैंडस्प्रिंग का प्रदर्शन किया तथा उन्हें चुनौती दी कि यदि वे सक्षम हैं तो ऐसा ही करें। प्रभावित होकर उन्होंने उनकी श्रेणी को संशोधित कर 'बी1' कर दिया।

श्रीमती से जुड़ी घटना के लिए धन्यवाद। इंदिरा गांधी ने विकलांगों को अंतिम अमान्य होने तक उनकी पसंद की पोस्टिंग देने के नए आदेश जारी किए। इस अवसर का लाभ उठाते हुए उन्होंने देहरादून में रेजीमेंटल सेंटर में तैनात होने का विकल्प चुना। कई सैनिक अपने गृह नगर लौट गए। उनके रेजीमेंटल सेंटर पर उनका कमांडिंग ऑफिसर, जो कमांडेंट भी था, पहले से ही वहाँ तैनात था। सौभाग्य से, उनकी पत्नी के माता-पिता देहरादून के थे, इसलिए कोई कठिनाई नहीं थी। वास्तव में, उन्होंने बहुत सहायता प्रदान की।

फिर उन्होंने मसूरी में कार्य-अध्ययन पाठ्यक्रम का अनुरोध किया और उन्हें एक स्थान आवंटित किया गया। पाठ्यक्रम के कमांडेंट ने उनकी भागीदारी का विरोध करने की कोशिश की, यह तर्क देते हुए कि केवल ई.एम.ई. और सिग्नल के लोग ही इसमें भाग ले सकते हैं। हरि को अस्वीकार करने के उनके निरंतर प्रयासों के बावजूद एरिया कमांडर ने हस्तक्षेप किया और सैन्य अस्पताल में चिकित्सा जाँच की व्यवस्था की, जो आमतौर पर इस कोर्स के लिए नहीं किया जाता है। यदि हरि को अयोग्य समझा गया तो वह अपना मौका खो देंगे। स्थिति के बारे में चिंतित होकर उन्होंने जनरल बेवूर, तत्कालीन उप-सेना प्रमुख, एक अन्य रिमकोलियन को बुलाया और बताया कि क्या हो रहा था। चिकित्सा परीक्षण के दौरान ऑर्थोपेडिक्स विभाग के प्रमुख कर्नल भरत सिंह ने हरि को देखते ही बिना जाँच किए ही उन्हें अनफिट करार दे दिया। सौभाग्य से, उसी रैंक के उनके अधीनस्थ कर्नल शर्मा ने उन्हें पहचान लिया और उनकी फिटनेस की पुष्टि की। शर्मा ने उनकी क्षमता की पुष्टि करते हुए उन्हें खड़ी ढलान पर

ऊपर-नीचे चलने के लिए कहा। अनुकूल मूल्यांकन के साथ उन्होंने मेडिकल बोर्ड का मूल्यांकन कमांडेंट को लौटा दिया, जो आश्चर्यचकित थे; क्योंकि क्षेत्र मुख्यालय में किसी ने हरि को पाठ्यक्रम में भाग लेने से रोकने के आदेश जारी किए थे। अपने कमांडेंट के दृढ़ समर्थन से उन्होंने कार्य-अध्ययन पाठ्यक्रम पूरा किया, वापस आए और सेना मुख्यालय में पोस्टिंग का अनुरोध किया, जिसे तुरंत मंजूर कर लिया गया। वह लगभग तीन वर्षों तक वहाँ रहे, जिसके बाद उन्होंने दुर्गापुर इस्पात संयंत्र में प्रतिनियुक्ति पर जाने का विकल्प चुना, जिसने उनकी सेवाओं का अनुरोध किया था। एन.आई.डी.सी. के एम.डी. ने उनके बारे में सुना कि वह दुर्गापुर जा रहे हैं और उनकी पोस्टिंग बदलकर दिल्ली में एन.आई.डी.सी. कर दी गई है। एन.आई.डी.सी. में सेवा देने के बाद 4 अक्तूबर, 1974 को उन्हें बाहर कर दिया गया, क्योंकि उनकी चोट का इलाज खत्म हो चुका था और अनिश्चित भविष्य सामने था।

अमान्य होने के बाद उन्हें कई कठिनाइयों का सामना करना पड़ा। हर महीने जब वह अपनी पेंशन के लिए ट्रेजरी कार्यालय जाते थे तो वे उन्हें सूचित करते थे कि उनका पी.पी.ओ. ऑर्डर नहीं आया है। यह छह महीने से अधिक समय तक जारी रहा। एक दिन वह एक पार्टी में शामिल हुए, जहाँ जनरल वी.एन. शर्मा, जो सेना प्रमुख बन गए थे, भी मौजूद थे। जनरल ने उन्हें एक कोने में खड़ा देखा और उनके पास आकर पूछा कि क्या वह उनके लिए कुछ कर सकते हैं। हरि ने उत्तर दिया कि चूँकि जनरल शर्मा उस समय प्रमुख थे, इसलिए इस मुद्दे पर विचार करने का यह उचित समय नहीं था। लेकिन जब वह उस पद पर नहीं रहेंगे, तब वे बात कर सकते हैं। हालाँकि, उनके आग्रह पर हरि ने पेंशन न मिलने की समस्या साझा की। जनरल शर्मा ने तुरंत अपने स्टाफ ऑफिसर ब्रिगेडियर को निर्देश दिया। जमील मोहम्मद को मामले की जाँच करने को कहा गया। जमील, जो उनका एक अच्छा दोस्त था, ने चार दिन बाद खेद व्यक्त करने के लिए उन्हें फोन किया और बताया कि कोई समस्या लग रही है।

किसी के सुझाव पर उन्होंने तत्कालीन रक्षा मंत्री श्री बंसी लाल से संपर्क करने का फैसला किया। चूँकि उनके निवास पर कड़ी सुरक्षा थी और घर के बाहर भारी भीड़ थी, हरि घर के पीछे से प्रवेश कर गए। वे गलती से उनके बाथरूम

और उसके बाद शयनकक्ष में पहुँच गए। जब हरि ने अपनी धोती बाँधते हुए देखा तो चौंककर उन्हें तुरंत माफी माँगी और बताया कि वह रास्ता भटक गए थे। श्री बंसी लाल ने कहा, "अभी आ ही गया है, तो यहाँ बैठ जा।" अत: वह बैठ गए और अपनी समस्या के बारे में बात की। मंत्री महोदय उन्हें रक्षा मंत्रालय में अपने कार्यालय में ले गए, जहाँ से उन्होंने एडजुटेंट जनरल और रक्षा लेखा नियंत्रक को तुरंत बुलाया। जब वे अंदर आए तो उन्होंने उनसे पूछा कि इस अधिकारी को पिछले छह महीने से पेंशन क्यों नहीं मिली? अधिकारियों के पास मंत्री से कहने को कुछ नहीं था। उन्होंने उसी शाम पेंशन जारी करने का आदेश दिया। सी.जी. डी.ए. ने उत्तर दिया, "सर, यह आज शाम तक संभव नहीं हो सकता है, लेकिन मैं निश्चित रूप से कल सुबह विवरण के साथ वापस आऊँगा।" अंतत: रक्षा मंत्री ने उन्हें अपना फोन नंबर देते हुए कहा, "कोई समस्या हो तो तुम मुझे फोन करना।"

अगली सुबह हरि को रक्षा लेखा कार्यालय में बुलाया गया और उन्हें उसी अधिकारी के पास ले जाया गया, जो हमेशा उन्हें बताता था कि उनका पी.पी.ओ. प्राप्त नहीं हुआ है। अपनी टोकरी में हरि ने अपना पुराना पी.पी.ओ. देखा और उनके ऊपर उसका नया पी.पी.ओ. था। हरि ने उनसे फिर से अपनी पेंशन माँगी और हमेशा की तरह अधिकारी, जो अब आर.के. पुरम में राजकोष के मुख्य प्रभारी थे, ने उन्हें मानक उत्तर दिया, "आपका पी.पी.ओ. नहीं आया।" दरवाजे पर एक संतरी था। हरि ने संतरी से दरवाजा बंद करने को कहा। फिर उन्होंने ट्रेजरी अधिकारी का कॉलर पकड़ लिया और उससे कहा कि वह एक मुक्केबाजी चैंपियन रहा है और उसे बहुत जोर से मार सकता है। फिर उन्होंने श्री बंसी लाल को फोन लगाया और बताया कि उनके दोनों कागजात ट्रेजरी अधिकारी के पास हैं, लेकिन वह उन्हें प्राप्त करने से इनकार कर रहे हैं। श्री बंसी लाल ने अधिकारी से बात कराने को कहा और फोन विधिवत् उन्हें सौंप दिया गया। अफसर अब काँपने लगा था। उन्हें अपने अगले प्रभारी अधिकारी को बुलाने के लिए कहा गया, जिसने तुरंत सिंडिकेट बैंक से पेंशन जारी कर दी, जो कार्यालय के ठीक बगल में था।

"मुझे हर कदम पर अनेक संघर्षों का सामना करना पड़ा है। मेरे मामले में हमारे अधिकारों की लड़ाई बहुत बड़ी थी। कई अन्य युद्ध-अक्षम सैनिक, जिन्हें

सेवा से बाहर कर दिया गया है, समान स्थितियों का सामना कर रहे हैं। कुछ के लिए लड़ाई अभी भी जारी है। उनकी समस्याओं को कोई समझने वाला कोई नजर नहीं आता। यह एक सैनिक के लिए दुःखद स्थिति है, जिसने अपने देश के लिए अपना जीवन समर्पित करने का फैसला किया है और फिर भी, जब वह राष्ट्र की सेवा में अक्षम हो जाता है तो उसके साथ दुश्मन से भी बदतर व्यवहार किया जाता है।" हरि अफसोस जताते हुए कहते हैं।

उन्हें रक्षा मंत्रालय का पत्र संख्या 20084/PEN-C/71 दिनांक 24 फरवरी, 1972 मिला, जिसमें युद्ध में विकलांग और सेवा से बाहर हुए लोगों को बेहतर भत्ते व पारिश्रमिक देने का वादा किया गया था। उन्हें आज भी उस पत्र का इंतजार है, जो उनकी जिंदगी बदल सकता है। इस पत्र में संकेत दिया गया है कि सेवा से बाहर किए गए ऐसे सभी घायल, भले ही सेवा के वर्षों की परवाह किए बिना, उनके सेवा तत्त्व के रूप में हकदार होंगे—कुल सेवा, जो वे रैंक में कर सकते थे। इस पत्र के अनुसार, इसमें किसी भी समय परिवर्तन नहीं किया जा सकता। सी.जी.डी.ए. ने अपने पत्र संख्या 5699/AT-P/मंत्रालय मामले/ऑफर्स/वॉल्यूम-1, दिनांक 22.12.2007 के माध्यम से पुष्टि की है कि उन्होंने इसे कभी भी लागू नहीं किया है, न ही उन्होंने इसे लागू करने की पद्धति के बारे में रक्षा मंत्रालय से पूछताछ की है। यह एक नीति पत्र है। यह पिछले दो दशकों से सशस्त्र बल न्यायाधिकरण के पास है और रक्षा मंत्रालय स्थगन की माँग कर रहा है। संसदीय आयोग से संपर्क करते हुए पुरस्कार की प्रकृति और सेवा से बाहर युद्ध-अक्षम लोगों के रिकॉर्ड को बनाए रखने की आवश्यकता के बारे में स्पष्टीकरण माँगा गया था। उन्होंने कहा कि उन्होंने सेना मुख्यालय और रक्षा मंत्रालय को लिखा था तथा उन्हें सूचित किया गया था कि विकलांग युद्ध के दिग्गजों की कोई श्रेणी मौजूद नहीं थी, क्योंकि उन सभी विकलांगों का सेवानिवृत्त कर्मियों की सामान्य श्रेणी में विलय कर दिया गया था। इस प्रकार, शुरू में शुरू किए गए कोई भी कल्याणकारी उपाय लागू नहीं किए जा सके। इसलिए, विकलांग सैनिकों की पथरीली राह में एक और नौकरशाही बाधा खड़ी हो गई। सेवा से बाहर किए गए विकलांगों की एक अलग श्रेणी थी; लेकिन जब ऐसे विकलांगों को सेवा में बनाए रखा जाता था और उचित समय पर सेवानिवृत्त

कर दिया जाता था तो दोनों श्रेणियों को अनजाने में एक साथ मिला दिया गया था और इस तरह सरकार सेवा से बाहर किए गए अमान्य लोगों की नजर से ओझल हो गई थी।

विकलांग युद्ध दिग्गजों के सचिव के रूप में और बाद में उनके अध्यक्ष के रूप में शामिल होकर उन्होंने अन्य विकलांग सैनिकों के लिए काम करना तथा उन्हें सहायता प्रदान करना शुरू कर दिया। जब भी वह सेना मुख्यालय जाते थे तो उन्हें गलियारों में अपमानजनक शब्द सुनाई देते थे, "देखो, ये विकलांग वाले आ गए हैं। पक्का कुछ माँगने के लिए आएँगे। इतना मिला है, फिर भी खुश नहीं हैं।" जब वह उस समय रक्षा मंत्री श्री मनोहर पर्रिकर से मिले तो उन्होंने उनसे कहा कि एक बुजुर्ग के रूप में वह विकलांग युद्ध दिग्गजों की स्थिति से संबंधित तथ्यों के बारे में कभी झूठ नहीं बोलेंगे।

वह किसी-न-किसी चीज पर काम करते रहे और भारतीय सेना के सभी रेजीमेंटों के कर्नलों एवं रेजीमेंटल केंद्रों के कमांडेंटों को पत्र लिखकर अनुरोध किया कि वे अपने रेजीमेंटल केंद्रों से सेवा से बाहर कर दिए गए युद्ध में घायल सैनिकों का विवरण प्रदान करें। उस प्रपत्र के साथ, जो संलग्न था। उन सभी ने तुरंत प्रतिक्रिया व्यक्त की और विकलांग युद्ध दिग्गजों की पहल के लिए उनकी सराहना की। हरि ने पाँच खंडों में सेवा से बाहर किए गए सभी विकलांग कर्मियों की एक सूची तैयार की और उसे एडजुटेंट जनरल को भेज दिया—एक प्रति भारतीय सेना के दिग्गज निदेशालय को और एक रक्षा मंत्रालय को भेज दी। यह मंत्रालय और सेना मुख्यालय के लिए सैन्य सेवा से बाहर हुए विकलांगों की दुर्दशा को समझने की एक शुरुआत थी।

इस अवधि के दौरान उन्होंने विकलांग युद्ध दिग्गजों के सदस्यों के साथ यह समझा कि सशस्त्र बलों सहित सभी सरकारी कर्मचारियों के लिए पेंशन और पेंशनभोगी कल्याण मंत्रालय में पेंशन निदेशालय का विशेषाधिकार था। पेंशन निदेशालय का दौरा किया गया, जहाँ यह पता चला कि उनके द्वारा उठाए गए कुछ मुद्दों को पहले ही मंजूरी दे दी गई थी; लेकिन सशस्त्र बलों के कर्मियों के लिए रक्षा मंत्रालय या सी.जी.डी.ए. द्वारा लागू नहीं किया गया था; हालाँकि, नागरिक वर्ष 2000 से इन आदेशों का लाभ उठा रहे थे। इन पत्रों की

प्रतियाँ प्राप्त की गई थीं। इन मुद्दों को तुरंत रक्षा मंत्रालय और सेना मुख्यालय, एडजुटेंट जनरल के समक्ष उठाया गया। उक्त पत्रों की प्रतियाँ प्राप्त होने पर वह आश्चर्यचकित रह गए और उन्हें लागू करने के लिए काररवाई शुरू करने पर सहमत हुए। पत्रों में दी गई सिफारिशों को लागू करने में रक्षा मंत्रालय को 13 साल और लग गए और आखिरकार, 2013 में प्रयास फलीभूत हुए।

दुर्भाग्य से, वरदीधारी सैनिक के लिए रक्षा लेखा महानियंत्रक ने उन्हें क्या करना है, यह बताकर रक्षा मंत्रालय के अधिकार छीन लिये हैं। सी.जी.डी.ए. के मार्गदर्शन में बनाए गए नियमों में तय किया गया है कि विकलांगता पेंशन प्राप्त करने वाले किसी भी व्यक्ति के लिए, उक्त पेंशन विकलांगता तत्त्व और सेवा तत्त्व की गणना करते हुए, रैंक के लिए निर्दिष्ट अधिकतम सीमा से अधिक नहीं होनी चाहिए। कई मामलों में विकलांग वयोवृद्ध को एक का त्याग करना पड़ा। मान लीजिए कि विकलांग अनुभवी को 2,000 रुपए मिल रहे थे और उसकी विकलांगता तत्त्व 5,000 रुपए है, लेकिन रैंक के लिए अधिकतम अनुमेय पेंशन 3,000 रुपए है तो वह केवल 3,000 रुपए का हकदार होगा और बाकी नहीं मिलेगा। कैबिनेट सचिव ने एक बैठक बुलाई, जिसमें सी.जी.डी.ए. और रक्षा मंत्रालय के प्रतिनिधि भी मौजूद थे। मुद्दा उठाया गया और कैबिनेट सचिव की प्रतिक्रिया थी, "क्या बकवास है! हम ड्यूटी के दौरान घायल हुए अपने ही सैनिकों के साथ ऐसा कैसे कर सकते हैं!" कैबिनेट सचिव ने उक्त धारा को हटाने का आदेश दिया। इसलिए 7 जुलाई, 1970 से पेंशन बढ़ गई, क्योंकि सभी बाधाएँ सही ढंग से हटा दी गईं।

विकलांग सैनिकों से संबंधित अभी भी ऐसे मुद्दे हैं, जिन पर तत्काल काररवाई की आवश्यकता है, लेकिन रुचि की कमी बनी हुई है। अंत में, विदाई के तौर पर वे कहते हैं, "रक्षा मंत्रालय को दोषी नहीं ठहराया जा सकता। सिफारिशें सी.जी.डी.ए. से आती हैं और वित्त मंत्रालय द्वारा उन पर काररवाई की जाती है। रक्षा मंत्रालय को बहुत चालाकी से दरकिनार कर दिया गया है।"

□

अध्याय-4

लेफ्टिनेंट कर्नल चिन्मय प्रकाश

दबंग अचीवर

लेफ्टिनेंट कर्नल चिन्मय प्रकाश

यही वह दिन था, जब मुझे लेफ्टिनेंट कर्नल चिन्मय प्रकाश से मिलना था। मैंने कई लोगों से उनके और उनके सकारात्मक रवैए के बारे में सुना था। मैं पहले ही कुछ सैनिकों से मिल चुकी थी, लेकिन शीशे के विभाजन के माध्यम से लेफ्टिनेंट कर्नल चिन्मय प्रकाश को देखने के बाद मुझे अंदर जाकर उन्हें परेशान करने का मन नहीं हुआ। वह अपने अस्पताल के बिस्तर पर कुछ लेकर लेटे हुए थे—मुझे बाद में पता चला कि वह एक आईपैड था, जो बेडसाइड स्टैंड से जुड़ा हुआ था और उनके चेहरे पर रोशनी डाल रहा था। मैंने अपने साथ आई महिला अधिकारी से कहा कि वह इस विचार को त्याग दें और कर्नल चिन्मय प्रकाश से मुलाकात के लिए न कर दें। लेकिन उन्होंने जोर देकर कहा कि मैं उनसे मिलूँ,

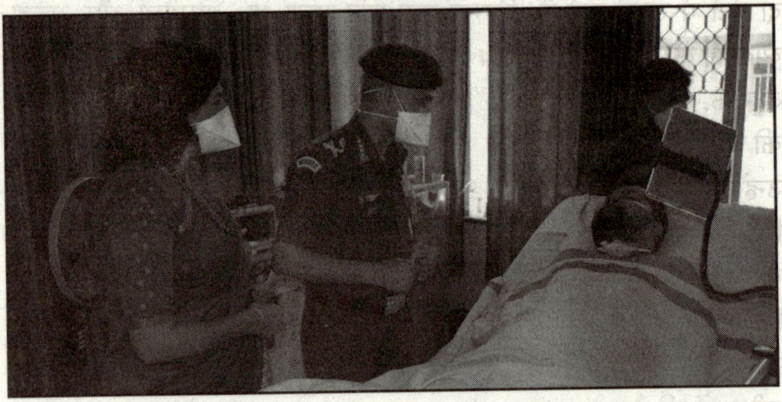

लेफ्टिनेंट कर्नल चिन्मय प्रकाश, एक वरिष्ठ अधिकारी के साथ

क्योंकि वह मेरा बेसब्री से इंतजार कर रहे थे। मैं अब भी बहुत झिझक रही थी; मैं कैसे जा सकती हूँ और किसी ऐसे व्यक्ति को परेशान कर सकती हूँ, जिसके बारे में मैंने सोचा था कि वह आराम कर रहे हैं?

काफी विचार-विमर्श के बाद हम अंदर गए और जैसे ही मैंने प्रवेश किया, बहुत प्रसन्न स्वरों में मेरा स्वागत किया गया, "गुड मॉर्निंग, मिसेज जैदी। मुझे बहुत खुशी है कि आप आईं। मुझे उम्मीद है कि घर में चीजें अच्छी होंगी और आपके दोनों बच्चे अच्छा कर रहे होंगे!" मैंने नम्रतापूर्वक 'हाँ' कहा। मैं अचंभित हो गई थी। हमने पहले कभी बात भी नहीं की थी। मैंने कभी सपने में भी यह उम्मीद नहीं की थी कि 100 प्रतिशत विकलांग और पूरी तरह से बिस्तर पर पड़ा एक सैनिक इतनी गर्मजोशी से मेरा स्वागत करेगा। अब तक, विकलांग सैनिकों से मिलने की अपनी यात्रा के दौरान, मैं हर तरह की विकलांगता वाले सैनिकों से मिली थी, लेकिन यह पहली बार था कि मैं एक पेंटाप्लेजिक सैनिक से मिली, जिसे साँस लेने के लिए भी मशीन की मदद की जरूरत थी। लेकिन उन सभी मशीनों के पीछे का आदमी इतना खुशमिजाज और प्रसन्न था कि उसे एक विकलांग सैनिक का लेबल देने में थोड़ा समय लगा। चिन्मय, जैसा कि उनके नाम से पता चलता है, वास्तव में ज्ञान और सर्वोच्च चेतना का अवतार थे।

एक मध्यम वर्गीय एकल परिवार में जनमे लेफ्टिनेंट कर्नल चिन्मय प्रकाश

दो बेटों में सबसे बड़े हैं। चिन्मय एक शांत बच्चा था—शरमीला और अच्छा व्यवहार करने वाला। उन्होंने 4 साल की उम्र में किंडरगार्टन में दाखिला लिया और के.जी.-I की सभी पुस्तकें छह महीने से भी कम समय में और के.जी.-II की सभी पुस्तकें उससे भी कम समय में खत्म करके खुद को साबित कर दिया। उन्होंने पहली बार प्राथमिक विद्यालय में अपनी शैक्षणिक क्षमता की झलक तब दिखाई, जब उन्होंने लगातार 3 वर्षों तक अपनी कक्षा में टॉप किया। जैसे-जैसे वह बड़े हुए, उन्होंने खुद को गणित और स्केचिंग की प्रवृत्ति वाले एक अंतर्मुखी किशोर के रूप में प्रकट किया। पढ़ाई में अच्छा प्रदर्शन करते हुए वह मिडिल स्कूल तक एक मेधावी छात्र बने रहे। चिन्मय ने दसवीं एवं बारहवीं कक्षा की परीक्षाओं की तैयारी के दौरान अपने छात्र जीवन के कुछ सबसे तनावपूर्ण समय को सहन किया। इसलिए, खुशी के बजाय यह राहत की बात थी कि उन्होंने हाई स्कूल को अपने रियर व्यू मिरर में अपने पीछे रख लिया। उन्होंने वर्ष 2002 एवं 2004 में संबंधित परीक्षाओं में 93 प्रतिशत और 92 प्रतिशत अंक हासिल किए।

उनकी हाई स्कूल की पढ़ाई पूरी होने के बाद का महीना बेहद व्यस्तता भरा था, जहाँ उन्होंने कई प्रतियोगी परीक्षाओं में भाग लिया। उस दौर की एक बात, जो उन्हें अच्छी तरह से याद है, वह आर्म्ड फोर्सेस मेडिकल कॉलेज (ए.एफ. एम.सी.) के लिए उनके चयन साक्षात्कार के दौरान एक विशेष मौखिक आदान-प्रदान है। जब तक वे अकादमिक विषयों से संबंधित थे, तब तक वह प्रश्नों का उत्तर देने में काफी अच्छा प्रदर्शन कर रहे थे। लेकिन जब सवाल करंट अफेयर्स पर चले गए, तो उनके इंटरव्यू में गिरावट आ गई। जैसे-जैसे अनुत्तरित प्रश्नों का अंबार लगने लगा, उनके पेट में बेचैनी बढ़ती गई। वह अचंभे में थे। प्रश्नों का उत्तर देते ही वह लगभग भूल गए।

अचानक, मेज के पार से एक प्रश्न की आवाज आई। हालाँकि, तब चिन्मय को यह पता नहीं था, लेकिन आवाज कॉलेज के डीन मेजर जनरल योगेंद्र सिंह, वी.एस.एम. की थी—"आप ए.एफ.एम.सी. में क्यों शामिल होना चाहते हैं?"

चिन्मय प्रकाश ने उनकी ओर देखा। प्रश्नकर्ता की आँखों में एक दयालु समझ थी और उनकी मुसकान में सौम्य प्रोत्साहन था। शायद उन्हें साक्षात्कारकर्ता

की शारीरिक मुद्रा में सूनेपन का अहसास हो गया था।

अपने विचारों को सुसंगत प्रतिक्रिया देने के लिए कुछ सेकंड रुककर चिन्मय बोले, "एक सैनिक राष्ट्र के प्रति जबरदस्त कर्तव्य निभाता है। वह दिन-रात सेवा करता है। उसका इलाज करके और यह सुनिश्चित करके कि वह वही करता रहे, जो उसे करने के लिए प्रशिक्षित किया था, आप जैसे सैन्य डॉक्टर, जो न केवल देश की सेवा कर रहे हैं, बल्कि उसकी मदद भी कर रहे हैं। अगर हम उसकी सबसे कमजोर स्थिति में उसकी मदद नहीं कर सकते तो हम उसकी सबसे मजबूत स्थिति में भी उसके योग्य नहीं हैं।"

थोड़ी देर के लिए खामोशी छा गई। "तुम जा सकते हो।"

कुछ सेकंड की देरी के बाद चिन्मय को शब्द समझ में आए। उन्होंने जानबूझकर अपने काँपते हाथों को मेज के नीचे रखा, साक्षात्कारकर्ताओं को इस अवसर के लिए धन्यवाद दिया, कुरसी से उठे और सुन्न होकर बाहर चले गए। जब उन्होंने बाहर जाकर अपनी कलाई घड़ी की ओर देखा तो उन्हें अहसास हुआ कि साक्षात्कार 7 मिनट से भी कम समय तक चला था। साक्षात्कार के बाद के दिन आशंकाओं से तनावपूर्ण थे, जब तक कि एक सुबह बादलों से घिरी नहीं हुई थी। उनके पिता उत्साहपूर्वक समाचार-पत्र लेकर घर पहुँचे। ए.एफ.एम.सी. परिणामों की लड़कों की मेरिट सूची में चिन्मय को 47वें स्थान पर रखा गया था।

ए.एफ.एम.सी. में उनका पेशेवर प्रशिक्षण व्यस्त, लेकिन यादगार था। डॉक्टर बनने की तैयारी के अलावा उन्होंने इस दौरान अपने स्केचिंग कौशल को भी निखारा। उन्होंने कॉलेज तथा विश्वविद्यालय स्तर पर कला प्रतियोगिताओं में भाग लिया और पुरस्कार जीते। उन्होंने कॉलेज में दो नए शौक सीखे—टेबल टेनिस और गिटार। शौक के अलावा, उन्होंने घुड़सवारी के आनंद की खोज की। उन्होंने सितंबर 2007 में एक पल्सर मोटरसाइकिल खरीदी। यह उनकी सबसे कीमती संपत्ति थी, जो उनके पास मौजूद किसी भी चीज से अधिक प्रिय थी। एक एम.बी.बी.एस. छात्र के रूप में उनके जीवन के अंतिम चरण के दृष्टिकोण के साथ व्याख्यानों ने पहले के अधिक शैक्षणिक दृष्टिकोण की तुलना में अधिक रोगी-केंद्रित दृष्टिकोण अपना लिया। अंतिम वर्ष की विश्वविद्यालय परीक्षाएँ सबसे अधिक तनावपूर्ण थीं, जिसमें सात लिखित पेपर और चार मौखिक

पूछताछ शामिल थीं, जिनके बीच में साँस लेने की कोई जगह नहीं थी। दिसंबर 2008 में परीक्षा का समापन उनके सीने से एक बोझ उतर गया जैसा था।

परीक्षा परिणाम की घोषणा के अगले सप्ताह पासिंग आउट परेड के लिए अभ्यास शुरू हुआ—कैप्टन देवाशीष शर्मा कीर्ति चक्र परेड मैदान में सूरज की रोशनी में दिन में सात घंटे तक चलने वाले कठिन सत्र। लगभग एक महीने तक कड़ी मेहनत करने के बाद उन्हें 5 मार्च, 2009 को भारतीय सेना में नियुक्त किया गया। उन्हें लेफ्टिनेंट के रूप में नियुक्त किया गया और सशस्त्र बल चिकित्सा सेवा (डी.जी.ए.एफ.एम.एस.) के महानिदेशक द्वारा सेना चिकित्सा कोर (ए.एम.सी.) में उनका स्वागत किया गया। लेफ्टिनेंट जनरल योगेंद्र सिंह, पी.वी.एस.एम., वी.एस.एम., पी.एच.एस.—वही सज्जन, जिन्होंने लगभग 5 साल पहले ए.एफ.एम.सी. क्वालीफाइंग साक्षात्कार में संघर्ष करते समय उन्हें जीवनदान दिया था।

कमीशनिंग के लगभग तुरंत बाद उनकी ड्यूटी उन्हें आंध्र प्रदेश के शांत तटीय शहर विशाखापत्तनम में आई.एन.एच.एस. कल्याणी में ले गई। यह एक संक्षिप्त, लेकिन शिक्षाप्रद कार्यकाल था, जहाँ उन्होंने एक प्रशिक्षु के रूप में अपनी भूमिका में कदम रखते हुए अपने पेशे की बारीकियाँ सीखीं। कैप्टन के पद पर पदोन्नति के बाद उन्हें सितंबर 2010 में लखनऊ में मेडिकल ऑफिसर्स बेसिक कोर्स (एम.ओ.बी.सी.) के लिए नियुक्त किया गया। थका देने वाली परेड ड्रिल के अलावा, यह कोर्स सैन्य संगठन के आंतरिक कामकाज पर भी केंद्रित था। उन्होंने कमान की श्रृंखला, रणनीतिक योजना की जटिलताओं, शांति और युद्ध में ए.एम.सी. की भूमिका के बारे में सीखा। शारीरिक प्रशिक्षण सत्रों ने उनकी सहन-शक्ति में सुधार किया, जबकि बंदूक प्रशिक्षण ने उनके निशानेबाजी कौशल को निखारा। धीरे-धीरे उन्हें यह समझ आ गया कि सशस्त्र बलों में डॉक्टर बनना सिर्फ एक पेशा नहीं है। यह जीवन जीने का एक तरीका था—एक सैनिक और एक चिकित्सक दृढ़ समर्पण के साथ सेवा तथा सुरक्षा के एक ही उद्देश्य में एकजुट हुए।

भारतीय सशस्त्र बलों की सेवा करने के अपने जुनून और उत्सुकता से प्रेरित होकर वह लद्दाख के चुनौतीपूर्ण ऊँचाई वाले इलाके में एक चिकित्सा

अधिकारी के रूप में 4014 फील्ड अस्पताल में शामिल हो गए। एक युद्ध चिकित्सक के रूप में उन्होंने असाधारण कौशल एवं प्रतिबद्धता का प्रदर्शन किया, जिससे देश के लिए लड़ने वाले सैनिकों की प्रशंसा और कृतज्ञता अर्जित हुई। यहीं पर उन्होंने अपने छोटे से सैन्य कॅरियर की सबसे उल्लेखनीय यात्रा शुरू की। सन् 2011 में उन्हें पृथ्वी के सबसे ऊँचे युद्धक्षेत्र सियाचिन ग्लेशियर में सेवा देने के लिए चुना गया था। तैयारी के लिए उन्होंने सियाचिन बैटल स्कूल (एस.बी.एस.) में 10,000 फीट से अधिक की ऊँचाई पर एक महीने तक कठोर परिस्थितियों में प्रशिक्षण लिया। फिर, छह दिनों के दौरान 7,500 फीट की चढ़ाई चढ़ने का कठिन काम आया। उनका गंतव्य चंदन कॉम्प्लेक्स का केंद्रीय केंद्र था—18,000 फीट की ऊँचाई पर एक ड्रॉपिंग जोन। उनका मिशन अगले तीन महीनों के लिए दूरस्थ फॉरवर्ड पोस्ट की रक्षा करने वाली बटालियन कंपनी को चिकित्सा कवर प्रदान करना था।

वह चरणबद्ध तरीके से पहाड़ों पर चढ़े, दुश्मन द्वारा पता लगाए जाने से बचने के लिए रात के अँधेरे में 2,000 फीट से अधिक ऊपर चढ़े और फिर प्रक्रिया को दोहराने से पहले एक दिन के लिए आराम किया। जब वह अंततः ग्लेशियर पर पहुँचे तो बर्फ से ढकी चोटियों और विशाल व अछूते सौंदर्य के विस्मयकारी दृश्य ने उनका स्वागत किया। लुभावने परिदृश्य में छिपे खतरे भी थे। एक महीने बाद वे अपने बेस से दास ओपी की ओर जा रहे थे, जो उसी परिसर में 19,300 फीट की ऊँचाई पर स्थित एक उपग्रह अवलोकन पोस्ट था। यह एक नियमित लिंक अभियान के रूप में चल रहा था, जब तक कि वह एक दरार में नहीं गिर गए और उन्हें अपने साथियों द्वारा बचाया गया। हालाँकि, उस समय उन्होंने इसे नजरअंदाज कर दिया और

पोस्ट पर चिकित्सा व्यवस्था का निरीक्षण करने चले गए, लेकिन उनका दायाँ कूल्हा खिसक गया था। अव्यवस्था क्षणिक थी और ठोस जमीन पर पैर जमा लेने के बाद उसे लगभग तुरंत ही ठीक कर लिया गया। किंतु चोट ने उन्हें बाद में परेशान किया।

मरीज को बाहर निकालना एक दुःस्वप्न बनकर सामने आया। उन्हें गंभीर रोगियों को पकड़ना पड़ता था और कभी-कभी कई दिनों तक उनकी स्थिति स्थिर करना सुनिश्चित करना पड़ता था। हवाई निकासी के लिए मौसम हमेशा अनुकूल नहीं था। अत्यधिक ऊँचाई के कारण वहाँ कम तापमान और घटते ऑक्सीजन स्तर का खतरा बढ़ गया। कड़कड़ाती ठंड कपड़ों की सबसे मोटी परतों तक भी पहुँच गई। दिन भर उप-शून्य तापमान बना रहा और रात में -20 डिग्री सेल्सियस से नीचे चला गया। हवा इतनी पतली थी कि बिना साँस फूले दस कदम भी चलना लगभग असंभव था। उन्होंने कठोरतम शारीरिक परिस्थितियों के बीच भी बहादुर सैनिकों को सर्वोत्तम संभव चिकित्सा देखभाल प्रदान की।

एक चिकित्सा अधिकारी के रूप में उनकी अनुकरणीय सेवा पर किसी का ध्यान नहीं गया। जनवरी 2015 में चिन्मय, जो उस समय एक मेजर थे, को डेमोक्रेटिक रिपब्लिक ऑफ कांगो (DRC) में संयुक्त राष्ट्र के शांति मिशन MONUSCO का हिस्सा बनने के लिए चुना गया था। विदेशी धरती पर तैनात रहते हुए उन्होंने भारतीय सशस्त्र बल चिकित्सा सेवाओं को बहुत गौरव दिलाया, जब उन्हें उत्कृष्ट सेवा के लिए संयुक्त राष्ट्र बल कमांडर की सराहना से सम्मानित किया गया। यह उग्रवादी गोलीबारी के मौजूदा खतरे के तहत नागरिकों के एक समूह को प्रदान की गई उनकी उल्लेखनीय चिकित्सा देखभाल और निकासी की मान्यता थी। घायलों में वे लोग भी शामिल थे, जिनके सिर में चोट लगी थी और उनके अंगों में कुचले जाने की चोटें आई थीं, क्योंकि वे एक पलटी हुई बस के नीचे फँस गए थे।

संयुक्त राष्ट्र शांति मिशन के साथ अपना कार्यकाल पूरा करने के बाद उन्हें एक और भूमिका सौंपी गई, जिसमें महत्त्वपूर्ण जिम्मेदारी थी। उन्हें मुंबई में आई.एन.एच.एस. अश्विनी में स्थित स्कूल ऑफ मेडिकल असिस्टेंट्स

(SOMA) में प्रशिक्षकों की टीम में शामिल होने के लिए चुना गया था। उन्हें डिप्लोमा प्रमाणन पाठ्यक्रम के अकादमिक पाठ्यक्रम से परिचित होना था, जिसमें नौसेना में चिकित्सा सहायकों, पैरामेडिक्स, को प्रशिक्षित किया जा रहा था। यह स्नातकोत्तर प्रवेश परीक्षा के लिए उनकी तैयारी के अतिरिक्त था। उन्होंने सन् 2014 में एक बार इसे मंजूरी दे दी थी, लेकिन डी.आर.सी. (डेमोक्रेटिक रिपब्लिक ऑफ कांगो) के मिशन के लिए उनका नामांकन इसके तुरंत बाद आया था। तब संयुक्त राष्ट्र मिशन की तैनाती को प्राथमिकता दी गई। ड्यूटी ने बुलाया और उसने उत्तर दिया। बिना किसी हिचकिचाहट के अपनी जिम्मेदारियों को पूरा करने के बाद चिन्मय के पास अब खुद को अकादमिक एवं व्यावसायिक उन्नति के लिए समर्पित करने का समय था। दुर्घटना से पहले की उनकी आखिरी याद 1 दिसंबर, 2016 को देर रात के खाने के लिए अपने आवास से निकलने की थी, क्योंकि वे परीक्षा की तैयारियों में इतना निमग्न थे कि वे अकसर नियमित मेस के समय में भोजन के बारे में भूल जाते थे।

वह रात्रिभोज उनके भाग्य में नहीं था, क्योंकि आई.एन.एच.एस. अश्विनी के अस्पताल गेट के बाहर 500 मीटर से भी कम दूरी पर उनकी दुर्घटना हो गई, जब उनकी बाइक एक दीवार से टकरा गई, जब उन्होंने नौसेना द्वारा खराब रोशनी वाली सड़क पर खराब तरीके से लगाए गए बैरिकेड्स की एक जोड़ी से दूर जाने का प्रयास किया। पुलिसकर्मी यह मानते हुए कि लगभग आधी रात हो चुकी थी, यह सौभाग्य का एक छोटा सा झटका था कि जब यह घटित हुआ तो एक नौसेना पनडुब्बी अधिकारी उनके पीछे था और उसने वह घटना अपनी आँखों के ठीक सामने घटित होते देखी। चिन्मय के पास जाकर, जहाँ वह लेटे हुए थे, उसने देखा कि वह कोई प्रतिक्रिया नहीं दे रहे हैं और साँस लेने का कोई लक्षण दिखाई नहीं दे रहा है। अधिकारी तुरंत हरकत में आ गया। वह अपने लँगड़े शरीर को अपनी कार के अंदर लाया और अस्पताल की ओर मुड़ गया। उनके साथी, एक साथी अधिकारी, ने पिछली सीट पर सी.पी.आर. शुरू किया। शीघ्र ही चिन्मय अस्पताल में वापस आ गए थे, जहाँ से वह कुछ मिनट पहले रात के खाने की तलाश में निकले थे।

जब दुर्घटना एवं आपातकालीन केंद्र के डॉक्टरों ने उनकी चिकित्सा आरंभ

की। उन्होंने चिन्मय की छाती पर दबाव डाला। चिन्मय की कमजोर नाड़ी के फिर से उभरने से पहले समन्वित पुनरुज्जीवन प्रयासों में 10 मिनट और लग गए। हालाँकि, उन्हें अपनी आँखें खोलने में 12 घंटे और लगेंगे। उनकी गरदन के सीटी स्कैन से दूसरी ग्रीवा कशेरुका में फ्रैक्चर का पता चला। इसके तुरंत बाद उनका ऑपरेशन किया गया। सर्जरी अपेक्षाकृत त्वरित थी। उनके ठीक होने का इंतजार असीम रूप से लंबा साबित होगा। उनकी रीढ़ की हड्डी में चोट उच्चतम संभव स्तर पर थी—ऊपरी ग्रीवा खंड C1C2। इसका तात्पर्य था कि उनकी गरदन के नीचे का पूरा शरीर लकवाग्रस्त हो गया था। इस स्थिति को 'क्वाड्रिप्लेजिया' कहा जाता है।

अगले कुछ महीनों में उनकी हालत में कोई खास बदलाव नहीं आया। उनके शरीर के कुछ हिस्सों में संवेदी धारणा का एक प्राथमिक रूप वापस आ गया; लेकिन यह एक अस्पष्ट और परेशान करने वाली भावना थी, जैसे—कपड़ों की कई परतों के नीचे वस्तुओं को छूना; और इसके साथ दर्द भी आया—कष्टदायक और असहनीय। मांसपेशियों की ऐंठन उन्हें लगभग हर घंटे परेशान करती और जगाती थी; वह लगातार नींद से वंचित रहते थे। जितनी अधिक संवेदनाएँ ठीक हुईं, ऐंठन उतनी ही बदतर होती गई। सियाचिन ग्लेशियर में लगी कूल्हे के जोड़ की पुरानी चोट ने एक बार फिर से अपना क्रूर सिर उठाया, जब उन्हें अपनी कमर में पीड़ा महसूस हुई। फिजियोथैरेपी के दौरान उन्हें अपने बाएँ कंधे की आकस्मिक सूजन का भी सामना करना पड़ा। साथ में, दो समस्याग्रस्त जोड़ों ने पुनर्वास और गतिशीलता के उनके प्रयासों में एक महत्त्वपूर्ण बाधा उत्पन्न की।

एक अधिक चिंताजनक पहलू वेंटिलेटर पर निर्भरता छोड़ने में उनकी असमर्थता थी। आई.एन.एच.एस. अश्विनी के डॉक्टरों को यह निर्धारित करने में देर नहीं लगी कि उनका डायाफ्राम—छाती और पेट को आंतरिक रूप से अलग करने वाली एक शीट जैसी मांसपेशी, जो श्वसन के बड़े प्रयास करती है—से समझौता किया गया था। उन्हें पेंटाप्लेजिया था, जो कि क्वाड्रिप्लेजिया से पीड़ित रोगियों का एक दुर्लभ उप-समूह है, जिनके चार अंगों की कार्यक्षमता में कमी के अलावा डायाफ्राम भी लकवाग्रस्त है। उनकी उपचार टीम द्वारा सावधानीपूर्वक

शोध के बाद एक संभावित समाधान सामने आया। यह डायाफ्राम में उत्तेजक विद्युत् दालों को भेजने के लिए गहरी मस्तिष्क उत्तेजना का एक नया अनुप्रयोग था—संक्षेप में, एक डायाफ्रामिक पेसमेकर। अनुकूल परिस्थितियों और सशस्त्र बलों की सद्भावना के संयोजन ने महँगे चिकित्सा उपकरण की खरीद को संभव बनाया। 8,00,000 रुपए की निषेधात्मक कीमत और डायाफ्रामिक पक्षाघात की दुर्लभता के मिश्रण का अर्थ था कि वह पूरे देश में सिर्फ छठे रोगी थे और भारतीय सशस्त्र बलों में पहले थे, जो इस प्रयोगात्मक प्रक्रिया से लाभान्वित हुए।

वेंटिलेटर के खिलाफ उनका कठिन संघर्ष उसी दिन शुरू हुआ, जिस दिन शल्य चिकित्सा द्वारा पेसमेकर लगाया गया था। वेंटिलेटर से अलग होना और स्वतंत्र रूप से साँस लेने का प्रयास करना मशीन से स्थायी रूप से संबंध तोड़ने का एकमात्र तरीका है। उसे पानी के लिए हाँफती मछली की तरह महसूस हुआ, जो वेंटिलेटर ट्यूबिंग से दोबारा जुड़ने के लिए बेताब थी। लेकिन तरक्की की राह कभी आसान नहीं होने वाली, एनेस्थीसिया के घिसे-पिटे प्रभावों और अपनी गरदन के दोनों तरफ लंबे सर्जिकल चीरों के दर्द से लड़ते हुए उन्होंने कड़ी मेहनत की। अपने शरीर को पीछे की ओर धकेलते हुए, जो हर बार विरोध करता था, जब भी वह अपनी कमजोर छाती की मांसपेशियों को कुछ मिलीलीटर हवा को बुरी तरह से खींचने के लिए बुलाते थे, वह कायम रहा। वह नहीं जानते थे कि उस शाम वह कितनी देर तक उथली साँसें लेते रहे, लेकिन जब उनके वेंटिलेटर-वीनिंग प्रयास की देखरेख करने वाले डॉक्टर ने उन्हें वापस वेंटिलेटर पर रखा तो वह कई महीनों में पहली बार गहरी नींद सोए।

धीरे-धीरे दैनिक प्रयासों से उन्हें लगने लगा कि वह प्रगति कर रहा है। लगभग 30 मिनट की मेहनत के बाद भी उनकी साँस फूलने लगी, लेकिन वह जल्दी ही ठीक हो गए। एक बार जब वह पर्याप्त आश्वस्त हो गए तो उन्होंने साँस लेने के व्यायाम की आवृत्ति दोगुनी कर दी और धीरे-धीरे व्यक्तिगत सत्रों की अवधि को एक बार में पाँच मिनट तक बढ़ाना शुरू कर दिया। यह उनके और उनकी माँ के लिए अवर्णनीय खुशी का क्षण था, जो कठिन परीक्षा के हर कदम पर उनके साथ खड़ी थीं, जब 12 अगस्त, 2017 को चिन्मय को लगा कि गति पथ अपने आप सक्रिय हो गया है। यह यांत्रिक वेंटिलेशन से मुक्ति के लिए

एक महीने के गहन प्रयास की परिणति थी।

पेसमेकर ने तुरंत उसके साँस लेने पर नियंत्रण कर लिया, 5 सेकंड के अंतराल पर फ्रेनिक तंत्रिकाओं के माध्यम से उनके डायाफ्राम को उत्तेजित किया, जो मांसपेशियों को संक्रमित करता है। कुछ ही दिनों में वह अपने पेसमेकर के साथ इतने सहज हो गए कि अपने उपचार विशेषज्ञ से परामर्श करने के बाद उन्होंने इसकी विश्वसनीयता की जाँच करने के लिए एक निजी प्रयोग किया—एक रात वेंटिलेटर से दूर। प्रयोग सफल रहा, जिससे उन्हें वेंटिलेटर के खिलाफ लड़ाई में अपने नए सहयोगी पर अधिक भरोसा करने का विश्वास मिला। वर्ष के अंत तक उन्होंने अपने स्वैच्छिक श्वास को पेसमेकर पल्स के साथ समन्वित करके अपनी सहन-शक्ति का निर्माण कर लिया था। वह नियमित रूप से वेंटिलेटर से 16 घंटे दूर रह सकते थे, केवल सोते समय उन्हें इसकी जरूरत पड़ती थी।

यह डिवाइस द्वारा दिए जाने वाले लाभ की ऊपरी सीमा थी। इसने उन अन्य रोगियों के जीवन में वेंटिलेटर के साथ सह-अस्तित्व के समान स्तर स्थापित किए थे, जिन्हें इसे पेश किया गया था। लेकिन चिन्मय आगे बढ़ना चाहते थे और देखना चाहते थे कि वेंटिलेटर द्वारा राहत की आवश्यकता से पहले फ्रेनिक तंत्रिका उत्तेजक उन्हें कितनी देर तक बनाए रख सकता है। उन्होंने जान-बूझकर वेंटिलेटरी सपोर्ट से तब तक परहेज किया, जब तक कि वह इतना थक नहीं गए कि आगे बढ़ना जारी नहीं रख सके। एक सप्ताह के भीतर उन्होंने अपना वेंटिलेटर-मुक्त समय 16 से बढ़ाकर 24 घंटे कर दिया। अगले छह महीनों में वह धीरे-धीरे अपने व्यक्तिगत रिकॉर्ड को बार-बार तोड़ता चला गया, जब तक कि वह लगातार आठ दिनों तक ऐसा नहीं करता रहा, जबकि वेंटिलेटर बिना किसी रुकावट के खड़ा रहा। उनके डॉक्टरों ने उनकी प्रगति पर कड़ी नजर रखी थी और उन्हें लगा कि चिन्मय को फिजियोथैरेपी पर ध्यान केंद्रित करने वाले संस्थान में स्थानांतरित करने का यह सही समय है।

रीढ़ की हड्डी की चोट के रोगियों के दीर्घकालिक प्रबंधन और पुनर्वास के लिए भारतीय सशस्त्र बल चिकित्सा सेवाओं की सूची में एक अस्पताल सबसे अलग है—सैन्य अस्पताल, किर्की। चिन्मय की रिकवरी के अगले अध्याय को

सुविधाजनक बनाने के लिए उन्हें इस अस्पताल में स्थानांतरित करने का निर्णय लिया गया और 8 अगस्त, 2018 को उन्होंने यह परिवर्तन किया। नए वातावरण में तेजी से ढलते हुए उन्होंने उस चीज पर ध्यान केंद्रित किया, जिसे उन्होंने एक साल से भी कम समय पहले एक असंभव उपलब्धि माना था—वेंटिलेटर से पूर्ण स्वतंत्रता। यह पेसमेकर प्रत्यारोपण के बाद उनके संघर्ष के शुरुआती दिनों की याद दिलाने वाली लड़ाई थी, लेकिन काफी अधिक कठिन। यदि उन्होंने साँस लेने पर ध्यान केंद्रित नहीं किया और जान-बूझकर प्रयास नहीं किया तो उन्होंने पर्याप्त हवा नहीं खींची। वह एक बार में बमुश्किल 15 मिनट से अधिक सो पाते थे। फिर भी, वह हमेशा बेदम रहते थे। लगभग तीन सप्ताह की कष्टदायी अवधि के बाद वह अंततः खुद को वेंटिलेटर-मुक्त कह सके। ऐसा करने में उन्हें बाईस महीने लग गए। वह भारत में फ्रेनिक नर्व पेसिंग से पीड़ित पहले और जहाँ तक उनकी जानकारी थी, एकमात्र मरीज थे, जो वेंटिलेटर से स्थायी रूप से अपना नाता तोड़ने में कामयाब रहे थे।

परिणामस्वरूप फिजियोथेरैपी दिनचर्या के संचालन में अधिक आसानी के अलावा एक अप्रत्याशित विकास हुआ। सैन्य अस्पताल किर्की के ई.एन.टी. विशेषज्ञ के मार्गदर्शन में उन्होंने दुर्घटना के बाद लगभग दो वर्षों तक बोलने से वंचित रहने के बाद बोलना फिर से सीखने का प्रयास किया। सभी की, विशेषकर अपनी अपेक्षाओं को पार करते हुए, चिन्मय ने तीन दिनों में पूरे वाक्य बोलना शुरू कर दिया। इसका उन पर व्यापक सकारात्मक मनोवैज्ञानिक प्रभाव पड़ा। वह अंततः असुविधाजनक गले के माध्यम से समझने में कठिन कर्कश फुसफुसाहटों से परे संवाद करने में सक्षम हो गया, जिससे उसे फोन पर रिश्तेदारों और दोस्तों तक पहुँचने की अनुमति मिली।

समय इससे बेहतर नहीं हो सकता था। एप्पल ने जून 2019 में विकलांग लोगों के लिए 'वॉयस कंट्रोल' नामक एक क्रांतिकारी सॉफ्टवेयर सुविधा की घोषणा की। चिन्मय ने जल्दी ही प्रौद्योगिकी में महारत हासिल कर ली और अपने दैनिक जीवन में प्रौद्योगिकी को आत्मसात् कर लिया। इसने उन्हें आईफोन या आईपैड पर अपनी आवाज का प्रयोग करके लगभग कुछ भी करने में सक्षम बनाया, जो एक व्यक्ति अपनी उँगलियों का उपयोग करके कर सकता है—

वीडियो तथा वॉयस कॉल करना, इंटरनेट ब्राउज करना, ऑनलाइन वित्तीय लेन-देन निष्पादित करना, व्हाट्सएप पर संदेश देना, यूट्यूब और ओ.टी.टी. पर वीडियो देखना। मीडिया, उसका मेल इनबॉक्स जाँचें और इ-मेल लिखें; स्विगी पर खाना ऑर्डर करें; ई-कॉमर्स वेबसाइटों पर किराने का सामान, सब्जियाँ एवं अनगिनत अन्य सामान ऑर्डर करें; ऑनलाइन शतरंज खेलें—और भी बहुत कुछ।

तकनीकी मोरचे पर अपनी आवाज ठीक करने के बाद से वह बहुत ताकतवर हो गए थे, लेकिन पुनर्वास में उन्हें गंभीर असफलताओं का सामना करना पड़ रहा था। वह अब अपने पूरे शरीर को महसूस कर सकते थे, हालाँकि अस्पष्ट तरीके से। इसमें सबसे ज्यादा चोट लगी, खासकर उनके दाएँ कूल्हे के जोड़ में। थोड़ी सी भी उत्तेजना पर, चाहे व्हीलचेयर पर शिफ्ट होने के दौरान या फिजियोथैरेपी में जोड़ों में हेर-फेर के दौरान यह असहनीय रूप से दर्द करना शुरू कर देगा। उनके बाहुबल में भी कोई खास विकास नहीं हुआ। फिजियोथैरेपी टीम के सर्वोत्तम प्रयासों के बावजूद चिन्मय मोटर-चालित व्हीलचेयर के जॉयस्टिक को संचालित करने के लिए अपनी उँगलियों में ताकत भी नहीं जुटा सके। यहीं पर संगठन फिर से उनके बचाव में आया। भारतीय सेना में खरीद चैनलों के साथ संपर्क में कॉरपोरेट जगत् में एक सामरी की उदारता के माध्यम से उन्हें एक और वरदान मिला—ठोड़ी के आंदोलनों द्वारा संचालित एक विशेष रूप से डिजाइन की गई मोटर-चालित व्हीलचेयर। विशिष्ट अनुकूलन आवश्यकताओं को एक जर्मन कंपनी 'ओटोबॉक' द्वारा पूरा किया गया, जो व्हीलचेयर सहित पुनर्वास पहुँच उपकरणों के डिजाइन एवं निर्माण में वैश्विक नेता के रूप में दुनिया भर में प्रतिष्ठित है। एक बार फिर, लागत अत्यधिक थी—20 लाख रुपए, जिसे वह वहन नहीं कर सकते थे। एक बार फिर उन्हें एक पैसा भी खर्च नहीं करना पड़ा।

आज भी वह स्वायत्तता के लिए अपनी व्यक्तिगत लड़ाई लड़ रहे हैं। वह अभी भी खुद को खाना खिलाने या बिना सहारे के सीधे बैठने जैसे सबसे सरल शारीरिक कार्य नहीं कर सकते हैं। जब उनके गालों पर आँसू बहते हैं या उनके माथे पर खुजली होने लगती है तो उन्हें सहायता की आवश्यकता होती है। जोड़ों में दर्द और दुर्बल करने वाली ऐंठन उनके जीवन में लगातार बनी रहती है। हर दिन, वह बिस्तर पर घाव होने की संभावना से जागते हैं—बिस्तर

पर पड़े रहने की स्थिति की एक भयानक जटिलता, जो कि क्वाड्रिप्लेजिया के रोगियों में अधिकांश रुग्णता और मृत्यु दर के लिए दोषी है। अपने किसी भी अंग का उपयोग करने में असमर्थ, वह बिस्तर पर असहाय पड़े रहते हैं और अपने अस्तित्व के हर पहलू के लिए अपने परिचारकों पर निर्भर रहते हैं।

एक सैनिक, जिसने एक बार ग्लेशियर से ऊँचे पहाड़ों की चक्करदार ऊँचाइयों पर विजय प्राप्त की थी, अब खुद को सीढ़ियाँ चढ़ने में प्रतिकूल चुनौती महसूस करता है। एक डॉक्टर, जिसने कभी मरीजों की पीड़ा को कम करने के लिए अथक प्रयास किए थे, उसे वर्तमान में चिकित्सा देखभाल की निरंतर आवश्यकता है। इतना सबकुछ होते हुए भी उनका जज्बा अटूट है। वह अपनी संशोधित व्हीलचेयर में अस्पताल के चारों ओर घूमते हैं; मरीजों, डॉक्टरों और नागरिकों के साथ प्रसन्नतापूर्वक बातचीत करते हैं। हालाँकि, वह अपने हाथों से नहीं लिख सकते, फिर भी वह वाणी से लिख रहे हैं। वह अपने जीवन के अनुभवों को एक आत्मकथा में संकलित करने पर भी काम कर रहे हैं। जब मैंने उनसे पूछा कि उन्हें आगे बढ़ने की ताकत कैसे मिलती है, तो उन्होंने तथ्यात्मक लहजे में जवाब दिया, "और क्या विकल्प है ? मैं अपने परिवार और सेना का ऋणी हूँ कि मैं अपनी सर्वश्रेष्ठ क्षमता से प्रयास करूँ। उनके समर्थन और देखभाल के बिना मैं आज जीवित नहीं होता।" जब मैं उन्हें देखता हूँ तो उनके खुद के शब्द, जो लगभग 20 साल पहले युवा उत्साह के साथ कहे गए थे, मेरे दिमाग में आते हैं, 'अगर हम उसकी (एक सैनिक की) सबसे कमजोर स्थिति में मदद नहीं कर सकते तो हम उसके सबसे मजबूत स्थिति में भी उसके योग्य नहीं हैं।'

□

अध्याय-5

एयरक्राफ्टमैन मृदुल घोष

एक सैनिक और माउथ पेंटर

मृदुल घोष का जन्म पश्चिम बंगाल के मुर्शिदाबाद जिले के गुराह गाँव में हुआ था। तीन भाई-बहनों में सबसे बड़े मृदुल को एक रक्षा कर्मी के रूप में अपने देश की सेवा करने के लिए देशभक्ति के गीतों और नेताजी सुभाषचंद्र बोस की जीवनी से प्रेरणा मिली। वह भारतीय वायु सेना में एक एयरमैन थे और उन्हें बहुत अध्ययन करना पड़ा, क्योंकि पास करने के लिए कई परीक्षाएँ थीं। प्रारंभिक परीक्षा में मृदुल 350 में से चुने गए केवल 9 उम्मीदवारों में से एक थे और चयन के बाद उन्हें प्रशिक्षण के लिए बैंगलोर भेजा गया था। सर्वश्रेष्ठ में से एक होने के कारण मृदुल को 'ए.एल.एच.-ध्रुव' के प्रशिक्षण के लिए चुना गया था। उन्होंने हाकिमपेट, हैदराबाद में इसमें विशेषज्ञता हासिल की। उनकी पहली पोस्टिंग एयरफोर्स स्टेशन, सहारनपुर में हुई थी।

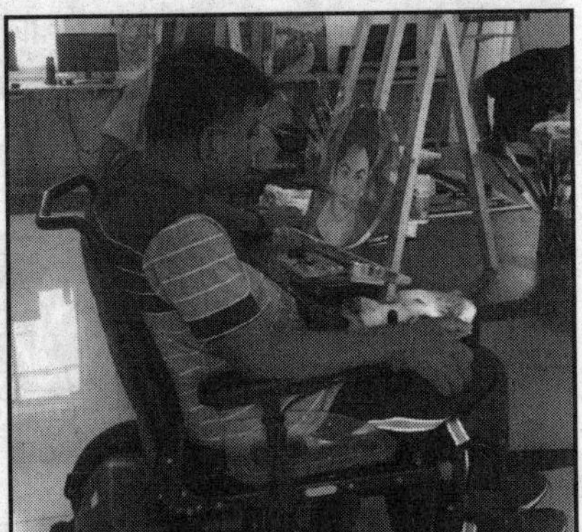

लीडिंग एयरक्राफ्टमैन मृदुल घोष

एक रात अपनी वार्षिक छुट्टी से लौटते समय उन्होंने सहारनपुर रेलवे स्टेशन

मृदुल घोष द्वारा बनाई गई पुरस्कार विजेता पेंटिंग, उनके मुँह से

से अपनी यूनिट 117 हेलीकॉप्टर एयरबेस, जो लगभग 12 किलोमीटर दूर था, के लिए एक ऑटो-रिक्शा लिया। उन्होंने यूनिट में अपने दोस्त को सूचित किया कि वह शीघ्र ही वहाँ पहुँच रहे हैं और उससे रात के खाने के लिए मेस का खाना अलग रखने का अनुरोध किया। रास्ते में अचानक एन.एच.-4 पर उनके ऑटो

को तेज रफ्तार ट्रक ने टक्कर मार दी। वह इतना गंभीर रूप से घायल हो गए थे कि ऑटोवाला भी डर गया और उन्हें खून से लथपथ छोड़ दिया। कुछ नागरिक उनके बचाव में आए और उन्हें पास के सरकारी अस्पताल ले गए। मृदुल देख नहीं पा रहे थे, क्योंकि भारी रक्तस्राव के कारण उनकी दृष्टि धुँधली हो गई थी। उन्होंने डॉक्टरों से अपनी यूनिट को सूचित करने का अनुरोध किया, लेकिन डॉक्टरों के पास वायु सेना स्टेशन से संपर्क करने का कोई रास्ता नहीं था। इस बीच, उनका दोस्त, जो उनका इंतजार कर रहा था, उसे अहसास हुआ कि यह उसके दोस्त के अपेक्षित आगमन समय से बहुत अधिक था। इसलिए उसने फोन द्वारा मृदुल तक पहुँचने का प्रयास किया। नागरिकों में से एक ने उसकी कॉल का उत्तर दिया और उसे दुर्घटना के बारे में बताया। कुछ देर बाद मृदुल के सी.ओ. अन्य अधिकारियों व दोस्तों के साथ पहुँचे।

उनके वरिष्ठ अधिकारियों में से एक विंग कमांडर सुबी चंद्रा, जो वरिष्ठ तकनीकी अधिकारी के रूप में कार्यरत थे और मृदुल तथा उनके कौशल के बहुत शौकीन थे, ने उन्हें शांत होने के लिए कहा और उन्हें आश्वस्त किया कि सबकुछ ठीक हो जाएगा। हालाँकि, मृदुल देख नहीं सकते थे, फिर भी उन्हें बहुत राहत महसूस हुई। सरकारी अस्पताल ने प्राथमिक उपचार देने के बाद मृदुल को डेढ़ घंटे दूर रुड़की के सैन्य अस्पताल रेफर कर दिया। वहाँ से उन्हें तुरंत दिल्ली के आर एंड आर हॉस्पिटल रेफर कर दिया गया।

शुरुआती दिन सबसे चुनौतीपूर्ण थे। उन्होंने मृदुल के सिर, जिसका वजन 17 किलोग्राम था, पर दबा दिया था, क्योंकि उनकी रीढ़ की हड्डी में चोट लगी थी। एक दिन में 4-5 एक्सरे होंगे। अंततः 17 जुलाई, 2010 को उनका ऑपरेशन किया गया। मृदुल 20 दिनों तक आर एंड आर अस्पताल में थे और फिर उन्हें पुणे के सैन्य अस्पताल किर्की में स्पाइनल कॉर्ड इंजरी सेंटर में स्थानांतरित कर दिया गया। वे वहाँ ढाई साल तक रहे।

चूँकि उनकी पदोन्नति के लिए बोर्ड का समय निर्धारित था, उन्हें फिर से रुड़की स्थानांतरित कर दिया गया और आगे उनकी यूनिट में भेज दिया गया, जिसमें केवल एक स्टेशन मेडिकेयर सेंटर और एक बुनियादी एम.आई. कक्ष था। उनके मेडिकल दस्तावेज मेडिकल बोर्ड की समीक्षा के लिए तैयार किए गए थे।

उनकी चिकित्सा श्रेणी रुड़की के सैन्य अस्पताल में सबसे कम निर्धारित की गई थी, जहाँ से दस्तावेज अनुमोदन के लिए दिल्ली भेजे गए थे। आखिरकार, उन्हें 17 नवंबर, 2013 को डिस्चार्ज लेटर मिल गया। हालाँकि, मृदुल इस खबर के लिए मानसिक रूप से तैयार थे, लेकिन फिर भी इस खबर ने उन्हें बहुत प्रभावित किया। उनकी चोट के परिणामस्वरूप ग्रीवा कशेरुका C5 और C6 के फ्रैक्चर अव्यवस्था के कारण लोकोमोटर विकलांगता हो गई—रीढ़ की हड्डी की चोट। इसके कारण उनकी गरदन के नीचे के चारों अंग लकवाग्रस्त हो गए। उसके पास मूत्राशय, आँत और यौन नियंत्रण नहीं था, जिसमें गरम-ठंडा और स्पर्श संवेदना की क्षति भी शामिल थी।

मृदुल अपने परिवार में एकमात्र कमाने वाले थे। वह अपने गाँव के एक बहुत ही संपन्न परिवार से थे, जिनके पास करीब 25 गायें थीं; लेकिन परिवार में असहमति और विवाद के कारण वे सभी अलग हो गए थे। जब मृदुल घायल हो गए तो उनके चाचा और एक छोटा भाई उनसे मिलने गए। उनकी हालत देखकर उन्होंने मृदुल के माता-पिता को उसके बारे में ज्यादा कुछ न बताने का फैसला किया। आखिरकार, जब उनके पिता को उनकी लाइलाज चोट और वायु सेना से छुट्टी के बारे में पता चला तो उन्हें दिल का दौरा पड़ गया और सन् 2014 में उनका निधन हो गया।

उनका एक भाई अब एक बैंक में कार्यरत है और उनकी बहन ने मास्टर्स एवं बी.एड. किया है तथा अब वह पूरे समुदाय में सबसे अधिक शिक्षित लड़की है। मृदुल अब पुणे के पेंटाप्लेजिक रिहैबिलिटेशन सेंटर (पी.आर.सी.) में रहते हैं, क्योंकि उनकी विकलांगता के कारण उनके और उनके परिवार के लिए उनकी जरूरतों को पूरा करना मुश्किल होगा। अपनी चिकित्सकीय स्थिति के कारण उन्हें 40°C से 10°C के बीच तापमान में रहना पड़ता है। मृदुल दशहरे के दौरान घर जाते हैं, जब उनके अन्य सभी दोस्त भी छुट्टी पर घर आते हैं और वह उन सभी से मिल पाते हैं।

जब मृदुल स्कूल में थे, तब उन्हें जीव विज्ञान में चित्र बनाना बहुत पसंद था। उन्हें कला, ड्राइंग और चित्रकारी पसंद थी; लेकिन उन्होंने इसे गंभीरता से नहीं लिया। एक बार जब वह पी.आर.सी. आए तो उन्होंने इन सभी सेवाओं के

कई विकलांग सैनिकों को विभिन्न प्रकार के काम करते देखा। नए प्रवेशकों के लिए परामर्श सत्र आयोजित किए गए, जहाँ एक दिन एक परामर्शदाता ने मृदुल से कहा, "आपको बचाने के लिए कई डॉक्टरों व नर्सों ने बहुत प्रयास किया है और यही कारण है कि आप यहाँ हमारे साथ हैं। इसलिए सुनिश्चित करें कि आप एक अच्छा जीवन जिएँ।" उस परामर्श का मृदुल पर गहरा प्रभाव पड़ा और वह इधर-उधर ऐसी चीज की तलाश करते रहे, जो उन्हें अपने कौशल को विकसित करने में मदद कर सके। तभी उन्होंने माउथ पेंटिंग का फैसला किया। उन्होंने माउथ पेंटिंग पर वीडियो देखना शुरू किया और पी.आर.सी. के निदेशक कर्नल मुखर्जी को इसके बारे में बताया, जिन्होंने स्विट्जरलैंड में 'इंटरनेशनल सोसाइटी फॉर माउथ एंड फुट पेंटिंग' से संपर्क किया। सोसाइटी की स्थापना सन् 1966 में हुई थी और वह सभी प्रकार की विकलांगताओं वाले लोगों की मदद करती है। भारत में उसका मुख्यालय मुंबई में है। उसके निदेशक बॉबी थॉमस पी.आर.सी. में विकलांग सैनिकों से मिलने आए और वहाँ की व्यवस्था से बहुत प्रभावित हुए तथा उन्होंने वहाँ लोगों को प्रशिक्षण देना शुरू करने का फैसला किया। जुलाई 2015 में उनकी पहली कार्यशाला थी। जो प्रशिक्षक उन्हें प्रशिक्षण देने आया था, वह भी हाथ-पैर से विकलांग था। बॉबी थॉमस के अनुसार, "केवल आपकी तरह की विकलांगता वाले लोग ही आपको सर्वोत्तम संभव तरीके से पढ़ा सकेंगे।" उन्हें पढ़ाने के लिए मनोज ढिंगारे और मंजूभाई रमानी आते थे। शुरू में कई छात्र थे, लेकिन उनमें से कुछ ने छोड़ दिया और कुछ की मृत्यु हो गई; लेकिन मृदुल जारी रहे और एक कलाकार बनने के अपने बचपन के सपने को पूरा करने में सक्षम हुए।

आज वे छह कलाकारों की एक टीम के प्रमुख हैं। मार्च 2017 में मृदुल घोष ने प्रतिष्ठित इंटरनेशनल एसोसिएशन फॉर माउथ एंड फुट पेंटर्स (VDMFK स्विट्जरलैंड) का एक प्रतिष्ठित सदस्य बनकर अपने जीवन में एक उल्लेखनीय उपलब्धि हासिल की। बड़े गर्व के साथ मुंबई स्थित इस प्रतिष्ठित संगठन का भारतीय मुख्यालय आई.एम.एफ.पी.ए. के अंतर्गत आता है। अब उन्हें अपने काम के लिए प्रति माह 150 डॉलर का वेतन मिलता है। यह महत्त्वपूर्ण उपलब्धि एक कलाकार के रूप में मृदुल की अविश्वसनीय प्रतिभा और दृढ़ संकल्प को दरशाती है। अपनी शारीरिक सीमाओं के बावजूद उन्होंने कला के लुभावने कार्यों को करने

के लिए अपने मुँह एवं पैरों की निपुणता का उपयोग किया है। वी.डी.एम.एफ.के. में अपनी सदस्यता के माध्यम से मृदुल ने वैश्विक स्तर पर पहचान हासिल की है। वह साथी कलाकारों के साथ कंधे से कंधा मिलाकर खड़े हैं, जो उसी अटूट जुनून और अडिग भावना के साथ पेंटिंग करते हैं। उनकी कई पेंटिंग्स स्थानीय प्रदर्शनियों और अन्य शहरों में बेची जाती हैं। बिक्री की सारी आय सीधे कलाकार को दी जाती है। सन् 2020 में मृदुल के तीन छात्रों को इंटरनेशनल सोसाइटी फॉर फुट एंड माउथ पेंटर्स की प्राथमिक सदस्यता से भी सम्मानित किया गया। सन् 2022 में उनके दो अन्य छात्रों को सदस्यता से सम्मानित किया गया।

मृदुल ने अपने पूरे कॅरियर में कई पुरस्कार हासिल किए हैं। उनकी उल्लेखनीय उपलब्धियों में 'एम.एफ.पी.ए. इंडिया एक्सीलेंस अवार्ड' और 2020 तथा 2023 दोनों में 'आर्टिस्ट ऑफ द ईयर' शामिल हैं। उन्हें 2 मई, 2021 को एक प्रतिभागी के रूप में गिनीज वर्ल्ड रिकॉर्ड्स द्वारा भी मान्यता दी गई थी। सन् 2022 में उन्हें पंजाब के पठानकोट में अकम कला संघ से 'उत्कृष्टता पुरस्कार' मिला। इसके अलावा, उन्हें 2022 में डॉ. बत्रा के 'सकारात्मक स्वास्थ्य पुरस्कार' से सम्मानित किया गया। उन्हें सकारात्मक स्वास्थ्य नायक के रूप में मान्यता दी गई। हाल ही में मृदुल को मई 2023 में आयोजित मणिकर्णिका आर्ट गैलरी की ऑनलाइन प्रदर्शनी में 'सिल्वर अवार्ड' से सम्मानित किया गया था।

सन् 2017 में मृदुल की विस्मयकारी माउथ पेंटिंग को पुणे के प्रसिद्ध राजेंद्र सिंहजी इंस्टीट्यूट में गर्व से प्रदर्शित किया गया था, जिसने कला-प्रेमियों को अपनी सुंदरता व कौशल से मंत्रमुग्ध कर दिया था। दिसंबर 2019 में प्रतिष्ठित पुणे अंतरराष्ट्रीय कला महोत्सव में भाग लेने के साथ ही उनकी कलात्मक यात्रा फलती-फूलती रही, जहाँ उनके कार्यों ने दर्शकों को मंत्रमुग्ध कर दिया तथा एक उल्लेखनीय कलाकार के रूप में उनकी प्रतिष्ठा को और मजबूत किया।

पुणे के प्रतिष्ठित होटल 'ताज ब्लू डायमंड' ने फरवरी 2020 में मृदुल के कलात्मक कौशल के लिए पृष्ठभूमि के रूप में काम किया। यह विशेष अवसर फिक्की (FICCI) द्वारा उपलब्ध कराया गया था, जहाँ मृदुल घोष की मंत्रमुग्ध कर देने वाली रचनाएँ अपनी प्रतिभा और भावनात्मक गहराई से उपस्थित सभी लोगों को मंत्रमुग्ध कर देती थीं। सन् 2023 में मृदुल को मुंबई के प्रसिद्ध नेहरू

सेंटर आर्ट गैलरी में अपनी असाधारण कलाकृति प्रदर्शित करने का विशिष्ट अवसर मिला और उन्होंने अपनी अनूठी व मनमोहक शैली के साथ खुद को एक दूरदर्शी कलाकार के रूप में स्थापित किया।

मृदुल घोष के कलात्मक योगदान पर भारतीय सेना का ध्यान नहीं गया, जिसने उन्हें वर्षों से अपने कई प्रतिष्ठित कार्यक्रमों में भाग लेने के लिए आमंत्रित किया है। उनकी रचनात्मक अभिव्यक्तियों ने निस्संदेह राष्ट्र की सेवा और सुरक्षा करने वालों पर गहरा प्रभाव छोड़ा है। जून 2023 में पुणे के प्रतिष्ठित बाल गंधर्व रंग मंदिर में मृदुल की प्रतिभा का प्रदर्शन हुआ। उनकी उत्कृष्ट माउथ पेंटिंग्स ने मंच की शोभा बढ़ाई, जिससे कई तरह की भावनाएँ पैदा हुईं और दर्शकों को उनकी कलात्मक प्रतिभा ने आश्चर्यचकित कर दिया।

मृदुल भगवान् के आभारी हैं कि वह एक एयरमैन के रूप में घायल हुए थे, एक नागरिक के रूप में नहीं, अन्यथा वह जीवित नहीं होते। सर्वश्रेष्ठ डॉक्टरों और चिकित्सा देखभाल के साथ भारतीय सशस्त्र बल अपने सैनिकों के साथ खड़े हैं। मृदुल ने अब आध्यात्मिकता अपना ली है। उन्होंने ओशो सद्गुरु को पढ़ा और जागरूक जीवन के पथ पर आगे बढ़े।

घोष हमेशा से बहुत मेधावी छात्र रहे थे, लेकिन घर पर वित्तीय तनाव के कारण वह हाई स्कूल से आगे की पढ़ाई पूरी नहीं कर सके। वास्तव में, उन्हें अपनी स्नातक की पढ़ाई तीन बार छोड़नी पड़ी—एक बार कोलकाता में (जहाँ वह एक ऑर्डिनेंस फैक्टरी में प्रशिक्षु के रूप में शामिल हुए थे और रात में कारखाने में काम करते तथा दिन में पढ़ाई करते थे); अगले सियालदह में (जब वह एन.डी.ए. की तैयारी कर रहे थे और भारतीय वायु सेना के लिए चुने गए थे) और तीसरी बार, जब उन्होंने एक एयरमैन के रूप में कार्यभार सँभाला था और पत्राचार के माध्यम से अन्नामलाई विश्वविद्यालय में बी.बी.ए. कार्यक्रम में प्रवेश लिया था। अब, जब वह पुणे में थे तो उन्होंने यशवंतराव विश्वविद्यालय में बी.बी.ए. में प्रवेश लिया—स्नातक की पढ़ाई पूरी करने का चौथा प्रयास। उन्होंने पुणे यूनिवर्सिटी से बी.ए. की पढ़ाई भी पूरी की। मृदुल एक प्रेरक वक्ता भी हैं। यह कला उन्होंने कुछ ऑनलाइन पाठ्यक्रमों के माध्यम से सीखी है। वह ऑनलाइन आयोजित होने वाले टॉक शो में भी भाग लेते हैं और सबसे बढ़कर मृदुल ने गाना भी शुरू कर

दिया है। वह बचपन में गुनगुनाते थे, लेकिन अब वह पी.आर.सी. में अपने हमेशा प्रोत्साहित करने वाले दर्शकों के सामने गाते हैं।

मृदुल की कहानी गहरी भावनाओं से गूँजती है, जो गरीबी से पीड़ित परिवार के एक लड़के की यात्रा को चित्रित करती है। अपनी साधारण शुरुआत के बावजूद उन्होंने कर्तव्य की पुकार को स्वीकार किया और बेहतर भविष्य बनाने के लिए दृढ़ संकल्प के साथ कम उम्र में ही वायु सेना में शामिल हो गए। हालाँकि, भाग्य ने उन्हें एक क्रूर झटका दिया, क्योंकि उन्हें विकलांगता और अपने प्यारे पिता की असामयिक मृत्यु का सामना करना पड़ा। फिर भी, विपरीत परिस्थितियों से विचलित हुए बिना मृदुल की दृढ़ता चमक उठी। अटूट दृढ़ संकल्प के साथ मृदुल अपने प्रयासों को ज्ञान की खोज में लगाते रहे। उन्होंने पूरे दिल से अपने भाई-बहनों की शिक्षा का समर्थन किया और उन्हें अपनी परिस्थितियों से ऊपर उठने के लिए सशक्त बनाया। अपने धैर्य से उन्होंने अपने परिवार के लिए एक घर बनाया—एक ऐसा घर, जो प्यार और गर्मजोशी से भरपूर था। आखिरकार, वह दिन आ ही गया, जब उन्होंने गर्व से अपनी बहन को वधू के रूप में गुजरते हुए देखा। उसका विवाह अत्यंत गरिमा और शालीनता के साथ संपन्न हुआ।

"अन्य विकलांग लोगों को मेरी सलाह होगी कि उन चीजों पर ध्यान केंद्रित करें, जो आपकी विकलांगता आपको अच्छा करने से नहीं रोकती है और उन चीजों पर पछतावा न करें, जिनमें यह हस्तक्षेप करती है। आत्मा के साथ-साथ शारीरिक रूप से भी अक्षम न बनें।"

स्टीफन हॉकिंग का यह उद्धरण मृदुल की प्रेरक शक्ति है और आज जब मृदुल खुद को व्हीलचेयर तक सीमित पाते हैं तो उनकी भावना बरकरार है। अपनी विकलांगता द्वारा लगाई गई सीमाओं के बावजूद वह अपने सम्मान और गरिमा को बरकरार रखते हुए अदम्य भावना के साथ जीवन व्यतीत करते हैं। अपना सिर ऊँचा करके वह ताकत और लचीलेपन का उदाहरण देते हैं और अपने रास्ते में आने वाले सभी लोगों को प्रेरित करते हैं। मृदुल घोष का अटूट दृढ़ संकल्प एवं अडिग गौरव उनके हर कदम को रोशन करता है और हमें याद दिलाता है कि मानवीय भावना किसी भी विपरीत परिस्थिति पर विजय प्राप्त कर सकती है। □

मैं यहाँ आपके साथ रहूँगी

मेजर सोनाली, मिलिटरी नर्सिंग सर्विसेज

मैं तुम्हारी लड़ाई नहीं लड़ सकती,
मैंने तुम्हारा युद्ध नहीं लड़ा,
लेकिन जब यह शांति हो तो तुम तलाश करते हो,
मेरी बाँहें तुम्हें पास रखेंगी, कभी दूर नहीं।
लंबी और नींद हराम रातों के माध्यम से,
जब बम तुम्हें जगाए रखें,
मैं यहाँ तुम्हारी तरफ से रहूँगी,
जितना मैं लेती हूँ, उससे अधिक देना।
हताशा के क्षणों में, जब चीखें उठने लगती हैं,
मैं शांत और धैर्यवान् रहूँगी,
शांतिपूर्ण, सुखदायक आसमान की तरह।
हालाँकि, मैं वहाँ नहीं थी,
उस दूर देश में तुम्हारे बगल में,
अब मैं यहाँ हूँ, तुम्हारे प्रति समर्पित,
मजबूती से हाथ में हाथ डाले,
मेरे हीरो और मेरे पति, मेरा प्रेमी और सच्चा दोस्त,
हालाँकि, मैंने पहले तुम्हारा युद्ध नहीं लड़ा था,
मैं अब अंत तक लड़ूँगी।
हम मिलकर संघर्षों का सामना करेंगे,
एकजुट, साहसी और मजबूत,
प्यार की आगोश में,
हमें वह शांति मिलेगी, जिसके लिए हम दोनों हैं।

मेजर सोनाली ने आर एंड आर में भरती एक विकलांग सैनिक से विवाह किया और अपने पति की देखभाल के लिए स्वैच्छिक सेवानिवृत्ति ले ली। □

अध्याय-6

मेजर जनरल इयान कारडोजो, ए.वी.एस.एम., एस.एम.

'कारतूस साब'

जब से हम दोनों दिल्ली में और उसके आसपास रहे, मैं मेजर जनरल कारडोजो से कई बार मिल चुकी थी। मैंने उनकी वीरता की कहानियाँ सुनी थीं; लेकिन जब मैं उन पर और उनकी उल्लेखनीय जीवन-यात्रा पर एक अध्याय लिखने बैठी तो मुझे थोड़ा समय लगा और बहुत सारी बातचीत करनी पड़ी। अंत में, जब मैंने उन्हें मसौदा भेजा तो जनरल कारडोजो ने सुझाव दिया कि जो कुछ लिखा गया था, वह पहले से ही उनकी पुस्तक और विभिन्न

मेजर जनरल इयान कारडोजो

वेबसाइटों पर मौजूद था। उन्होंने उन चीजों के बारे में लिखने की इच्छा व्यक्त की, जिनके बारे में उन्होंने ज्यादा बात नहीं की है। वह अपनी कहानी चाहते थे, विशेष रूप से उन लोगों के लिए, जो एन.डी.ए. तथा सेना के बारे

मेजर जनरल इयान कारडोजो, ए.वी.एस.एम., एस.एम.

मेजर जनरल इयान कारडोजो अपने युवा दिनों के दौरान

में कुछ नहीं जानते हैं और युवाओं को सशस्त्र बलों में शामिल होने के लिए प्रेरित करने के साधन के रूप में मैं और अधिक नहीं माँग सकता था। तो यहाँ हमारे पास मेजर जनरल इयान कारडोजो, ए.वी.एस.एम., एस.एम. की जीवन-यात्रा उन्हीं के शब्दों में प्रस्तुत है।

जोश, जज़्बा और जुनून

कई साल पहले एक युवा लड़का था, जो मुंबई के सेंट जेवियर्स स्कूल में पढ़ता था। अधिकांश लड़कों की तरह वह एक ऐसा कॅरियर चुनना चाहता था, जिसमें रोमांचक जीवन और ढेर सारा रोमांच हो। उन्हें बताया गया था कि साहसिक जीवन के लिए सबसे अच्छा विकल्प भारतीय सशस्त्र बलों में शामिल होना है; लेकिन उन्हें नहीं पता था कि उन्हें इसमें शामिल होने के लिए क्या करना होगा। एक दिन उन्होंने एक समाचार-पत्र में एक विज्ञापन देखा, जिसमें कहा गया था कि यदि कोई साहसिक जीवन चाहता है तो वह राष्ट्रीय रक्षा अकादमी (एन.डी.ए.) में शामिल हो जाए। उस युवा लड़के का नाम इयान कारडोजो था और उसे पता चला कि राष्ट्रीय रक्षा अकादमी दुनिया की एकमात्र संस्था थी, जो कैडेटों को सेना, नौसेना एवं वायु सेना में अधिकारी बनने के लिए प्रशिक्षित करती थी। उन्होंने आवेदन किया और उन्हें यू.पी.एस.सी. (संघ लोक सेवा आयोग) की लिखित परीक्षा में शामिल होना पड़ा। उस परीक्षा को उत्तीर्ण करने के बाद उन्हें एस.एस.बी. (सेवा चयन बोर्ड) द्वारा साक्षात्कार के लिए बुलाया गया और एन.डी.ए. में शामिल होने के लिए चुना गया।

इयान एन.डी.ए. में शामिल होकर रोमांचित थे। वह एक चंचल युवा थे और उन्होंने सोचा कि अब उन्हें पढ़ाई नहीं करनी पड़ेगी। हालाँकि, शामिल होने पर उन्हें पता चला कि एन.डी.ए. का मानना है कि एक अच्छा अधिकारी बनने के लिए कैडेट को कला, विज्ञान, मानविकी, वाणिज्य एवं प्रौद्योगिकी सहित सभी मामलों में अच्छा बुनियादी ज्ञान होना चाहिए और उसे पढ़ाया भी जाएगा। एक विदेशी भाषा, तीन साल का कोर्स सफलतापूर्वक करने के बाद वह एक विश्वविद्यालय से स्नातक की डिग्री हासिल करेंगे। उन्हें थलसेना, नौसेना और वायु सेना विषयों का भी विस्तृत ज्ञान हासिल करना होगा।

जब उन्हें पता चला कि उन्हें घुड़सवारी, नौकायन, ग्लाइडिंग, तलवारबाजी, ट्रैकिंग, शिकार और मुक्केबाजी, एथलेटिक्स, तैराकी, फुटबॉल, हॉकी, टेनिस, स्क्वैश जैसे साहसिक खेलों में भाग लेने का अवसर मिलेगा तो वह बहुत खुश हुए। साइकिल, पोलो और क्रॉस-कंट्री दौड़। हॉबी क्लबों ने उन्हें पेंटिंग, फोटोग्राफी, संगीत और नाटकीयता सिखाने की पेशकश की। वह साहसिक खेलों, खेल एवं शौक की व्यापक पसंद से आश्चर्यचकित थे और उन्होंने

मेजर जनरल इयान कारडोजो, ए.वी.एस.एम., एस.एम.

मेजर जनरल इयान कारडोजो अपनी सुंदर पत्नी प्रिसिला कारडोजो के साथ

फैसला किया कि वह कड़ी मेहनत करेंगे तथा उन सभी का लाभ उठाएँगे, जो उन्हें पेश किए गए थे।

उन्हें 'बड़े सपने देखना' भी सिखाया गया था और यह भी सिखाया गया था कि अगर वह कड़ी मेहनत करें और जो करना चाहते हैं, उसमें योग्यता हासिल कर लें तो कुछ भी असंभव नहीं है। अकादमी ने कैडेटों में साहस, सच्चाई, सम्मान, अनुशासन, दूसरों की सेवा करना, बड़ों एवं महिलाओं का सम्मान करना, आत्म-बलिदान, परिणामों की परवाह किए बिना सही काम करना, अपने देश तथा उसके लोगों से प्यार करना और सबसे महत्त्वपूर्ण—हमेशा देश को पहले रखना, जैसे अच्छे नैतिक मूल्य पैदा किए। कैडेटों को यह भी सिखाया गया कि सहयोग न केवल युद्ध का सिद्धांत है, बल्कि यह हम में से प्रत्येक के रोजमर्रा के जीवन में भी लागू होता है।

हालाँकि, इयान को एक समस्या थी। वह गणित व हिंदी में कमजोर थे। उन्होंने इन विषयों में खराब प्रदर्शन किया और उन्हें चेतावनी दी गई कि यदि उन्होंने इन विषयों में सुधार नहीं किया तो उन्हें एक सत्र दोहराना होगा। इसके

कारण, वह अपने पाठ्यक्रम में कहीं सबसे निचले पायदान पर थे। अकादमी के पाठ्यक्रम में छह पद शामिल थे और प्रत्येक सत्र में प्राप्त किए जाने वाले विशेष उद्देश्य, लक्ष्य तथा मानक थे। यहीं पर उनके प्रभागीय अधिकारी और गुरु उनके बचाव में आए। उन्होंने इयान से कहा कि यदि उन्होंने इन दो विषयों में सुधार किया तो योग्यता के क्रम में उनकी रैंकिंग में मौलिक सुधार होगा। प्रभागीय अधिकारी ने इयान को बताया कि वह अन्य सभी विषयों, खेलों एवं गतिविधियों में बहुत अच्छा कर रहे हैं और उन्हें सहयोग के सिद्धांत के फायदे सीखने चाहिए, यानी अगर वह उन विषयों में कैडेटों की मदद करते हैं, जिनमें वह अच्छे थे और गणित में मदद प्राप्त करते हैं और अपने पाठ्यक्रम के साथियों से हिंदी सीखना हर किसी के लिए 'WIN-WIN' की स्थिति होगी। ठीक ऐसा ही हुआ और इयान को अहसास हुआ कि अगर कोई अपना दिमाग लगाए तो गणित व हिंदी इतनी कठिन नहीं हैं।

इस बीच इयान ने मुक्केबाजी, एथलेटिक्स, तैराकी, फुटबॉल और हॉकी में अपने स्क्वाड्रन का प्रतिनिधित्व किया। उन्होंने हॉकी में अकादमी का प्रतिनिधित्व किया और पानी के भीतर ओलंपिक आकार के पूल की एक-चौथाई लंबाई में तैरकर एन.डी.ए. रिकॉर्ड स्थापित किया। अपने छठे कार्यकाल में वह योग्यता क्रम में प्रथम स्थान पर थे। उन्होंने अपने पाठ्यक्रम की पासिंग आउट परेड की कमान सँभाली और अकादमी के इतिहास में दो पदक जीतने वाले पहले कैडेट थे—सर्वश्रेष्ठ ऑल अराउंड कैडेट होने के लिए स्वर्ण पदक और योग्यता के क्रम में प्रथम होने के लिए रजत पदक। अकादमी में उन्होंने जो सबक सीखा, वह यह था कि कड़ी मेहनत से काम आता है, दूसरों की मदद करने से सभी के लिए 'WIN-WIN' की स्थिति बनती है, जीवन के हर क्षेत्र में अनुशासन आवश्यक है और जो भी सही है, वह करना महत्त्वपूर्ण है, चाहे जो भी नतीजे हों।

राष्ट्रीय रक्षा अकादमी और भारतीय सैन्य अकादमी में प्रशिक्षण के बाद इयान को 'फिफ्थ गोरखा राइफल्स (एफ.एफ.)' में नियुक्त किया गया। वह चीन-भारत सीमा पर गश्त पर काररवाई के लिए वीरता के लिए सेना पदक से सम्मानित होने वाले पहले व्यक्तियों में से एक थे।

इसके बाद, उन्होंने सन् 1962 के भारत-चीन युद्ध और 1965 एवं 1971

के भारत–पाक युद्ध में भाग लिया। सन् 1971 के युद्ध में वह बुरी तरह घायल हो गए, जब उन्होंने एक एंटी–पर्सनल माइन पर पैर रख दिया और अपना एक पैर खो दिया।

एक पैर की क्षति ने उन्हें सामान्य जीवन जीने से नहीं रोका। इसके विपरीत, इसने उन्हें तैराकी, दौड़, चढ़ाई और अन्य सभी गतिविधियों में गैर–विकलांग अधिकारियों के साथ प्रतिस्पर्धा करने के लिए प्रेरित किया। उस समय सेना ने विकलांग अधिकारियों को युद्ध और शांति में सैनिकों की कमान सँभालने की अनुमति नहीं दी थी। इयान अपने पूरे मन व आत्मा के साथ अपने सैनिकों और साहसिक जीवन में लौटना चाहते थे। वह नहीं जानते थे कि वह ऐसा कैसे करेंगे, लेकिन वह हर दिन दौड़ने और सप्ताहांत पर तैराकी करके खुद को शारीरिक रूप से फिट रखने में लगे रहे। आखिरकार, उनकी दृढ़ता का फल तब मिला, जब उन्होंने शारीरिक दक्षता परीक्षा में कई अधिकारियों को पछाड़ दिया। वह करीब 2,000 फीट ऊँचे खंभे पर भी चढ़ गए। इन उपलब्धियों ने उनके वरिष्ठों को प्रभावित किया, जिन्होंने यह देखते हुए कि इयान मार्च कर सकते हैं, चढ़ सकते हैं और तैर सकते हैं, सैनिकों की कमान से युद्ध–अक्षम अधिकारियों पर प्रतिबंध की समीक्षा करने का निर्णय लिया। सेना प्रमुख ने उन्हें तथा अन्य सभी युद्ध–अक्षम अधिकारियों को शांति और क्षेत्र में सैनिकों की कमान सँभालने की मंजूरी दे दी। इयान किसी बटालियन और ब्रिगेड की कमान सँभालने वाले पहले युद्ध–विकलांग अधिकारी हैं। यह एक ऐसा निर्णय था, जिसका सेना पर दूरगामी प्रभाव पड़ा और इयान को गर्व है कि वे वही व्यक्ति हैं, जिन्होंने ऐसा किया। उन्हें एक परिचालन क्षेत्र में एक इन्फैंट्री डिवीजन की कमान में प्रमुख जनरल के रूप में पदोन्नत किया गया था और वह उत्तर–पूर्व में एक स्टाफ नियुक्ति से वरदी में 35 वर्षों के बाद सेवानिवृत्त हुए।

सेवानिवृत्ति के बाद उन्होंने विकलांग लोगों के लिए काम किया और बाद में प्रधानमंत्री द्वारा उन्हें भारतीय पुनर्वास परिषद् के प्रमुख के लिए चुना गया, जहाँ उन्होंने 9 वर्षों तक काम किया।

इयान का विवाह प्रिसिला कारडोजो से हुई है, जो सेना में और उसके बाद उनके जीवन में एक मजबूत सहारा रही हैं। उनके सबसे बड़े बेटे, सुनीथ, उनके

बाद सेना में चले गए। उनका दूसरा बेटा अरुण यू.के. में एक सर्जन है और सबसे छोटा बेटा सिंगापुर में कॉरपोरेट क्षेत्र में काम करता है।

अपनी दूसरी सेवानिवृत्ति के बाद उन्होंने लेखन कार्य करना शुरू कर दिया और उनकी पुस्तकों को व्यापक रूप से प्रशंसा मिली। युद्ध पर उनकी कविताएँ संगीत पर आधारित हैं और अंतरराष्ट्रीय संगीत प्लेटफॉर्मों पर प्रदर्शित की गई हैं। उनकी नवीनतम पुस्तक 'कारतूस साब', जो उनकी आत्मकथा है, उनके साहसिक कारनामों की कहानियाँ बताती है और पढ़ने में काफी दिलचस्प है। यह कहानी बताती है कि कैसे एक युवा लड़का भारतीय सेना में काफी एक अधिकारी है! कैसे वह जिम्मेदारी, रोमांच और चुनौतियों का जीवन अनुभव करता है और कैसे वह युद्ध में एक पैर खोने की विकलांगता से निपटता है! यह सेना में उनके जीवन के तीन दशकों से अधिक के साहसिक कारनामों और तीन युद्धों के उनके अपने अनुभवों को रेखांकित करता है। धैर्य और दृढ़ संकल्प की यह कहानी पाठकों को अपने जीवन में आए कई उतार-चढ़ावों से रू-बरू कराती है और कैसे उन्होंने अपने जीवन में सबसे कठिन परिस्थितियों का सामना किया। यह साहस, प्रयास और दृढ़ संकल्प का जीवन है, जो कभी हार न मानने की भावना पर जोर देता है, जो उनके जीवन का अंतिम संदेश है। यह एक ऐसी पुस्तक है, जो पढ़ने लायक है; क्योंकि हर अध्याय में एक संदेश है, जो पाठकों को इसे अपने जीवन में लागू करने में मदद कर सकता है।

□

अध्याय-7

लेफ्टिनेंट कर्नल यू.एस. गिल, एस.एम.

जीवित मृत—विकलांग सैनिक

लेफ्टिनेंट कर्नल यू. एस. गिल

एक पारस्परिक मित्र ने मुझे लेफ्टिनेंट कर्नल एवं मिसेज उपिंदर सिंह गिल से मिलवाया। कुछ फोन कॉल्स के बाद मैंने उनके चंडीगढ़ स्थित निवास पर उनसे मिलने का फैसला किया। जैसे ही मैंने गेट में प्रवेश किया, श्रीमती गिल ने गले लगाकर मेरा गर्मजोशी से स्वागत किया। उस क्षण से ऐसा नहीं लगा कि मैं उनसे पहली बार मिल रही हूँ। फिर मेरी मुलाकात कर्नल गिल से हुई। उनका घर हर कोने से प्यार और सकारात्मकता से भरा हुआ था। एक पल के लिए मुझे संदेह हुआ कि क्या मैं वास्तव में ड्यूटी के दौरान विकलांग हुए एक सैनिक के घर आई थी? बहुत बाद में मुझे उनकी जीवन-यात्रा, दर्द, आघात और परित्याग की भावना के बारे में पता चला, जो आज भी उन्हें पीड़ा पहुँचाती है।

कर्नल गिल चंडीगढ़ के रहने वाले हैं और उन्होंने अपने प्रारंभिक वर्ष अपने माता-पिता से दूर बोर्डिंग स्कूल में बिताए। उनके पिता ने प्रतिष्ठित चौथी गोरखा राइफल्स में सेवा की, जिससे युवा उपिंदर में कम उम्र से ही सम्मान और

कर्तव्य की भावना पैदा हुई। उनकी शैक्षणिक यात्रा शिमला के बिशप कॉटन स्कूल से शुरू हुई, जिसमें उन्होंने किंडरगार्टन से ग्यारहवीं कक्षा तक पढ़ाई की। बाद में उन्होंने श्रीनगर, कश्मीर में अपनी उच्च माध्यमिक शिक्षा प्राप्त की। अपनी स्कूली शिक्षा के दौरान उपिंदर सिंह गिल ने खेल के प्रति अपने जुनून का प्रदर्शन किया और एक प्रतिभाशाली व उत्साही एथलीट के रूप में उभरे।

सन् 1977 में उन्होंने दिल्ली विश्वविद्यालय से इतिहास (ऑनर्स) में डिग्री के साथ स्नातक की उपाधि प्राप्त की और अपने भविष्य के प्रयासों के लिए मंच तैयार किया। अगले वर्ष, मई 1978 में, उन्होंने मद्रास में ऑफिसर्स ट्रेनिंग एकेडमी में शामिल होकर एक परिवर्तनकारी यात्रा शुरू की। प्रशिक्षण पूरा करने पर उन्होंने गर्व से मार्च 1979 में एक अधिकारी के रूप में कमीशन प्राप्त किया और प्रतिष्ठित सेंट्रल इंडिया हॉर्स (सी.आई.एच.), सशस्त्र कोर, एक प्रतिष्ठित रेजीमेंट में शामिल हो गए।

सन् 1982 में अपनी रेजीमेंट के स्वतंत्र स्क्वाड्रन के साथ असम के सिलचर में अपनी सेवा के दौरान उपिंदर (जिन्हें प्यार से 'उप्पी' कहा जाता था) को अपने माता-पिता से एक पत्र मिला। भीतर एक युवा महिला की तसवीर संलग्न थी और संदेश में उनसे सितंबर में छुट्टी लेने का आग्रह किया गया था। बाध्य होकर 2 सितंबर को उन्होंने अपेक्षा से विवाह कर लिया। यह नाम उन्हें उनके पिता ने प्यार से दिया था। उनके मिलन के एक साल बाद उनके पहले बच्चे 'दीप्तेश' के जन्म का सौभाग्य प्राप्त हुआ। सन् 1984 में एक नई रेजीमेंट में तैनात होने के बावजूद उप्पी गिल का हृदय व आत्मा उनकी सी.आई.एच. जड़ों से दृढ़ता से जुड़े रहे। सन् 1985 में उनके छोटे बेटे त्रिशान के आगमन से उनकी खुशी और भी बढ़ गई।

सेना में उप्पी गिल का जीवन निरंतर आगे बढ़ता रहा, जिसमें समर्पित रेजीमेंटल सेवा और एक बख्तरबंद ब्रिगेड में स्टाफ कैप्टन के रूप में उनका उल्लेखनीय कार्यकाल रहा। सन् 1993 में उनकी रेजीमेंट को पंजाब में 'ऑपरेशन रक्षक' के दौरान तैनात किया गया था, जिसके बाद उन्होंने कश्मीर के चुनौतीपूर्ण इलाकों में राष्ट्रीय राइफल्स की पहली बटालियन के साथ सेवा करते हुए एक महत्त्वपूर्ण वर्ष बिताया।

लेफ्टिनेंट कर्नल यू.एस. गिल, एस.एम.

वर्ष 1993 की सर्दियों के दौरान उन्हें श्रीनगर में बादामी बाग छावनी के ट्रांजिट कैंप में राष्ट्रीय राइफल्स की पहली बटालियन में नियुक्त किया गया था। उनकी प्राथमिक जिम्मेदारी बड़े पैमाने पर बादामी बाग छावनी को सुरक्षा प्रदान करना था। लगभग दो महीनों तक उनकी ड्यूटी में नदी के किनारे रात्रिकालीन गश्त करना, छावनी क्षेत्र के पूरे सर्किट को कवर करना और राजमार्ग तक विस्तार करना शामिल था। इसके बाद उन्हें सड़क खोलने का काम फिर से सौंपा गया, जिसके कारण उन्हें श्रीनगर से विभिन्न स्थानों पर स्थानांतरित होना पड़ा, जो कि कश्मीर के प्रवेश द्वार बनिहाल सुरंग से कुछ ही दूरी पर रुकते थे। विशेष रूप से वे बिजबेहरा नामक स्थान की ओर जा रहे थे, जहाँ डेल्टा कंपनी तैनात थी। उन्हें यह स्पष्ट हो गया कि भारतीय सेना का प्राथमिक उद्देश्य राजमार्ग को खुला और सुरक्षित रखना था। भीतरी इलाकों में इसके अलावा और कुछ नहीं किया गया था। यह राजमार्ग कश्मीर में सक्रिय राष्ट्र-विरोधी तत्त्वों द्वारा लगाए गए आई.ई.डी. (इंप्रोवाइज्ड एक्सप्लोसिव डिवाइस) से ग्रस्त था।

अपने कार्यकाल के दौरान, परिस्थितियों को देखते हुए, वह स्थानीय लोगों के साथ काफी अच्छे संबंध स्थापित करने में कामयाब रहे। हालाँकि, राजमार्ग के साथ उनकी जिम्मेदारी का क्षेत्र कवरेज के मामले में सबसे छोटा था, जो केवल 6 से 7 किलोमीटर तक फैला हुआ था। इसके विपरीत, अन्य कंपनियों के पास गश्त के लिए बड़े हिस्से थे। ऐसा इसलिए था, क्योंकि बिजबेहरा पूर्व से पश्चिम और उत्तर से दक्षिण की ओर यात्रा करने वाले आतंकवादियों के लिए क्षेत्र का प्रमुख क्रॉसिंग केंद्र था। चाहे वे पहलगाम/डोडा से श्रीनगर, पूर्व में त्राल या पश्चिम में शोपियाँ की ओर आ रहे हों, वे यहीं से होकर गुजरेंगे।

दुर्भाग्य से, विभिन्न प्रतिबद्धताओं के कारण उनकी इकाई में जन-शक्ति गंभीर रूप से सीमित थी। 30 की अपेक्षित शक्ति के बजाय उनमें से केवल 15 या 16 ही थीं। परिणामस्वरूप कुछ स्थितियों के दौरान उनकी संख्या लगातार कम होती गई। इसके अलावा, उनके उपकरण अपर्याप्त थे। ए.के.-47 राइफलों के अलावा उनके पास न्यूनतम संसाधन थे। उनके पास बुलेटप्रूफ जैकेटों की कमी थी और वे पुराने रेडियो सेटों पर निर्भर थे। इन परिस्थितियों ने उन्हें कमजोर स्थिति में छोड़ दिया गया, जिससे चुनौतियाँ और बढ़ गईं।

अपने कार्यकाल के दौरान उन्होंने स्थानीय लोगों के साथ विश्वास-निर्माण के उपाय किए और नरम रुख अपनाया तथा उन्हें परेशान नहीं किया, जैसा कि पहले होता था। उन्हें यह जानकर आश्चर्य हुआ कि यदि राष्ट्र-विरोधी तत्त्वों ने गोलियाँ चलाईं तो बल द्वारा जवाबी काररवाई ऐसी होगी कि वे बिना यह सोचे कि आग कहाँ से आ रही थी, जवाबी काररवाई करेंगे। इसका मतलब था कि 'अगर कुत्ता है तो कुत्ते को गोली मार दो' और जनता बचने के लिए इधर-उधर भागती रहेगी। इसलिए, उन्होंने लोगों को निर्देश दिया कि वे पहले अपनी सुरक्षा के लिए कवर लें और फिर जाँच करें कि आग कहाँ से आ रही है और केवल उस क्षेत्र को लक्षित करें। "पता लगाएँ कि वे कहाँ से गोलीबारी कर रहे हैं। सड़क पर खड़े होकर और यहाँ-वहाँ गोलीबारी करके यूँ ही खुद को निशाना न बनाएँ।"

इसलिए, जब एक-दो बार ऐसा हुआ तो स्थानीय लोगों को अहसास हुआ कि यहाँ चीजें बदल गई हैं। गश्त के दौरान वह स्थानीय लोगों का अभिवादन करते थे और छोटी-छोटी बातें करते थे। कुछ लोगों ने उनसे यह भी पूछा कि सेना ने उन पर गोलियाँ चलाना क्यों बंद कर दिया है? उन्होंने जवाब दिया, "जो मुझ पर गोली चलाएगा, मैं उस पर गोली चलाऊँगा। ऐसे थोड़ी न आप सबके ऊपर गोली चला दूँगा!" आखिरकार, उप्पी गिल और उनके लोगों को यह फीडबैक मिला कि उनके जिम्मेदारी वाले क्षेत्र के स्थानीय लोगों ने उन पर भरोसा करना शुरू कर दिया है। कंपनी बिजबेहरा में बी.एस.एफ. बटालियन मुख्यालय के पास तैनात थी। उनका विशिष्ट कार्य सुबह श्रीनगर से निकलने और शाम को जम्मू से आने वाले सेना के काफिले की सुरक्षा सुनिश्चित करना था। इसलिए, वे दिन के दौरान राजमार्ग के किनारे के क्षेत्रों पर हावी रहे और विशेषकर काफिले के समय के दौरान संवेदनशील स्थानों को सुरक्षित किया, ताकि यह सुनिश्चित किया जा सके कि काफिले पर घात लगाकर हमला न किया जाए/राष्ट्र-विरोधी तत्त्वों की गोलीबारी की चपेट में न आए।

बी.एस.एफ. से जुड़ी एक बड़ी घटना घटी शुक्रवार को। जामा मस्जिद में नमाज अदा करने के बाद कुछ लोगों को पता चला कि आतंकवादियों ने ताँगे, गाड़ियों और फलों के ठेलों का उपयोग करके गलियों को अवरुद्ध कर दिया

था और लोगों को विरोध करने के लिए राजमार्ग पर इकट्ठा कर लिया था। बिजबेहरा से गुजरने वाले हाईवे पर धरना देने के लिए बी.एस.एफ. पहले से ही मौजूद थी। इस भीड़ भरे विरोध-प्रदर्शन के दौरान राष्ट्र-विरोधी तत्त्वों ने दो बी.एस.एफ. कर्मियों से हथियार छीनने का प्रयास किया। हाथापाई में कर्मियों ने फायरिंग कर दी। इससे हाथापाई हो गई, जिसमें भीड़ में शामिल ए.एन.ई. ने गोलीबारी भी की। दुर्भाग्य से, कई लोग घायल हो गए और कुछ की जानें भी चली गईं। हालाँकि, सूचना मिलते ही उप्पी गिल ने तुरंत अपनी टीम संगठित की और प्रभावित क्षेत्र की ओर बढ़ गए।

किंतु बी.एस.एफ. कमांडेंट श्री कुकरेती ने उनकी प्रगति रोक दी और उन्हें निर्देश दिया, "आप जहाँ हैं, वहीं रहें। उनके पास मशीनगनें हैं। आपके लिए संपर्क करना सुरक्षित नहीं है।" उप्पी गिल ने उनके फैसले का सम्मान किया और पूछा कि क्या वे चाहते हैं कि उनकी कोई मदद हो? कमांडेंट ने उसे कोई जोखिम न लेने की सलाह दी और दोहराया कि उन्हें पीछे हट जाना चाहिए। बी.एस.एफ. और सेना के बीच तालमेल की सामान्य कमी के बावजूद यह देखते हुए कि वे एक ही क्षेत्र साझा कर रहे थे, उन्होंने एक मजबूत बंधन विकसित किया था। वे प्रभावी ढंग से सह-अस्तित्व में थे और गिल ने कमांडेंट कुकरेती के साथ सकारात्मक संबंध स्थापित किया था। वे अपने रेडियो सेट साथ रखते थे, जिससे उनके बीच संचार की एक महत्त्वपूर्ण रेखा स्थापित हो जाती थी। इससे गिल को जरूरत पड़ने पर बी.एस.एफ. से सहायता का अनुरोध करने की अनुमति मिल गई या इसके विपरीत, यदि उन्हें उसके समर्थन की आवश्यकता होती; हालाँकि, स्थिति कभी उत्पन्न नहीं हुई। यह एक ऐसा तालमेल था, जिसे दो व्यक्तियों ने व्यक्तिगत रूप से विकसित किया था, जो दूसरों के लिए अज्ञात था।

बाद में, सामने आई अराजक स्थिति के बीच बी.एस.एफ. केवल तभी बाहर निकल सकती थी, जब गिल और उनके लोगों ने क्षेत्र को खाली कर दिया था। उनकी एक पलटन नियमित रूप से बिजबेहरा से खानाबल तक लगभग 2 किलोमीटर की दूरी तय करती थी। उस दिन उन्होंने अपने निर्दिष्ट क्षेत्र को सफलतापूर्वक साफ कर लिया और एक अन्य टीम द्वारा धरना दिए गए क्षेत्र में

नियमित रूप से चले गए, जहाँ गिल और उनके लोग आमतौर पर नाश्ते के लिए ब्रेक लेते थे। जैसे ही वे श्रीनगर से आने वाले सुबह के काफिले के लिए पैदल निकलने की तैयारी कर रहे थे, क्षेत्र को साफ करने के लिए जिम्मेदार खानाबल से जा रही पलटन ने तुरंत गिल से संपर्क किया। उन्होंने उन्हें सूचित किया कि उन्हें एक आई.ई.डी. (इंप्रोवाइज्ड एक्सप्लोसिव डिवाइस) मिला है। बिना किसी हिचकिचाहट के गिल ने अपने जवानों को तैनात होने का निर्देश दिया और अपने रास्ते पर चले गए।

आते ही उन्होंने तुरंत जे.सी.ओ. (जूनियर कमीशंड ऑफिसर) से जानकारी माँगी। जे.सी.ओ. ने उन्हें बताया कि एक ग्रामीण ने उन्हें लगाए गए आई.ई.डी. के बारे में सचेत किया था। प्रत्यारोपित आई.ई.डी. का सटीक स्थान अज्ञात था। गिल की टीम भी ड्रिल के अनुसार तैनात हो गई और वाहनों की आवा-जाही रोक दी तथा तीन लोगों की टीम के साथ वे आगे बढ़े। कश्मीर में मिट्टी अविश्वसनीय रूप से उपजाऊ है। कीचड़ के बजाय सड़क के किनारों पर घास ढकी रहती है। अपराधियों ने चावल की फसल के दौरान बड़ी चालाकी से आई.ई.डी. को गाड़कर सड़क के किनारे रख दिया था। तार एक पुलिया की ओर ले जाया गया था, जिसे गिल के जवानों ने खोज लिया था। चावल की फसल और उसके बाद घास की वृद्धि के कारण बिना किसी स्पष्ट संकेत के सबकुछ छिपा हुआ दिखाई दिया। गिल ने जे.सी.ओ. को सड़क पर बने रहने का निर्देश दिया, जबकि उनके साथी और उन्होंने पुलिया के नीचे सावधानीपूर्वक जाँच व निरीक्षण किया। उन्होंने सावधानीपूर्वक पत्थरों को हटाया और किसी भी संदिग्ध वस्तु की गहनता से तलाश की। लंबी घास के बीच छुपी उस श्रमसाध्य खोज के दौरान उनकी नजर एक पुराने रिमोट कंट्रोल पर पड़ी, जैसे अतीत में टी.वी. चालू और बंद करने के लिए इस्तेमाल किया जाता था। सेना में आमतौर पर पाए जाने वाले फायर हुक से लैस होकर उन्होंने खोज जारी रखी। यह हुक लगभग 5-6 फीट लंबे थे और उन्होंने परिश्रमपूर्वक उस क्षेत्र को खोद डाला। एक गैर-तकनीकी अधिकारी के रूप में जिम्मेदारी अब पूरी तरह से गिल के कंधों पर आ गई; और यहाँ तक कि केवल कुछ वर्षों की सेवा वाले युवा इंजीनियर लड़के को भी आई.ई.डी. कार्य-प्रणाली के बारे में कोई जानकारी नहीं

थी। वे आई.ई.डी. के सटीक स्थान और दूरी के बारे में अनिश्चित रहे। टरमैक पर लौटते हुए गिल के साथी ने आगे खोज करने का सुझाव दिया, लेकिन उन्होंने इनकार कर दिया और उसे छिपने का निर्देश दिया। गिल ने पूरी लगन से सड़क के किनारों को डिवाइस के स्थान का संकेत देने वाले किसी भी संकेत को खोजने के लिए उत्सुकता से स्कैन किया। हालाँकि, बिना किसी स्पष्ट सुराग के उन्होंने जमीन की सावधानीपूर्वक जाँच जारी रखी। अचानक उसके ठीक सामने एक आई.ई.डी. विस्फोट हो गया। यह घटना कश्मीर घाटी में दूसरा रिमोट-नियंत्रित आई.ई.डी. हमला था।

इस खोज से पहले थोड़ी दूरी पर चावल की फसल के बाद बची हुई घास का ढेर था। उस पर दो व्यक्ति बैठे थे। गिल ने पहले ही अपने हवलदार मेजर, राजौरी के एक मुसलिम, को दो अन्य सैनिकों के साथ भेज दिया था और उन्हें निर्देश दिया था कि यदि संदिग्ध भागने का प्रयास करें तो उन्हें गोली मार दी जाए। लेकिन कर्मियों को आता देख वे भाग गए।

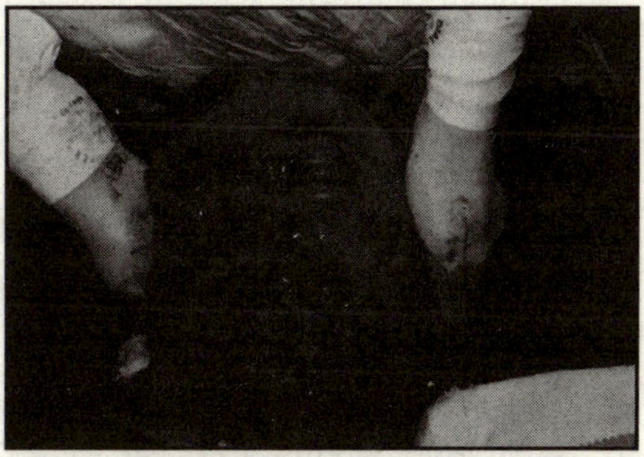

कर्नल गिल, आई.ई.डी. विस्फोट के तुरंत बाद उनके चेहरे पर चोट आई

रिमोट-नियंत्रित डिवाइस से जुड़ी प्रारंभिक घटना एक जनरल के ऑर्डिनेंस डिपो के दौरे के दौरान हुई थी। जैसे ही जनरल को निरीक्षण के लिए ले जाया जा रहा था, आई.ई.डी. में विस्फोट हो गया। लेकिन शुक्र है कि कोई घायल नहीं हुआ। यह विस्फोट गिल के लिए नॉकआउट पंच जैसा था। वह सुनना याद करते हैं, "स्ट्रेचर...स्ट्रेचर।" उन्होंने महसूस किया कि उन्हें स्ट्रेचर पर उठा लिया गया है और स्ट्रेचर को एक टन वजनी ट्रक में धकेल दिया गया है। फिर उन्होंने रेडियो ऑपरेटर को नर्सिंग सहायक से पूछते हुए सुना, "बच जाएँगे?" सहायक ने जवाब दिया, "बच जाना चाहिए।" उन्हें अहसास हुआ कि कुछ गड़बड़ है, जब रेडियो ऑपरेटर ने कहा, "मुख्यालय कह रहा है, इधर लाओ, हेलीकॉप्टर

आ रहा है।" नर्सिंग सहायक ने कहा, "अभी जवाब नहीं देना।" और वे उन्हें श्रीनगर ले गए। पीछे मुड़कर देखने पर गिल को लगता है कि यह उस समय लिया गया सबसे अच्छा निर्णय था। तब उन्हें अहसास हुआ कि उनके साथ कुछ गलत हुआ है। उन्होंने अपने पैर और उँगलियों को हिलाया; वे आगे बढ़ रहे थे। उन्होंने अपने घुटने मोड़े और वे ठीक थे। इसलिए उन्होंने सोचा कि उनके पैर ठीक थे। फिर उन्होंने अपने हाथ चलाए और वे भी ठीक थे। उन्हें आश्चर्य हुआ कि उनके साथ क्या हुआ था? तब उन्हें अहसास हुआ कि वह कुछ गरम थूक रहे थे, जो जाहिर तौर पर खून था। वह इतना बेजान थे कि अपनी आँखें नहीं खोल पा रहे थे।

उन्हें श्रीनगर आर्मी बेस अस्पताल ले जाया गया। रास्ते में जब भी सड़क पर अराजकता या रुकावट होती तो समर्पित टीम तेजी से वाहन से उतर जाती और अन्य वाहनों के आसपास से बलपूर्वक निकल जाती या उनके आसपास से गुजरती, जिससे उनका तुरंत अस्पताल पहुँचना सुनिश्चित हो जाता। ये व्यक्ति सचमुच असाधारण थे। लेकिन रास्ते में गाड़ी खराब हो गई और वे बिना किसी दूसरे वाहन का इंतजार किये बेधड़क गाड़ी को धक्का देने लगे। ऑपरेटर ने तुरंत अगली कंपनी से संपर्क किया और ब्रेकडाउन के कारण तत्काल सहायता का अनुरोध किया। आश्चर्यजनक रूप से, वे भी इतनी तेजी से आ गए, मानो वे पहले से ही पास में हों। एक पल भी बरबाद किए बिना उन्होंने अपने समकक्षों को वाहन खाली करने का निर्देश दिया, स्ट्रेचर में धक्का दिया और श्रीनगर पहुँचने की दौड़ फिर से शुरू कर दी।

इस पूरी प्रक्रिया के दौरान गिल ज्यादातर बेहोश थे। उन्हें होश तभी आया जब उनके चारों ओर हलचल मच गई। अंतिम महत्त्वपूर्ण क्षण तब आया, जब वे जल्दबाजी में श्रीनगर के बेस अस्पताल की सीढ़ियाँ चढ़ गए, जिससे स्ट्रेचर हिल गया, जो एक संकेतक के रूप में काम करता था कि वे अंतत: चिकित्सा सुविधा तक पहुँच गए थे। तभी उन्होंने डॉक्टरों को चिल्लाते हुए सुना, "कपड़े फाड़ दो, ब्लेड दो।" एक रोमांचक क्षण में डॉक्टर टॉर्च लेकर उनके पास आए और पूछा कि क्या गिल को रोशनी का अहसास हो सकता है? गिल को बहुत कुछ समझने में संघर्ष करना पड़ा। अचानक उन्होंने नर्स की आवाज सुनी, "सर,

नब्ज गिर रही है।" और वे शब्द अंतिम ध्वनि के रूप में गूँज उठे, इससे पहले कि उन्हें तेजी से ऑपरेशन थिएटर में ले जाया गया।

जैसा कि उन्हें बाद में पता चला, ऑपरेशन थिएटर के भीतर दो बेहद व्यस्त सर्जन उस सुबह चामत्कारिक रूप से उपलब्ध थे। यदि कोई अन्य जरूरी मामला होता तो उन्हें अधर में लटके रहना पड़ता; जबकि डॉक्टर इस कठिन निर्णय से जूझ रहे थे कि किसे प्राथमिकता दी जाए। लेकिन उस दिन भाग्य ने उनका साथ दिया, क्योंकि ध्यान पूरी तरह से उनकी गंभीर स्थिति पर केंद्रित था। सर्जनों ने कुशलतापूर्वक उनका ऑपरेशन किया और उनका नाजुक अस्तित्व अब उनके सावधानीपूर्वक प्रयासों के परिणाम पर निर्भर था। प्रक्रिया के बाद गिल ने खुद को आई.सी.यू. तक सीमित पाया। धीरे-धीरे चेतना लौटने में लगभग 24 घंटे लग गए। उन्होंने एक आवाज सुनी, "गिल⋯गिल, तुम्हारा दायाँ पैर और दायाँ हाथ जाली में बंद हैं। वे जैसे हैं, वैसे ही रहेंगे। आपका जबड़ा टूट गया है और आपके दाँत टूट गए हैं, जिससे आपके मुँह को बाँधना जरूरी हो गया है।" इसके अलावा, उन्होंने गंभीर रूप से खुलासा किया कि दायाँ पैर और दायाँ हाथ काटने की भी संभावना थी। गिल ने स्थिति की गंभीरता को समझते हुए केवल सिर हिलाया।

आई.सी.यू. में उनकी रिकवरी के दौरान अचानक अंदर हंगामा मच गया। कमांडिंग ऑफिसर की ओर निर्देशित अपशब्दों की एक धारा हवा में गूँज उठी। पता चला कि मद्रास बटालियन पर घात लगाकर हमला किया गया था, जिसमें एक जे.सी.ओ. घायल हो गया। जिन सैनिकों ने उन्हें आई.सी.यू. तक पहुँचाया था, उन्होंने उन्हें जीवनदायी रक्त उपलब्ध कराने से बेरहमी से इनकार कर दिया था, जिसकी उन्हें सख्त जरूरत थी। अराजकता के उस क्षण में गिल ने ईश्वर को उसकी दया के लिए हार्दिक धन्यवाद दिया। उनकी अपनी सेना के भीतर की विविधता, नागा, असमिया, उत्तर भारतीय, दक्षिण भारतीय—सभी उनकी भलाई सुनिश्चित करने के लिए एक साथ आए थे। 16 से 18 बोतल बहुमूल्य रक्त उन लोगों द्वारा निस्स्वार्थ रूप से दान किया गया था, जो इस कष्टदायी यात्रा के दौरान आई.सी.यू. के बाहर मजबूती से खड़े थे और उनका तथा उनकी पत्नी का समर्थन कर रहे थे।

अपेक्षा को नियमित रूप से सड़क पार एक अधिकारी के आवास पर फोन आते थे। ज्यादा देर नहीं हुई थी कि उन्हें एक फोन आया, जिसमें बताया गया, "तलवार साहब का फोन आया है।" वह तेजी से आगे बढ़ीं। उनका दिल प्रत्याशा से धड़कने लगा। दूसरी ओर से एक आवाज ने चौंकाने वाली खबर दी, "अपेक्षा, उप्पी घायल हो गया है और चोट गंभीर है। यदि वह जीवित बच गया तो वह स्थायी रूप से अक्षम हो जाएगा।" ये शब्द उन पर वज्रपात की तरह गिरे, जिससे वह अविश्वास की स्थिति में आ गईं।

आवाज ने स्थिति की तात्कालिकता पर जोर देते हुए उनसे तुरंत आने का आग्रह किया। उनकी एकमात्र इच्छा थी कि गिल जीवित रहें, चाहे घायल हों या न हों। दृढ़ संकल्प के साथ वह बिना किसी हिचकिचाहट के उनकी तरफ दौड़ने को तैयार हो गईं। उनका दिमाग खाली हो गया, क्योंकि स्थिति की गंभीरता को भाँपते हुए अधिकारी और महिलाएँ आसपास इकट्ठा होने लगीं। उन्होंने अपने माता-पिता को सूचित किया, विवरण न्यूनतम रखने का चयन करते हुए केवल यह उल्लेख किया कि उनका बेटा अस्वस्थ था। वे उस समय जीरकपुर में थे और जल्दी से उनके साथ रहने के लिए यात्रा पर निकले।

उस रात पूरी रेजीमेंट मौजूद थी, लेकिन सामान्य गर्मजोशी और सौहार्द बिल्कुल नदारद था। ऐसा प्रतीत होता है कि वे घायल अधिकारी या अपेक्षा के प्रति चिंता व्यक्त करने के बजाय पूरी तरह से अपने कर्तव्य पर ध्यान केंद्रित कर रहे थे। उन्हें बताया गया कि उन्हें ले जाने के लिए कोई वाहन उपलब्ध नहीं है; लेकिन उन्होंने उन्हें आश्वासन दिया कि उनके पास अपनी कार है और वह इसका उपयोग करेंगी। उन्होंने उनकी नसों को शांत करने में मदद करने के लिए उन्हें शामक दवाएँ दीं।

अपनी माँ को घर पर छोड़कर वह अपने पिता (एक पुलिस अधिकारी और एक जाट सिख) और सास के साथ चली गईं। वे अधिकारियों की मेस में पहुँचे, जहाँ अखबार बिखरे हुए थे, जिसमें यह दुःखद खबर सामने आ रही थी कि एक अधिकारी की जान चली गई और 12 लोग घायल हो गए। उस पल अपेक्षा के दिल में एक डूबती हुई भावना घर कर गई और उन्हें सबसे बुरी आशंका हुई कि शायद वह नहीं रहे।

"उस दिन करवा चौथ था। जैसे ही हम जम्मू में मेस में तरोताजा होने के लिए पहुँचे, मैं बाथरूम में गई। तभी अचानक मेरी दो चूड़ियाँ टूट गईं, केवल दो ही बचीं। मैं इसे एक अपशकुन के रूप में समझने से खुद को नहीं रोक सकी—एक संकेत कि मैं उनसे नहीं मिलूँगी। मेरे मन में संदेह भर गया। हवाई अड्डे पर कर्नल गिल के एक चचेरे भाई, जो अभी तक इस खबर से अनभिज्ञ थे, मुझसे मिले। उन्होंने पूछा, 'भाभीजी, क्या हो गया? आप यहाँ कैसे आईं?' जवाब में मैंने उन्हें अखबार दिया और जैसे ही उन्होंने मुख्य समाचार पढ़ा, तुरंत अपनी यात्रा रद्द कर दी। उन्हें अपनी रेजीमेंट को रिपोर्ट करना था; लेकिन इसके बजाय उन्होंने उन्हें स्थिति की जानकारी दी और मेरे साथ जाने का फैसला किया।

"कुछ समय बाद उन्होंने मुझसे कहा, 'मैंने अभी एक अधिकारी से बात की, और उन्होंने मुझे आश्वासन दिया है कि गिल जीवित हैं।' हालाँकि, मेरे लिए इस पर विश्वास करना कठिन था। संदेह बना रहा, अनिश्चितता की छाया बनी रही। फिर भी, हम आगे बढ़े और अंतत: श्रीनगर पहुँचे, जहाँ हमें ऑफिसर्स मेस में ठहराया गया। मेस के अंदर मेरी नजर उनके बक्से पर पड़ी, जिसमें उनका सारा सामान था। उलझन में मैं उपस्थित व्यक्तियों में से एक के पास गई और पूछा, 'यह बक्सा यहाँ क्यों है? इसका क्या मतलब है?' उन्होंने जवाब दिया, 'मैम कमरे से लेके आई हैं, क्योंकि साहब अस्पताल में हैं।'"

जब उन्होंने उनका डिब्बा खोला तो देखा कि अंदर मिठाइयों के पैकेट सावधानी से रखे हुए थे। जिज्ञासा बढ़ी। वह गिल के दोस्त के पास पहुँचीं और उन मिठाइयों के बारे में पूछा। उन्होंने बताया कि जब भी साहब (कर्नल गिल) गश्त पर जाते थे तो रास्ते में मिलने वाले बच्चों के बीच बाँटने के लिए ये मिठाइयाँ अपनी जेब में रखते थे। इस हृदयस्पर्शी रहस्योद्घाटन ने उस गमगीन माहौल में सकारात्मकता का स्पर्श जोड़ दिया।

फिर, वे उन्हें अस्पताल ले गए और तभी असली भयावहता सामने आई। 'भयानक' शब्द स्थिति की गंभीरता को पकड़ने में विफल रहता है। यहाँ तक कि डॉक्टरों द्वारा ली गई तसवीर में भी खून की गंध फैली हुई लग रही थी। वह तसवीर गिल की सर्जरी से ठीक पहले ऑपरेटिंग थिएटर में ली गई थी। उनके

चेहरे पर विस्फोट का सबसे अधिक प्रभाव पड़ा, जिससे कुछ भी नुकसान नहीं हुआ। सर्जनों ने उन्हें टाँके लगाए थे, जैसे एक मोची जूते की मरम्मत करता है, क्योंकि क्षति की सीमा का पता लगाने का यही एकमात्र तरीका था। उनकी आँखें अपने कोटरों से बाहर निकल आई थीं और उनकी जगह केवल कच्चा मांस रह गया था।

पुन:प्राप्ति का मार्ग कठिन होगा। उनकी बोलने की क्षमता खत्म हो गई थी, क्योंकि जबड़ा टूट गया था, जीभ का सिरा गायब था, दाँतों का दायाँ हिस्सा खत्म हो गया था और होंठ भी गायब था। उनके होंठों में संवेदना न के बराबर थी और यहाँ तक कि उनके दाएँ गाल की हड्डी में भी फ्रैक्चर हो गया था।

डॉक्टर ने उनसे कहा, "मैम, शुभकामनाएँ।" और जब उन्होंने उनकी बीमारी के बारे में पूछा तो डॉक्टर ने आश्वस्त होकर जवाब दिया, "ठीक हो जाएँगे। वह ठीक हो जाएँगे। हम अगले 24 घंटों तक उनका निरीक्षण करेंगे।" हालाँकि, डॉक्टर ने अफसोस जताया कि उनके दाएँ हाथ, उँगलियों और उससे जुड़ी हर चीज के नुकसान के कारण वह लिखने की क्षमता खो देंगे। जवाब में उन्होंने कहा, "कोई बात नहीं, वह एक लेफ्टी हैं।" ताकत के स्रोत के रूप में उनके बाएँ हाथ पर जोर देते हुए। डॉक्टरों का उत्साह स्पष्ट था, जिससे ऐसी खुशी झलक रही थी, जिसका वर्णन करना मुश्किल है। उस पल उन्हें अहसास हुआ कि ये चिकित्सा पेशेवर केवल अजनबी नहीं थे, बल्कि उनका विस्तृत परिवार थे। उनके आलिंगन ने उनके पति और उनकी चोटों के प्रति उनके गहन समर्पण व जुड़ाव को व्यक्त किया। कर्नल गिल की दाईं आँख चली गई थी।

उस दिन के बाद से अपेक्षा को अपनी मानसिक स्थिति में एक महत्त्वपूर्ण सुधार महसूस हुआ। अस्पताल के कर्मचारियों ने उनके प्रति उल्लेखनीय दया और करुणा का प्रदर्शन किया। यहाँ तक कि रात के समय जब भी वह पूछतीं तो नर्सें उन्हें अपने पति की स्थिति के बारे में नवीनतम जानकारी प्रदान करतीं। वे उन्हें यह कहकर आश्वस्त करती थीं कि वह साँस ले रहे हैं, हालाँकि उनकी खाँसी गंभीर बनी रहती है। इन विवरणों ने उन्हें राहत और आशा की भावना प्रदान की। सभी बाधाओं के बावजूद उन्होंने उन्हें अपने पास बैठने का विशेषाधिकार दिया। यह एक असाधारण भत्ता है, क्योंकि आई.सी.यू. नियम

आमतौर पर मरीजों से ऐसी निकटता पर रोक लगाते हैं। फिर भी, वह उनका हाथ पकड़कर उनके पास बैठती थीं। वह कुछ लिखने का प्रयास करेगा, ऐसा संचार, जिसे केवल वह ही समझ सकती थीं, दूसरों को अँधेरे में छोड़ देती थीं। वह उनका हालचाल पूछते और उनके बेटों के बारे में पूछते। प्रत्येक बीतता दिन एक अनमोल क्षण बन गया, जो उनके लिए खुशी और आशावाद लेकर आया।

पुन:प्राप्ति की यात्रा व्यापक थी, जो छह महीने तक चली। प्रगति के बावजूद बारूदी कणों के निशान उनकी त्वचा के भीतर बने रहे, जो उनके द्वारा सहन की गई परीक्षा की याद दिलाता है। जब भी अपेक्षा अस्पताल आती थीं, लोग उनके पास आते थे और उनसे कहते थे, "मैडम, साब नूँ कुछ नहीं होगा। हमको ऊपर वाले पर पूरा भरोसा है और साब बिल्कुल ठीक हो जाएँगे।"

कर्नल गिल अपने साथियों के दिलों में एक विशेष स्थान रखते थे और यह बात अपेक्षा को तब पता चली, जब कर्नल गिल अस्पताल में भरती थे। हर दिन उन्हें कुछ पैसे मिलते थे। अभिभूत और उत्सुक होकर उन्होंने कर्नल गिल के दोस्त से इस पैसे के स्रोत के बारे में पूछताछ की। विनम्र स्वर में उन्होंने बताया कि कंपनी के लोग छुट्टी पर जाने पर गिल से अतिरिक्त वेतन भुगतान के लिए अनुरोध करेंगे, जो अधिकृत नहीं था। अपार उदारता का प्रदर्शन करते हुए साहब अपनी जेब में हाथ डालेंगे और उन्हें आर्थिक सहायता देंगे। अब यही लोग उनकी निस्स्वार्थता से प्रभावित होकर अपेक्षा को वे पैसे लौटा रहे थे।

गहरी कृतज्ञता और वफादारी के संकेत के रूप में पैसे लौटाने वाले लोगों के इस कृत्य से अपेक्षा की आँखों में आँसू आ गए। यह इस बात का प्रमाण था कि कर्नल गिल ने कर्तव्य की सीमाओं से परे जाकर और परिवार जैसा बंधन बनाकर अपने लोगों पर कितना गहरा प्रभाव डाला था। उस पल में उन्हें उन उल्लेखनीय पुरुषों के लिए प्यार व प्रशंसा महसूस हुई, जो उनके पक्ष में खड़े थे और सबसे हार्दिक और निस्स्वार्थ तरीके से उनके अटूट समर्थन का प्रदर्शन कर रहे थे। वे कहते थे, "साहब ने हमारी बहुत मदद की है और हम साहब के लिए जान देने को भी तैयार हैं।"

उन दिनों वेतन प्रत्येक व्यक्ति के वेतन ग्रेड की अनुमानित गणना के आधार पर वेतन परेड के दौरान नामित अधिकारी द्वारा वितरित किया जाता था।

चूँकि उस समय भुगतान प्रणाली मैनुअल थी और सैनिक मिश्रित बटालियनों से थे, उनके संबंधित रिकॉर्ड कार्यालय त्रैमासिक रूप से अनुपालन विवरण भेजते थे। किए गए किसी भी अतिरिक्त भुगतान की भरपाई भुगतान अधिकारी द्वारा की जानी चाहिए थी। इसलिए गिल अपने क्लर्क से प्रत्येक जवान के त्रैमासिक वेतन विवरण की जाँच करने के लिए कहते और जिसने भी संभवत: अपने वेतन से अधिक वेतन लिया होता, उसके खिलाफ क्रॉस का निशान लगा दिया जाता। एक जवान आमतौर पर 500 से 1,000 रुपए अपने पास रखता है और बाकी राशि अपने परिवार को भेज देता है। हालाँकि, छुट्टी पर जाते समय उन्हें नकदी की आवश्यकता होती है और यदि उनका नाम काट दिया जाता है तो वह उन्हें समर्थन देने के लिए अपने वेतन से भुगतान करेंगे। बेशक, वेतन मिलने पर वे रकम लौटा देंगे। यह पैसा प्रेम में लिपटा हुआ पुनर्भुगतान था!

एक साल बीत जाने के बाद भी विस्फोट के अवशेष अभी भी कर्नल गिल के शरीर को परेशान करते हैं। बम के दो छर्रे—एक उनके पैर में और दूसरा उनकी ठुड्डी के पास धँसा हुआ था—निकाले गए, जो उनके द्वारा सहे गए अपार बल की दर्दनाक याद दिलाने के रूप में काम कर रहे थे। सक्रिय सेवा में उनकी वापसी के बावजूद अधिकारी उनकी चोट से बेखबर थे और उनके साथ ऐसा व्यवहार कर रहे थे, जैसे कि वह शतरंज की बिसात पर महज एक मोहरा हों। उन्होंने विकलांगताओं और रोजगार पर चिकित्सा प्रतिबंधों की परवाह किए बिना उन्हें शारीरिक रूप से स्वस्थ अधिकारियों द्वारा किए जाने वाले कार्यों और कर्तव्यों को निर्दयतापूर्वक सौंपा। अपेक्षा चिंतित और परेशान थीं, उनका दिल लगातार उथल-पुथल में था।

प्रतिकूल परिस्थितियों का सामना करते हुए एक हृदय-विदारक सच्चाई सामने आने लगी—किसी को भी, न तो रेजीमेंट और न ही अधिकारियों ने, वास्तव में उनकी भलाई की परवाह की थी। उनके लिए उनका अस्तित्व ही नहीं था। जब कर्नल गिल दिल्ली के एक अस्पताल में इलाज करा रहे थे तो एक भी अधिकारी ने उनसे मिलने की जहमत नहीं उठाई। एक दंपती, जो हमेशा दूसरों के लिए खड़ा रहता था, उसे छोड़ दिया गया। इस उपेक्षा के बोझ ने उन पर गहरा असर डाला, जिससे उनमें कड़वाहट और नाराजगी की भावना पैदा हो गई।

घृणा एवं गहरी नाराजगी की भावना उनके दिल में बस गई। जो अधिकारी अब लापरवाही से उनके घर में घुस रहे थे, वे ऐसा दिखावा कर रहे थे, मानो कुछ हुआ ही नहीं था। उन्होंने उनके मुँह में एक कड़वा स्वाद छोड़ दिया। यह एक दर्दनाक अनुस्मारक था कि जब उन्हें और उनके परिवार को समर्थन की सबसे अधिक आवश्यकता थी तो इन व्यक्तियों ने खुद को उनसे दूर कर लिया था और उनके संघर्षों से आँखें मूँद ली थीं।

इस परित्याग से मिले घाव गहरे हो गए, उनके भरोसे को धूमिल कर दिया और उनकी आत्मा पर एक अमिट छाप छोड़ दी। कभी जाने-पहचाने चेहरों वाले इन अधिकारियों का दौरा अब खोखला और निष्ठाहीन लग रहा था। गिल परिवार पीछे हटने से खुद को नहीं रोक सका। उनके दिल सुरक्षित थे। वे उन लोगों से सावधान थे, जो उनके सबसे बुरे समय में उनके साथ खड़े होने में विफल रहे थे। अपनी पीड़ा प्रकट करते समय कर्नल गिल की आवाज निराशा व हताशा से काँपती है, "जब मेरे सेकंड-इन-कमांड (2IC) ने मेरा प्रशस्ति-पत्र तैयार किया तो उसे डिवीजन कमांडर द्वारा कमजोर माना गया। बाद में, मेरे ध्यान में लाया गया कि वास्तव में मुझे प्रतिष्ठित 'कीर्ति चक्र' के लिए अनुशंसित किया गया था। हालाँकि, पूरी ईमानदारी से कहें तो संशोधित उद्धरण इतना खराब लिखा गया था कि 'सेना पदक' भी अयोग्य लग रहा था। जब शुरुआत में किसी बहुत बड़े काम के लिए मेरी सिफारिश की गई थी तो कम मान्यता मिलना निराशाजनक था।"

वह अपनी कठिनाई के बीच आशा की एक झलक साझा करते हुए जारी रखते हैं, "सौभाग्य से मेरी पत्नी के चाचा, जो सेना मुख्यालय में तैनात थे, हर दूसरे दिन या जब भी संभव हो, मुझसे मिलने आते थे। जब मैं अस्पताल में था, तब मेरी पत्नी दिल्ली में उनके साथ रहीं। एक दिन उन्होंने सांत्वना के कुछ शब्द कहे और मुझसे कहा कि अगर मुझे सजावट नहीं मिली तो निराश मत होना। उस पल मैंने इसे खारिज करने की ताकत जुटाई, यह सोचकर कि शायद कुछ व्यक्ति अपनी जिम्मेदारियों को पूरा करने में असमर्थ हैं।" कर्नल गिल के शब्दों में मोहभंग और आक्रोश का मिश्रण है, जो उन प्रणालीगत कमियों को उजागर करता है, जो न केवल उनके बलिदान एवं वीरता, बल्कि कई अन्य

लोगों के बलिदान एवं वीरता पर भारी पड़ती हैं। घटनाओं की शृंखला ने उन लोगों की सत्यनिष्ठा पर सवाल खड़े कर दिए, जिन्हें बहादुरों का सम्मान करने की जिम्मेदारी सौंपी गई थी।

सेवानिवृत्ति के बाद भी उन्हें वाजिब बकाया के लिए माँगना और लड़ना पड़ा है। यह सिर्फ उनका मामला नहीं है, बल्कि सभी युद्ध-अक्षम सैनिकों का मामला है।

शुक्र है कि 'डिसेबल्ड वॉर वेटरन्स एसोसिएशन' ने इस मुद्दे को सरकार के सामने उठाया है। यदि समाधान नहीं किया गया तो वे अदालतों का दरवाजा खटखटाएँगे।

इस प्रकार, युद्ध-विकलांग जीवित मृत हैं।

□

अध्याय-8

मेजर डी.पी. सिंह

भारत का पहला ब्लेड रनर

मेजर डी.पी. सिंह

☐ जब मैं अपनी पुस्तक में उन पर एक अध्याय के लिए मेजर डी.पी. सिंह से मिली तो मेरे दिमाग में कई सवाल उठे। पहला सवाल यह था कि क्या यह सच है कि उन्हें अपनी विकलांगता का बकाया पाने के लिए 7 साल तक अदालत में लड़ना पड़ा, और उनका जवाब जोरदार 'हाँ' था। अंतहीन संघर्षों और दिल के दर्द से भरे 4 साल की कठिन अदालती लड़ाई। उनकी कड़ी मेहनत से हासिल की गई जीत को सफल होते देखने के लिए 3 और वर्षों के अथक प्रयास। उन वर्षों का उस पर क्या प्रभाव पड़ा, यह समझ से परे है।

मेजर डी.पी. सिंह एक ऐसे व्यक्ति हैं, जिनकी यात्रा छोटी उम्र से ही अकल्पनीय दुःख से भरी रही। उसके माता-पिता ने उसे उसके दुःखी दादा-दादी के पास छोड़ दिया, जिन्होंने एक के बाद एक अपने दो प्यारे बेटों की विनाशकारी हानि झेली थी; कैंसर की निरंतर पकड़ ने एक को

छीन लिया और दूसरे को भाग्य के क्रूर मोड़ ने छीन लिया।

डी.पी., मात्र 7 साल का लड़का, दु:ख और लालसा की दुनिया में धकेल दिया गया था; उनके माता-पिता का लक्ष्य उनके दु:खी दादा-दादी को सांत्वना और सहयोग प्रदान करना था। उन्हें केंद्रीय विद्यालय, रुड़की में भरती कराया गया, जहाँ उनकी शिक्षा जीवन की कठोर वास्तविकताओं से बचने का एक बहुत जरूरी साधन बन गई। अनुशासन में दृढ़ विश्वास रखने वाले उनके दादा-दादी ने उन्हें एक ऐसे युवा व्यक्ति के रूप में ढाला, जो संरचना और कड़ी मेहनत का मूल्य जानता था। उन्होंने उसकी पढ़ाई पर ध्यान केंद्रित करने के लिए उसे ट्यूशन में दाखिला दिलाया। जैसे-जैसे वह बड़ा हुआ, उसने न केवल लगन से पढ़ाई की, बल्कि घर के कामों में भी हाथ बँटाया और हर सुख-दु:ख में अपने दादा-दादी के साथ खड़ा रहा।

मैराथन के दौरान मेजर डी.पी. सिंह, भारत के पहले ब्लेड रनर

लेकिन उसका दिल हमेशा बेचैन रहता था और अपने माता-पिता के प्यार की गरमाहट के लिए तरस रहा था। वह हर दिन अपनी माँ के पत्र के आने का बेसब्री से इंतजार करता था। लेकिन जैसे-जैसे समय बीतता गया, पत्र कम होते गए। जबकि उसके सहपाठी प्रत्येक स्कूल दिवस के अंत में खुशी-खुशी घर चले जाते थे, उनकी हँसी उसके कानों में गूँजती थी। उसका दिल खुशी पाने के लिए व्यथित हो जाता था।

एक दुर्भाग्यपूर्ण दिन डी.पी. की युवा आत्मा के भीतर एक चिनगारी भड़क उठी। उसने अपने नाना-नानी के सख्त नियमों से दूर अपनी नानी के पास भागने की योजना बनाई। हरियाणा के जगाधरी में उनकी नानी का घर

एक ऐसी जगह थी, जहाँ वह अपनी छुट्टियों में जाना पसंद करते थे। उन्हें वहाँ मिलने वाले असीम प्यार और लाड़-प्यार के साथ-साथ खाने के लिए चीजों की अंतहीन आपूर्ति की सुखद यादें थीं।

उन्होंने खाली जेब और भावनाओं से भरे दिल के साथ पैदल ही अपनी यात्रा शुरू की। वह चले गए, उनकी युवा आत्मा जीवन की कठोर वास्तविकताओं के सामने आत्मसमर्पण करने से इनकार कर रही थी। लेकिन किस्मत ने एक परिचित चेहरे के रूप में हस्तक्षेप किया। उनके दादा के एक परिचित ने युवा यात्री को देखा और उसे खोया हुआ समझकर डी.पी. को उसके दादा-दादी के घर के अभयारण्य में लौटा दिया।

वह उनके जीवन का पहला और महत्त्वपूर्ण यू-टर्न था। जब वह घर लौट रहे थे तो उनका मन अनेक विचारों के बीच डोल रहा था। लेकिन आखिरकार, उन्हें यह अहसास हुआ कि वास्तविकता से भागने से कोई मदद नहीं मिलेगी। उन्हें सर्वशक्तिमान ने जहाँ भी नियत किया था, वहीं रहना था और अपनी योग्यता साबित करने के लिए कड़ी मेहनत करनी थी।

स्कूल जाने के लिए अपनी दैनिक यात्रा के दौरान उनकी आँखों को एक मनोरम दृश्य का सामना करना पड़ा—सैनिक, अपने सैन्य राजचिह्न में सजे हुए, इधर-उधर हलचल करते हुए, अपनी बटालियनों की ओर यात्रा करते हुए। जो दृश्य एक समय साधारण था, उसने धीरे-धीरे उनके हृदय में अग्नि को प्रज्वलित कर दिया। सैनिकों के आसपास के सभी लोग उनका आदर करते थे। उनकी उपस्थिति से प्रभावशाली शिष्टता और अटल आत्मविश्वास उत्पन्न हुआ। यह उस परिवर्तनकारी क्षण में था, जब डी.पी. ने निर्णय लिया—वह उनमें से एक, एक सैन्य अधिकारी बनेंगे।

इसके साथ ही अपने दादा-दादी के सौजन्य से, जिन्होंने उन्हें गुरुद्वारा साहिब से जोड़ा, उन्हें शांत हॉल में सांत्वना मिली। एक ऐसी जगह, जहाँ उनकी आत्मा गहन शिक्षाओं से गूँजती थी। सेवा, सिख धर्म की नींव, डी.पी. सिंह का मार्गदर्शक सिद्धांत बन गई, जो उनके अस्तित्व के मूल में रची गई। उन्होंने समझा कि सच्ची पूजा गुरुद्वारे की दीवारों से कहीं आगे तक फैली हुई है। इसमें जीवन जीने का एक तरीका, दूसरों की सेवा करने की भक्ति शामिल है। वह

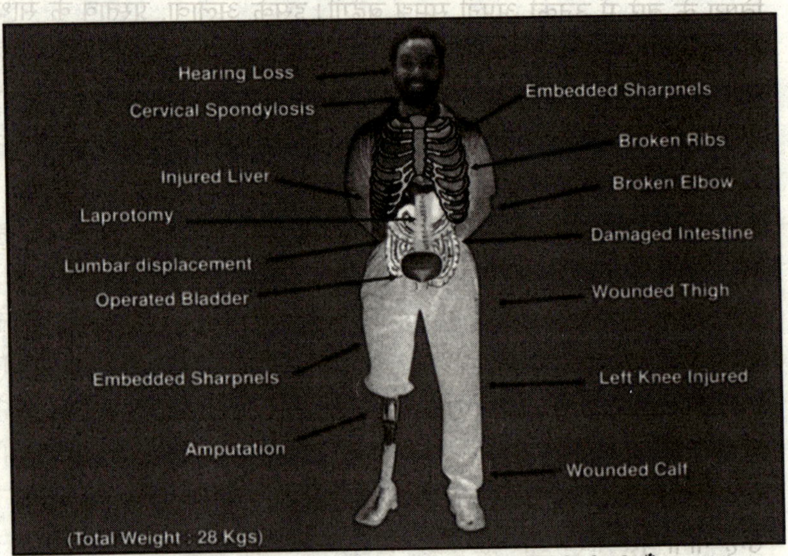

मेजर डी.पी. सिंह के शरीर पर चोटें और चोट संबंधी बीमारियाँ

सेवा का प्रतीक बन गए, करुणा के साथ दूसरों की सहायता करने के लिए समर्पित हो गए। संकट के समय में, चाहे वह दुर्घटना हो या खतरनाक पानी में कोई बच्चा हो, डी.पी. उनकी सहायता के लिए दौड़ने से पहले एक पल के लिए भी नहीं हिचकिचाए। उनकी निस्स्वार्थता ने सीमाओं को पार कर लिया। उनके कार्यों ने रास्ते में अनगिनत जिंदगियाँ बचाईं।

हालाँकि, डी.पी. अपनी पढ़ाई पर संतोषजनक ध्यान नहीं दे रहे थे। ग्यारहवीं कक्षा में फेल होना उनके लिए खतरे की घंटी थी। इसने उनके आत्म-संतुष्टि के भ्रम को तोड़ दिया, जिससे उन्हें अपने ध्यान की कमी और लापरवाह दृष्टिकोण का सामना करने के लिए मजबूर होना पड़ा। अपनी पिछली गलतियों को सुधारने का दृढ़ संकल्प करके उन्होंने निजी ट्यूशन में दाखिला लिया। उनका अंग्रेजी ट्यूटर अविश्वसनीय रूप से सहायक था, जिसने डी.पी. को एक अवसर प्रदान किया, जिससे वह भयभीत भी हुए और उत्सुक भी—उन्होंने स्वयं ट्यूटर की भूमिका निभाई। उनके दिल में जो घबराहट थी, उसे उनके शिक्षक के इस आश्वासन से धीरे-धीरे शांत किया गया कि पढ़ाने से

विषय के बारे में उनकी अपनी समझ बढ़ेगी। इसके अलावा, प्रस्ताव के साथ एक मामूली भुगतान किया गया, जिससे डी.पी. को अपनी बहुचर्चित ताइक्वांडो कक्षाओं को आगे बढ़ाने का साधन मिल गया और यहाँ तक कि अपने दोस्तों को कभी-कभार उपहार देकर आश्चर्यचकित कर दिया। इस नए आत्मविश्वास ने, ईंट-दर-ईंट, उनके आत्मविश्वास की मीनार का निर्माण शुरू कर दिया।

प्रत्येक बीतते दिन के साथ उनका आत्मविश्वास बढ़ता गया, जिससे वह अपने स्कूल की हर पाठ्येतर गतिविधि में आगे बढ़ने के लिए प्रेरित हुए। डी.पी. शरमीले व अंतर्मुखी थे, जिनमें आत्मविश्वास की कमी थी। लेकिन अब उन्होंने कड़ी मेहनत करके अपनी कमियों को दूर करने का प्रयास किया। उनका मानना था कि आत्मविश्वास हासिल करने के लिए दर्शकों का सामना करना सबसे अच्छा तरीका है। इसलिए, उन्होंने ऐसा करने के लिए सभी उपलब्ध विकल्पों का उपयोग किया। भले ही उनके साथी गलती करने पर हँसते थे, लेकिन इसने उन्हें गाना पूरा करने और तालियाँ बटोरने से नहीं रोका। या किसी फैंसी ड्रेस प्रतियोगिता के लिए लड़की बनना और दूसरा स्थान जीतना। भय, जो एक समय एक दुर्जेय शत्रु था, अब उनकी दृढ़ भावना के सामने फीका पड़ गया है। उन्होंने अपनी चुनौतियों पर विजय प्राप्त करते हुए ग्यारहवीं और बारहवीं दोनों कक्षाओं की परीक्षा उत्तीर्ण की, जो उनके अटूट संकल्प का प्रमाण है।

हालाँकि, राष्ट्रीय रक्षा अकादमी में प्रवेश के उनके पोषित लक्ष्य की राह कठिन साबित हुई। प्रवेश परीक्षाएँ एक विकट बाधा के रूप में खड़ी थीं, जो उनकी पकड़ से बाहर थीं, जिससे वह निराश हो गए। इस निराशा के मद्देनजर उनके माता-पिता, भले ही वे अच्छे इरादे वाले थे, ने उनसे अन्य विकल्पों पर विचार करने का आग्रह किया—कॉलेज की शिक्षा या एक सैनिक के रूप में सेना में शामिल होना। फिर भी, डी.पी. की आत्मा एक भारतीय सैन्य अधिकारी के रूप में देश की सेवा करने के अपने दृष्टिकोण के प्रति अटूट प्रतिबद्धता से जल उठी।

अपने माता-पिता के दबाव में उन्होंने एक निजी छात्र के रूप में मेरठ विश्वविद्यालय से स्नातक की पढ़ाई जारी रखी। जैसे ही उन्हें यह महसूस होने लगा कि चीजें अधिक नियंत्रण में हैं, तभी एक और झटके ने उन्हें झकझोर

दिया। जब वह अपनी बी.ए. द्वितीय वर्ष की परीक्षा देने जा रहे थे तो उन्हें अपने पिता की बीमारी–सिजोफ्रेनिया अटैक की खबर मिली। उनकी माँ दिल्ली में अकेली थीं और अपने बच्चों, नौकरी एवं पति की बीमारी को सँभाल रही थीं। उनके पिता को कभी–कभी बिस्तर से बाँध दिया जाता था, एक कमरे के घर में बंद कर दिया जाता था, जिसमें परिवार रहता था। सबसे बड़े बच्चे के रूप में उन्हें लगा कि परीक्षा में बैठने के बजाय अपने पिता की देखभाल करना उनका कर्तव्य है। तभी उनकी माँ उन्हें बचाने आईं। वह नहीं चाहती थीं कि कोई भी चीज उनके बेटे के सपने को पूरा करने से रोके।

आर्थिक तंगी के दमनकारी बोझ ने उनके परिवार पर काली छाया डाल दी। बेरोजगारी के बोझ तले दबे उनके पिता बोतल की गहराइयों में सांत्वना तलाश रहे थे। उनके घर में आय का कोई स्थिर स्रोत नहीं होने के कारण उनकी माँ ने बहादुरी से एक सरकारी अस्पताल में नर्स की भूमिका निभाई। उनकी अल्प कमाई उनके परिवार की बुनियादी जरूरतों को पूरा करने के लिए मुश्किल से पर्याप्त थी, डी.पी. और उनके भाई–बहनों की शिक्षा की तो बात ही छोड़ दें।

प्रतिकूल परिस्थितियों का सामना करते हुए उन्होंने निराशा के सामने झुकने से इनकार कर दिया। अपने परिवार की नाजुक वित्तीय स्थिति पर दबाव को कम करने के लिए दृढ़ संकल्पित होकर उन्होंने बैंकिंग परीक्षा पर ध्यान केंद्रित किया। परिवार की खुशी और राहत के लिए उन्होंने अपने पहले ही प्रयास में लुधियाना में लिपिक का पद हासिल करके जीत हासिल की। अपनी नई भूमिका को अपनाते हुए डी.पी. ने जीवन के इस नए तरीके की धाराओं को आगे बढ़ाया और साथ ही एक पत्राचार पाठ्यक्रम के माध्यम से अपनी शैक्षणिक आकांक्षाओं को आगे बढ़ाया।

इस नाजुक संतुलन कार्य के बीच एक सैन्य अधिकारी की प्रतिष्ठित वरदी पहनने का उनका सपना अभी भी उज्ज्वल था। पिछली असफलताओं से विचलित हुए बिना उन्होंने संयुक्त रक्षा सेवा (सी.डी.एस.) परीक्षा की तैयारी के लिए फिर से कठिन रास्ते पर चलने का संकल्प लिया। हालाँकि, असफलता का कड़वा दंश फिर से महसूस हुआ, जब वह भारतीय सैन्य अकादमी (आई.

एम.ए.) की प्रवेश परीक्षा में कुछ अंकों से कम रह गए; एक ऐसा अवसर, जो सेना के सम्मानित रैंकों में उनके प्रवेश द्वार के रूप में काम कर सकता था। उन्होंने एक बार और प्रयास करने का फैसला किया और बहुत मेहनत की।

और इस बार उनका समर्पण रंग लाया। जिस किसी ने भी उन्हें कड़ी मेहनत करते देखा था, वह उनकी सफलता पर रोमांचित था। डी.पी. अपने सपनों के शिखर पर खड़े थे, एस.एस.बी. परीक्षण अंतिम सीमा के रूप में काम कर रहे थे। उनके लिए प्रत्येक दिन अपनी योग्यता साबित करने का एक नया परीक्षण और अवसर लेकर आया। परीक्षण पाँच दिनों तक चले, जिसमें विभिन्न प्रकार के मूल्यांकन शामिल थे—मनोवैज्ञानिक मूल्यांकन, व्यावहारिक परीक्षाएँ, समूह कार्य और सभी महत्त्वपूर्ण साक्षात्कार। डी.पी. परीक्षण पास नहीं कर सके। यह एक महत्त्वपूर्ण क्षण था, जब उनकी असफलताओं का बोझ बहुत बढ़ गया था, जिससे उनके मन पर निराशा व हताशा हावी रही थी।

डी.पी. के समूह के लोगों ने करुणा और सहानुभूति से प्रेरित होकर उन्हें एक फिल्म में शामिल होने के लिए मनाने का प्रयास किया, उनसे दृढ़ रहने और फिर से प्रयास करने का आग्रह किया। उनके शब्दों में आशा की झलक थी, एक सौम्य अनुस्मारक था कि असफलताएँ सफलता की राह पर कदम बढ़ाने वाली थीं। उन्होंने 'दिलवाले दुलहनिया ले जाएँगे' को अपने सिनेमाई आश्रय के रूप में चुना, इस बात से अनभिज्ञ कि उस अँधेरे थिएटर की गहराई में बैठे डी.पी. आँसुओं के परदे के माध्यम से पूरी फिल्म देखने वाले एकमात्र दर्शक होंगे।

छह महीने के बाद उन्होंने सी.डी.एस. परीक्षा में एक और प्रयास किया और उसे पास कर लिया; लेकिन जब एस.एस.बी. परीक्षणों की बात आई तो वह बहुत घबरा गए। उन्होंने 'भगवद्गीता' में जो कहा है, उसका पालन करने का निर्णय लिया—

"अपना सर्वश्रेष्ठ दें और परिणामों की चिंता न करें।"

अपने एस.एस.बी. परीक्षणों के पाँच दिनों के दौरान उन्होंने अनगिनत बार खुद से यह मंत्र दोहराया। और आखिरकार, उन्होंने एस.एस.बी. परीक्षा पास कर ली—उनका सपना सच हो रहा था। उन्होंने अकादमी में अपना सर्वश्रेष्ठ

दिया और इसे अपने जीवन का सबसे अच्छा अनुभव बताया, भले ही इसमें शारीरिक और मानसिक रूप से थका देने वाले सत्र शामिल थे। अकादमी में शामिल होने के 18 महीने बाद डी.पी. सिंह ने दूसरे लेफ्टिनेंट अधिकारी के रूप में स्नातक की उपाधि प्राप्त की। उन्हें 6 दिसंबर, 1997 को हैदराबाद में डोगरा रेजीमेंट की 7वीं बटालियन में शामिल होने के लिए नियुक्त किया गया था।

एक बार जब किसी को इन्फैंट्री ऑफिसर के रूप में नियुक्त किया जाता है तो सेवा की बारीकियों से परिचित होने और रेजीमेंट के बारे में जानने के लिए महू में युवा अधिकारी पाठ्यक्रम में भाग लेना अनिवार्य होता है। यह 40 दिनों का एक कठिन बूट कैंप था, जिसने सैनिकों को युद्ध के दौरान प्रतिकूल परिस्थितियों के लिए तैयार किया। प्रत्येक गतिविधि की संकल्पना मानवीय सहन-शक्ति की सीमाओं को पार करके सैनिकों को शारीरिक व मानसिक रूप से मजबूत बनाने के उद्देश्य से की गई थी। इसकी तुलना में आई.एम.ए. में दिया गया प्रशिक्षण आसान लग रहा था।

यहीं पर उन्हें अपने बाएँ घुटने में कुछ समस्या नजर आई। वर्ष 1999 की शुरुआत में वह नियंत्रण रेखा (एल.ओ.सी.) से कुछ किलोमीटर की दूरी पर पल्लनवाला में तैनात थे। उन्हें और उनकी टीम को 740 किलोमीटर लंबी एल.ओ.सी. की सुरक्षा करनी थी। लेकिन इस पोस्टिंग पर जाने से पहले उन्होंने एक डॉक्टर के पास जाने और अपने घुटने की जाँच कराने का फैसला किया। सैन्य अस्पताल के डॉक्टर ने आनन-फानन में चेकअप किया और उन्हें फिट घोषित कर दिया। लेकिन डी.पी. सिंह को महसूस हो रहा था कि उनके घुटने में कुछ गड़बड़ है; इसलिए, उन्होंने मुंबई में एक निजी डॉक्टर से परामर्श लेने का फैसला किया। डॉक्टर ने उन्हें बताया कि उनका घुटना बहुत कमजोर है (तायक्वांडो का अभ्यास करते समय उन्हें चोट लग गई थी)। एम.आर.आई. से पता चला कि उनके बाएँ घुटने के स्नायुबंधन और मेनिस्कस खराब स्थिति में थे। नैदानिक मूल्यांकन और एम.आर.आई. रिपोर्ट के आधार पर खुले घुटने की सर्जरी सबसे अच्छा विकल्प था।

हालाँकि, उन्होंने इस सलाह को नजरअंदाज कर दिया, क्योंकि यह कोर्स इन्फैंट्री ऑफिसर्स के लिए अनिवार्य था। पूरे बैकपैक के साथ 30 कि.मी. की

अपनी आखिरी लंबी दूरी की दौड़ में उनके बाएँ कंधे की मांसपेशियों में खिंचाव आ गया और शुरू करने के 2 कि.मी. के भीतर उनके बाएँ पैर के नीचे एक कंकड़ आने के कारण उनका घुटना टूट गया। लेकिन वह नहीं रुके। उन्होंने शेष 28 कि.मी. अपनी दृढ़ इच्छा-शक्ति के दम पर दौड़ लगाई। शुरुआती 5 कि.मी. के तुरंत बाद उनके शरीर का बायाँ हिस्सा सुन्न हो गया था। लेकिन ऐसा लग रहा था, जैसे वह ऑटो-मोड में थे और अपनी निर्धारित गति से चलते रहे। वह उनके जीवन का एक यादगार दिन था और 'मन जीत, जग जीत' का पालन करके अपने दर्द पर जीत हासिल करने का एक और सफल प्रयास था।

बाद में, उन्हें सर्जरी और दो महीने के आराम की आवश्यकता पड़ी। जब वह स्वास्थ्य-लाभ कर रहे थे तो उन्होंने घुसपैठियों के बारे में खबर सुनी, जिन्होंने गोला-बारूद डिपो को निशाना बनाया था। इसकी जाँच के लिए सेना के 6 जवानों का एक गश्ती दल भेजा गया, लेकिन वे कभी वापस नहीं आए। उनमें से एक थे कैप्टन सौरभ कालिया। युद्ध के कारण डी.पी. को वापस बुला लिया गया था और पल्लनवाला में उनका क्षेत्र काररवाई के घेरे में था।

दुश्मन की चौकी 100 मीटर से भी कम दूरी पर होने के कारण उनकी टीम लगातार खतरे के क्षेत्र में थी। पाकिस्तानी सेना की लगातार गोलीबारी ने यूनिट को तनाव में डाल दिया था। दोनों तरफ से गोलियाँ एवं गोले दागे जा रहे थे और एल.ओ.सी. के दोनों ओर के सैनिक आमने-सामने की लड़ाई में लगे हुए थे। देखते-ही-देखते यह एक पूर्ण युद्ध में बदल गया।

चूँकि पाकिस्तान ने चोटियों पर कब्जा कर लिया था, इसलिए उन्हें ऊँची चौकियों से हमला करने का लाभ मिल रहा था और भारतीय सेना के लिए पहाड़ी इलाकों में तोपखाने व गोला-बारूद ले जाना एक चुनौती थी। धीरे-धीरे भारतीय सेना ने प्रमुख चोटियों पर कब्जा करना शुरू कर दिया और जीत की ओर आगे बढ़ने लगी। हमारे सुरक्षा बलों की जवाबी काररवाई से घबराए पाकिस्तान ने बाहरी मदद माँगी, लेकिन उसे मुँह की खानी पड़ी। बढ़ते अंतरराष्ट्रीय दबाव और सामने खड़ी अपमानजनक हार के बाद पाकिस्तान ने धीरे-धीरे अपने सैनिकों को वापस बुलाना शुरू कर दिया। सफल ऑपरेशन के परिणामस्वरूप जुलाई के मध्य तक बमबारी में कमी आई।

उनकी स्मृति में गहराई से अंकित एक ऐसा क्षण मौजूद है, जो उन्हें लगातार परेशान करता है—दुश्मन की चौकी से महज 80 मीटर की दूरी पर उनकी यूनिट की कठोर स्मृति, एक भयानक सन्नाटे में डूबी हुई, जो 48 दर्दनाक घंटों तक फैली रही। इस बेचैन करने वाली शांति के बीच मेजर डी.पी. सिंह ने हिंसा का एक ऐसा क्षण देखा, जिसने उनके जीवन को हमेशा के लिए बदल दिया। भाग्य के एक क्रूर मोड़ में दुश्मन के एक गोले का निशान उनसे मात्र डेढ़ मीटर की दूरी पर पाया गया—एक करीबी कॉल, जो आसानी से उसकी जान ले सकती थी। वह बुरी तरह घायल हो गए। जब वह युद्ध के मैदान में खून से लथपथ घायल होकर पड़े थे और उनकी जिंदगी घंटे के चश्मे में छिपी रेत की तरह उनकी पकड़ से फिसले जा रही थी, यह उनके साथियों (जवानों, अधिकारियों और 7 डोगरा के आर.एम.ओ.) की निस्स्वार्थ वीरता थी, जिसने उनके भीतर एक टिमटिमाती आशा जगाई।

उनके साहसी कार्य ने उन्हें एक जीवन-रेखा दी, उन्हें गुमनामी के चंगुल से छीन लिया और सुरक्षा के अभयारण्य में ले आया। जिन अनगिनत व्यक्तियों ने उनके जीवन की नाजुक डोर को बचाए रखने के लिए अथक परिश्रम किया, उन पर उनका ऐसा कर्ज है, जिसे कभी भी पूरी तरह से नहीं चुकाया जा सकता। उनके सीने में गूँजने वाली प्रत्येक दिल की धड़कन अब कृतज्ञता से गूँजती है, जो उन लोगों के लिए एक गंभीर श्रद्धांजलि है, जो युद्ध की अराजकता के बीच शक्ति के अटूट स्तंभ के रूप में खड़े थे।

उन्हें नजदीकी अस्पताल पहुँचने में दो घंटे से ज्यादा का समय लग गया। मामले को और भी बदतर बनाने के लिए उन्हें रास्ते में कार्डियक अरेस्ट हुआ। जब सर्जन ने उन्हें रिसीव किया तो उसे लगा कि अत्यधिक खून बह जाने के कारण डी.पी. बेजान हो गए हैं। यह सौभाग्य की बात थी कि एनेस्थीसियोलॉजिस्ट कर्नल राजिंदर सिंह वहाँ मौजूद थे। उन्होंने डी.पी. को मौत के चंगुल से बाहर निकालने के लिए हस्तक्षेप किया, क्योंकि सर्जन ने उन्हें मृत मान लिया था और उनके शरीर को मुर्दाघर में स्थानांतरित करने के निर्देश दे दिए थे।

वह याद करते हैं, "यहाँ तक कि मौत के सामने भी मुझे कभी ऐसा नहीं

लगा कि मैं हार मान रहा हूँ। मेरा दृढ़ विश्वास है कि जिस क्षण कोई व्यक्ति हार मान लेता है, वह अनिवार्य रूप से मर जाता है। यह वह रास्ता था, जिस पर चलने के लिए भगवान् ने मुझे दिया था और मैं इस पर चलने के लिए दृढ़ था। जब मेरे गैंगरीन से पीड़ित पैर की खबर मुझे दी गई तो मैं आसानी से उम्मीद छोड़ सकता था। लेकिन इसके बजाय, मैंने इसे एक चुनौती के रूप में देखा। मैं वास्तव में भाग्यशाली था कि मैं छोटे-बड़े 73 टुकड़ों के साथ जिंदा बच गया, जो मेरे शरीर के विभिन्न हिस्सों में घुस गए थे, जिससे भारी खून बह गया था।"

पुन:प्राप्ति का मार्ग लंबा व कठिन था। लेकिन डी.पी. सिंह ने खुद को अविश्वसनीय रूप से भाग्यशाली और आभारी महसूस किया। वह बताते हैं, "मुझे ऊधमपुर के कमांड हॉस्पिटल में स्थानांतरित कर दिया गया, जहाँ मुझे अंग-विच्छेदन की संभावना के बारे में बताया गया। मेरी आँत गंभीर रूप से क्षतिग्रस्त हो गई थी और मेरे शरीर ने पानी सहित किसी भी प्रकार के सेवन को अस्वीकार कर दिया था। क्षति की पूर्ति के लिए IV के माध्यम से प्रोटीन दिया गया। उन दिनों कई अच्छे लोगों ने मेरी मदद की—सैनिकों, डॉक्टरों, नर्सों, वार्ड बॉय आदि ने। मैं कभी भी उनके एहसान को चुका नहीं सकता। मैं इस बात के लिए भी आभारी हूँ कि मेरे ठीक होने की अवधि के दौरान मेरे दोस्त और सहपाठी नियमित रूप से मुझसे मिलने आते रहे।"

26 जुलाई, 1999 को भारतीय सेना ने सभी घुसपैठियों को प्रभावी ढंग से बाहर निकालकर 'ऑपरेशन विजय' की सफल परिणति की घोषणा की। हालाँकि, यह जीत भारी कीमत के बिना नहीं थी। राष्ट्र ने 500 से अधिक बहादुर सैनिकों की मृत्यु पर शोक व्यक्त किया, जिन्होंने सर्वोच्च बलिदान दिया था। डी.पी. सिंह को भावनाओं का गहरा मिश्रण महसूस हुआ—दर्द, कराह और गुस्सा। नुकसान की भयावहता का उन पर भारी असर पड़ा और उन्हें इस तथ्य से उबरने में काफी समय लगा कि उन्होंने अपने कई भाइयों को खो दिया है।

उनकी यात्रा तब कठिन हो गई, जब उन्हें आगे के इलाज के लिए दिल्ली के सैन्य अस्पताल में स्थानांतरित कर दिया गया। उनकी आँत को पहुँचाई गई क्षति एक खतरनाक संक्रमण में बदल गई थी, जिसके लिए सर्जिकल हस्तक्षेप

की आवश्यकता पड़ी, जिसमें उनकी आँत के एक हिस्से को हटाना शामिल था। चामत्कारिक रूप से वह तेजी से ठीक हो गए। फिर आगे उन्हें पुणे ले जाया गया, जहाँ उन्हें कृत्रिम पैर प्राप्त करने के परिवर्तनकारी अनुभव से गुजरना पड़ा।

खुशी से अभिभूत होकर वह अब बैसाखी पर निर्भर हुए बिना दुनिया का भ्रमण कर सकते थे। ऐसा लग रहा था कि उनके लिए अच्छे दिन आ रहे हैं। विवाह ने उनके जीवन को खुशनुमा बना दिया और नई आशा के साथ वह सेना में लौट आए। हालाँकि, इस बार उनकी भूमिका सेना आयुध कोर में डेस्क जॉब तक सीमित कर दी गई। एक बैंक क्लर्क के रूप में उनके शुरुआती दिनों की याद दिलाते हुए इस बदलाव ने इस बात का कड़वा अहसास सामने ला दिया कि वह अपने पहले के सक्रिय जीवन की जीवंतता के लिए कितने तरसते थे। फिर भी, सेना से जुड़े रहने की सांत्वना ने उन्हें कुछ राहत दी। उनके बेटे का आगमन, जो उनके जीवन में एक आशीर्वाद था, ने उनके हृदय को प्रसन्नता से भर दिया होगा। लेकिन सतह के नीचे असंतोष, क्रोध और हताशा की भावना बनी हुई थी, जिसने उन्हें जकड़ लिया था।

उन्होंने खुद को भावनाओं की एक जटिल उलझन से जूझते हुए पाया। वे अपनी उथल-पुथल की गहराइयों को व्यक्त करने के लिए संघर्ष कर रहे थे। वह चाहते थे कि दूसरे उनकी आंतरिक लड़ाइयों को समझें, तब भी, जब वह खुद उनकी पूरी भयावहता को समझने के लिए जूझ रहे थे। इस आंतरिक संघर्ष ने उनके पारिवारिक जीवन पर नकारात्मक असर डाला, जिसके कारण उनकी पत्नी को छोड़ना पड़ा। उनका विवाह टूटने से उन्हें गहरा आघात पहुँचा और वे अकेलेपन एवं निराशा के आगोश में डूब गए। लेकिन उन्होंने अपने जीवन के तरीके को अपनी परिस्थितियों की बेड़ियों के सामने आत्मसमर्पण करने से इनकार कर दिया। उन्होंने विभिन्न गतिविधियों के माध्यम से सांत्वना एवं पूर्णता की तलाश करते हुए आत्म-खोज की यात्रा शुरू करने का संकल्प लिया। रास्ता कठिन था, यहाँ तक कि चलने का सबसे सरल कार्य भी एक कठिन संघर्ष बन गया था।

उनके अनुभवों ने उनकी आत्मा पर एक अमिट छाप छोड़ी थी और

उन्होंने खुद को अभिघात के बाद के तनाव विकार से जूझते हुए पाया, जिसके लिए दो साल की अवधि के भीतर दो अलग-अलग अवसरों पर मनोचिकित्सक से उपचार की आवश्यकता पड़ी। हालाँकि, इन हस्तक्षेपों से अस्थायी राहत मिली, लेकिन यह राहत अल्पकालिक थी। अनिवार्य रूप से, उनकी स्थिति के कारण, उन्हें चिकित्सकीय रूप से सेना से छुट्टी दे दी गई। लेकिन उस निराशा में उन्होंने अपने भीतर उस लचीलेपन की खोज की, जो अपने युवा बेटे के लिए एकल माता-पिता होने की गहरी जिम्मेदारी से प्रेरित था। अपने भय और आशंकाओं को खारिज करते हुए उन्होंने बैंकिंग के परिचित क्षेत्र में नौकरी कर ली।

उन्होंने खुद को 'मन जीते जग जीत' के दर्शन की याद दिलाई और आंतरिक रूप से मजबूत बनने तथा वास्तविकता को नजरअंदाज नहीं, बल्कि सामना करने और स्वीकार करके अपनी चुनौतियों से ऊपर उठने के लिए आध्यात्मिकता का सहारा लिया। वर्ष 2009 में उन्होंने दिल्ली हाफ मैराथन में भाग लेकर एक यादगार यात्रा शुरू की। हालाँकि, उनका कृत्रिम पैर दौड़ने के लिए उपयुक्त नहीं था, लेकिन ऐसी तकनीकी का उन पर कोई प्रभाव नहीं था। यह महज कार्य-कुशलता या उपलब्धि की उपलब्धि नहीं थी। यह उनके अटूट दृढ़ संकल्प का प्रमाण था।

मेजर सिंह बताते हैं, "वर्षों से मेरे मन और शरीर ने मेरी सीमाओं के आसपास काम करने के वैकल्पिक तरीके खोजे हैं। अब, मैं किसी अन्य की तरह सामान्य रूप से चल सकता हूँ और मेरी चाल भी उतनी ही मजबूत है। मुझे उस मुकाम तक पहुँचने में 10 साल लग गए, जहाँ मैं फिर से दौड़ना शुरू कर सकूँ। उस दौरान मैं अकसर प्रसिद्ध भारतीय फिल्म 'शोले' के संवाद सुनता था (यह अस्पताल में मेरे आई.सी.यू. के दिनों के दौरान की बात है)। विशेष रूप से गब्बर सिंह की प्रसिद्ध पंक्ति—'जो डर गया, समझो मर गया।' (जो डरता है, वह मृत के समान है) मेरा मनोबल बढ़ाती और मुझे आगे बढ़ने के लिए प्रेरित करती। जो बात मेरे जीवित रहने को और भी उल्लेखनीय बनाती है, वह यह तथ्य है कि मेरी रगों में जो खून बह रहा है, वह हमारे देश के नागरिकों का है। मुझे नहीं पता कि मेरी जान बचाने के लिए कितने लोगों ने रक्तदान किया;

लेकिन मैं उनकी निस्स्वार्थता और उदारता के लिए सदैव आभारी हूँ।

"बैसाखी के सहारे चलना दोबारा सीखना आसान नहीं था और भावनाओं के बवंडर के साथ कृत्रिम पैर एक कठिन काम साबित हुआ। हर कदम उस यात्रा की याद दिलाता था, जो मैंने शुरू की थी। दृढ़ निश्चय के साथ, मुझे पता चला कि मैं अपने दूसरे पैर पर चढ़कर और कृत्रिम अंग को खींचकर दुनिया का भ्रमण कर सकता हूँ। यह छोटी सी जीत मेरे जीवन में एक नए अध्याय—दौड़ने का अध्याय—के लिए उत्प्रेरक बन गई।

"अपने कृत्रिम ब्लेड के साथ दौड़ना वास्तव में एक उत्साहजनक अनुभव था, जो उत्साह और पीड़ा के मिश्रण से भरा हुआ था। मेरे द्वारा उठाए गए प्रत्येक कदम से मेरे कूल्हे से लेकर मेरे सिर तक सदमे की लहरें गूँजने लगीं। लगातार प्रभाव ने मुझे पस्त और घायल कर दिया। मेरे स्टंप से त्वचा के टुकड़े फट गए, जो मेरे जुनून के लिए मेरे द्वारा किए गए बलिदानों को दरशाते हैं। दर्द और परेशानी के बावजूद मैं दृढ़ रहा, उद्देश्य की अटूट भावना से आगे बढ़ा। दौड़ने के अलावा मुझे अपने विश्वास की शिक्षाओं में भी सांत्वना मिली। दूसरों की सेवा करने और निस्स्वार्थ जीवन जीने के सिख दर्शन ने मुझे स्वयंसेवा करने तथा अपने समुदाय को कुछ वापस देने के लिए प्रेरित किया।

"जैसे-जैसे समय बीतता गया, मैं अपनी विकलांगता को एक बाधा के बजाय एक उपहार के रूप में देखने लगा। इसने मुझे जीवन के प्रति एक अनोखा दृष्टिकोण दिया और इसने मुझे सिखाया कि कभी भी किसी भी चीज को हलके में न लें। मैंने सीखा कि विपरीत परिस्थितियों में भी अपने जुनून को आगे बढ़ाने और दूसरों की सेवा करके खुशी व संतुष्टि पाना संभव है। अपनी यात्रा को याद करते हुए मैं उन चुनौतियों के लिए आभारी हूँ, जिनका मैंने सामना किया है; क्योंकि उन्होंने मुझे मजबूत और अधिक लचीला बनाया है। एक संत और एक सैनिक होने के साथ-साथ स्वयं के द्वंद्व को समझने के रहस्योद्घाटन ने मुझे अपने डर का सामना करने और अपनी सीमाओं पर काबू पाने की शांति एवं साहस दिया है तथा मैं इस भावना को हमेशा अपने साथ रखूँगा।"

चार हाफ मैराथन पूरी करने के बाद मेजर सिंह ने जीवन के प्रति अपने

सकारात्मक दृष्टिकोण को समान चुनौतियों का सामना कर रहे अन्य लोगों के साथ साझा करने का फैसला किया। उन्होंने महसूस किया कि भारत में विकलांगों को प्रोस्थेटिक्स और संबंधित सहायता की स्थिति बहुत अच्छी नहीं थी। बेहतर अंग पाने के लिए उन्हें खुद विदेश जाना पड़ा। इसलिए, उन्होंने महसूस किया कि इस मुद्दे को हल करने का एकमात्र तरीका माँग बढ़ाना होगा, जिससे अधिक विकलांग लोग बेहतर सेवाओं की माँग करेंगे। तभी उन्होंने 'द चैलेंजिंग वन्स' शुरू करने का फैसला किया। इन वर्षों में टी.सी.ओ. ने कई दिव्यांगों को 'मन जीते ज़ग जीत' दर्शन के बारे में बताकर उन्हें सशक्त बनाया।

शारीरिक चुनौतियों पर समूह के दृष्टिकोण को प्रतिबिंबित करने के लिए 'द चैलेंजिंग ओंस' नाम जान-बूझकर चुना गया था—शारीरिक रूप से अक्षम होने के बावजूद टी.सी.ओ. के सदस्य खुद को चुनौती दिए जाने के बजाय चुनौती देने वाले के रूप में देखते हैं। टी.सी.ओ. के सदस्य अपनी विकलांगताओं के बावजूद सक्षम व्यक्तियों के बराबर आने और कभी-कभी उनसे आगे निकलने के लिए असाधारण प्रयास करते हैं।

संक्षेप में, टी.सी.ओ. विकलांगों के लिए एक सहायता समूह था, जिसकी स्थापना एक ऐसे व्यक्ति द्वारा की गई थी, जिसने चार हाफ मैराथन पूरी की थी। समूह का उद्‌देश्य विकलांग व्यक्तियों को शारीरिक उपलब्धि हासिल करने के लिए प्रेरित करना और सक्षम बनाना है, साथ ही साथियों का समर्थन भी प्रदान करना है। टी.सी.ओ. के सदस्यों ने खुद को चुनौती देने वाले के रूप में देखा, जिन्होंने अपनी शारीरिक सीमाओं को पार किया और व्यक्तिगत विकास के अवसरों के रूप में चुनौतियों को स्वीकार किया।

सुबह 5 बजे दौड़ने के लिए मैं 3 बजे उठता हूँ।

उनके प्रमुख सिद्धांतों में से एक केवल वही सलाह साझा करना है, जिसका उन्होंने व्यक्तिगत रूप से पालन किया है या अपने स्वयं के अनुभवों से प्राप्त किया है। प्रामाणिकता के प्रति इस प्रतिबद्धता ने उन्हें अपने दर्शकों से गहरे स्तर पर जुड़ने में मदद की है, जो उनकी ईमानदारी और प्रासंगिक कहानियों

की सराहना करते हैं। चाहे वे किसी शारीरिक, भावनात्मक या परिस्थितिजन्य चुनौती का सामना कर रहे हों, कई लोगों ने उनकी कहानियों में कुछ ऐसा पाया है, जो उनके अपने जीवन से मेल खाता है।

उनका दृढ़ विश्वास है कि उनकी विकलांगता ने मानसिक बाधाओं को तोड़ने में महत्त्वपूर्ण भूमिका निभाई है और उन्हें उम्मीद है कि अन्य लोग उनके उदाहरण का अनुसरण कर सकते हैं। भारी चुनौतियों का सामना करने के बावजूद उन्होंने कभी भी अपनी विकलांगता को अपने ऊपर हावी नहीं होने दिया। इसके बजाय उन्होंने अपनी सीमाओं को स्वीकार किया है और उन्हें ताकत के स्रोत के रूप में इस्तेमाल किया है। उनकी अविश्वसनीय उपलब्धियाँ दुनिया भर के लाखों लोगों के लिए आशा की किरण के रूप में खड़ी हैं और यह दरशाती हैं कि सकारात्मक दृष्टिकोण, अटूट दृढ़ संकल्प एवं कड़ी मेहनत के साथ कुछ भी संभव है।

□

अध्याय-9

नायक दीपचंद प्रख्यात

बाधाओं को तोड़ना

"मैडम, ये हूँ मैं आधे-अधूरे शरीर के साथ। इससे अच्छा तो यह होता कि भगवान् मुझे पूरा उठा लेता। कम-से-कम मेरी फैमिली (पत्नी) को पेट्रोल पंप या गैस एजेंसी और कुछ अच्छे पैसे मिल जाते। अब तो रोज नई जंग लड़नी पड़ती है। महँगाई है, बच्चों की पढ़ाई है, एक छोटी सी पेंशन में कहाँ गुजारा होता है!"

नायक दीपचंद प्रख्यात

जैसे ही दीपचंद प्रख्यात ने अपनी जीवन-यात्रा मेरे साथ साझा करना शुरू की, मेरे भीतर मिश्रित भावनाएँ घूमने लगीं। उनके शब्द मेरे दिल को छू जाते हैं, क्योंकि वे अपने संघर्षों की गहराई और अपने आशावादी मुखौटे के नीचे अदम्य भावना को प्रकट करते हैं। वर्षों से मैंने उनके मृत्यु-निकट अनुभवों, अपने दोनों पैर और एक हाथ खोने के बावजूद उनके लचीलेपन की कहानियाँ सुनी थीं। मैंने उनकी छवि जीवन से भी बड़ी शख्सियत के रूप में बनाई थी—एक

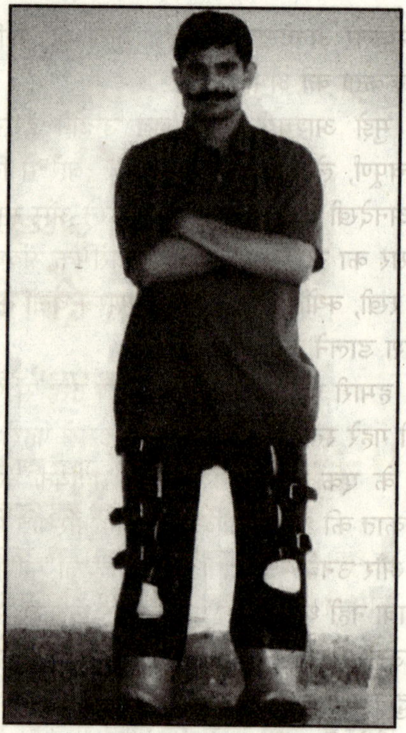

नायक दीपचंद, चोट लगने और अपने दोनों पैर खोने के बाद

ऐसा व्यक्ति, जिसने अपने चेहरे पर मुसकान के साथ सभी बाधाओं को हराया। लेकिन उनके साथ आमने-सामने बैठकर मुझे अहसास हुआ कि उनकी ताकत और कमजोरियों की वास्तविक सीमा को केवल व्यक्तिगत बातचीत के माध्यम से ही समझा जा सकता है।

नायक दीपचंद तक पहुँचने के लिए दृढ़ संकल्पित होकर मैंने एक पत्रकार मित्र से उनके संबंध में जानकारी माँगी। हालाँकि, मेरे प्रयास व्यर्थ साबित हुए, क्योंकि उन्होंने नंबर साझा करने में अनिच्छा व्यक्त की। दीपचंद विभिन्न मीडिया आउटलेट्स और संगठनों द्वारा प्रचार के लिए एक उपकरण के रूप में इस्तेमाल किए जाने से थक गए थे। बिना किसी डर के मैंने एक सैन्य परिचित की ओर रुख किया, यह आशा करते हुए कि सेना के भीतर उसके संबंध उपयोगी साबित होंगे। मुझे खुशी हुई कि वह दीपचंद का संपर्क विवरण हासिल करने में कामयाब रहे।

उत्साह और अनिश्चितता—दोनों से भरकर मैंने एक दिन दीपचंद का नंबर डायल किया। न जाने क्या होने वाला था! जैसे ही फोन की घंटी बजी, मैंने अपने इरादे बताने का सबसे अच्छा तरीका सोचा। जब उन्होंने जवाब दिया तो मैंने अपना परिचय एक सैन्य अधिकारी की पत्नी के रूप में दिया और बताया कि मैंने हाल ही में एक पुस्तक लिखी है, जो सशस्त्र बलों में युद्ध-विधवाओं के संघर्षों पर प्रकाश डालती है। यह एक ऐसा विषय था, जिसे हमारे देश

में अकसर अनदेखा कर दिया जाता था। मीडिया का ध्यान और सार्वजनिक जागरूकता का अभाव था।

मुझे आश्चर्य हुआ, जब उन्होंने हैरानगी जताई कि किसी ने इतने महत्त्वपूर्ण, लेकिन उपेक्षित मुद्दे के बारे में लिखने की पहल की थी। उन्होंने इन अनदेखी चुनौतियों पर चर्चा करने और सार्थक बातचीत में शामिल होने के अवसर का स्वागत किया। इस प्रारंभिक संबंध ने हमारे बीच गहरी समझ की नींव रखी, क्योंकि हम दोनों में सशस्त्र बलों के दायरे में अनकही कहानियों पर प्रकाश डालने का जुनून था।

हमारी पहली मुलाकात अजीब तरह से परिचित लगी, जैसे कि हम पहले से ही गहरे स्तर पर जुड़ चुके हों। इससे पहले हमने फोन पर बात की थी और सेना के एक पारस्परिक मित्र ने सहायता की पेशकश करने के लिए उनसे मुलाकात की थी। हालाँकि, उनकी उपस्थिति में बैठकर मुझे उनके अनुभवों का भार और उनके बलिदानों की भयावहता महसूस हुई। उनका लचीलापन महज दिखावा नहीं था, बल्कि एक सैनिक के रूप में उनकी पहचान का अभिन्न अंग था। उन्हें विपरीत परिस्थितियों में भी मजबूत बने रहना और अपने कमजोर पक्ष को दुनिया से बचाना सिखाया गया था।

जैसे ही उन्होंने अपनी जीवन-कथा सुनानी शुरू की, मुझे अपनी भावनाओं को छुपाने की कोशिश करते हुए संयम बनाए रखने के लिए संघर्ष करना पड़ा। लेकिन मेरी उदासीन उपस्थिति के पीछे मुझे अपने सामने बैठे व्यक्ति के लिए गर्व महसूस हुआ। उनकी आवाज साहस, दृढ़ संकल्प और अटूट देशभक्ति से गूँजती थी। उन्होंने न केवल युद्ध के मैदान में, बल्कि अपने भीतर भी लड़ी गई अनगिनत लड़ाइयों के बारे में बात की। अपने देश के लिए उन्होंने जो बलिदान दिया था, वह उनके शरीर पर अंकित हो गया और ऐसे निशान छोड़ गया, जो शारीरिक घावों से भी गहरे थे।

उनकी कथा में अकल्पनीय चुनौतियों और विजयों से भरे जीवन की एक ज्वलंत तसवीर चित्रित की गई है। उन्होंने अनिश्चितता के क्षणों, नुकसान के दर्द और उस लचीलेपन के बारे में बात की, जिसने उन्हें आगे बढ़ने के लिए प्रेरित किया। उनके शब्दों के माध्यम से मुझे उनके अनुभवों से प्राप्त अपार शक्ति

नायक दीपचंद, सकारात्मकता से भरपूर व्यक्ति, अपनी दैनिक पूजा करते हुए

की झलक मिली। जैसे-जैसे उन्होंने अपनी कहानी साझा करना जारी रखा, मैंने ध्यान से सुना। हर गुजरते पल के साथ उनके प्रति मेरी प्रशंसा बढ़ती गई। उनकी यात्रा केवल जीवित रहने की नहीं थी; यह मानव आत्मा की शक्ति का एक प्रमाण था। उस पल मुझे अहसास हुआ कि उनसे मिलना एक आकस्मिक मुलाकात से कहीं अधिक था। यह मानवीय भावना की शक्ति को देखने और हम में से प्रत्येक के भीतर मौजूद अदम्य इच्छा-शक्ति की याद दिलाने का अवसर था। उनकी कहानी ने मुझे गहराई से छुआ और मेरे मन पर अमिट छाप छोड़ी। उनकी यात्रा एक शक्तिशाली अनुस्मारक के रूप में कार्य करती है कि विपरीत परिस्थितियों में भी आशा कायम रह सकती है और मानवीय भावना सभी बाधाओं से ऊपर उठ सकती है।

नायक दीपचंद प्रख्यात

नायक दीपचंद प्रख्यात की कहानी उस लोकप्रिय गलतफहमी से बहुत दूर है कि उन्होंने कारगिल युद्ध में अपने अंग खो दिए थे। हालाँकि, उन्होंने उस ऐतिहासिक संघर्ष के दौरान बहादुरी से लड़ाई लड़ी। एक सैनिक की पत्नी के रूप में मुझे उनसे जुड़ने की तथा एक ऐसे सैनिक की आंतरिक कार्य-प्रणाली को समझने की गहरी इच्छा महसूस हुई, जो कर्तव्य के दौरान अपाहिज हो जाने के बावजूद दूसरों को आत्म-समर्पण करने के बजाय जीवन में आगे बढ़ने के लिए प्रेरित कर सके। दया और निराशा।

संगठन से उनकी जो अधूरी उम्मीदें थीं, वे उनके दिल पर भारी पड़ गईं। उन्हें सर्वोच्च अधिकारियों द्वारा समर्थन और सहायता का वादा किया गया था, लेकिन वे वादे अधूरे रह गए। यह एक सैनिक और उसके कमांडिंग ऑफिसर (सी.ओ.) के बीच की जटिल गतिशीलता का एक मार्मिक अनुस्मारक था।

सिग्नल रेजीमेंट में एक सी.ओ. की पत्नी के रूप में मैंने पहली बार सैनिकों और उनके वरिष्ठों के बीच के अनूठे रिश्ते को देखा है। यह एक पैतृक बंधन के समान था, जहाँ सैनिक अपने कमांडिंग ऑफिसर पर पूरा भरोसा और विश्वास रखते थे। यह भरोसा इस उम्मीद पर आधारित था कि उनका कमांडिंग ऑफिसर किसी भी समस्या का समाधान कर सकता है, चाहे वह पेशेवर हो या व्यक्तिगत। हालाँकि, मैं समझ गया कि यह अपेक्षा हमेशा यथार्थवादी या व्यावहारिक नहीं थी।

मौलिक अर्थ में, यदि किसी सैनिक से यह उम्मीद की जाती है कि वह गोलियों की बौछार के बीच निडर होकर मार्च करेगा, यह पूरी तरह से जानते हुए कि वह जीवित नहीं लौट सकता है, तो उसके लिए अपनी उम्मीदें रखना स्वाभाविक था। एक सिपाही और उसके कमांडिंग ऑफिसर तथा उनके परिवारों के बीच यह रिश्ता बहुत गहरा था। वे समर्थन, मार्गदर्शन और समझ के लिए एक-दूसरे पर भरोसा करते थे।

जैसे ही मैं नायक दीपचंद के साथ अपनी बातचीत पर विचार करती हूँ, मैं अपने सैनिकों और उनके परिवारों द्वारा प्रदर्शित निस्स्वार्थता एवं समर्पण के लिए नए सिरे से कृतज्ञता की भावना से भर जाती हूँ। उनके बलिदानों को कभी भी हलके में नहीं लिया जाना चाहिए और एक समाज के रूप में यह सुनिश्चित

करना हमारा दायित्व है कि उन्हें वह समर्थन व सहायता मिले, जिसके वे उचित हकदार हैं।

सेना में दीपचंद प्रख्यात की यात्रा उनके गृह नगर हरियाणा के हिसार में शुरू हुई, जो एक बख्तरबंद डिवीजन की उपस्थिति के कारण सेना से निकटता से जुड़ा हुआ शहर था। सेना की टुकड़ियों से घिरे हुए बड़े होने के कारण उनके लिए सशस्त्र बलों में सेवा करने की इच्छा रखना स्वाभाविक था। उन्होंने बुनियादी परीक्षा सफलतापूर्वक उत्तीर्ण की और भारतीय सेना की आर्टिलरी विंग में भरती हो गए।

उनकी ट्रेनिंग महाराष्ट्र के नासिक जिले में स्थित देवलाली में हुई थी। शुरू से ही वे जहाँ भी जाते थे, सकारात्मकता फैलाते हुए, प्रसन्नता और प्रसन्नता का संचार करते थे। एक सैनिक बनने का उनका आजीवन सपना आखिरकार सच हो गया। अटूट समर्पण के साथ उन्होंने कड़ी मेहनत की और लगन से प्रशिक्षण लिया। उन्हें 1889 लाइट रेजीमेंट में भरती किया गया था, जिसे बाद में 1889 मिसाइल रेजीमेंट के रूप में पुनर्गठित किया गया था।

उनकी सेवा के दौरान उनकी यूनिट को कश्मीर में तैनात किया गया था, जिसे उग्रवाद से निपटने का काम सौंपा गया था। अपने साथी सैनिकों के बीच वह अपनी अद्वितीय भाषा-कौशल के लिए खड़े थे। बहुत ही कम समय में वह कश्मीरी भाषा में निष्णात हो गए, जो इस क्षेत्र में खुफिया जानकारी जुटाने के लिए एक महत्त्वपूर्ण आवश्यकता थी। आतंकवादियों के बारे में जानकारी माँगने में स्थानीय आबादी के साथ विश्वास बनाना सर्वोपरि है और उनकी भाषायी क्षमताओं ने इसमें महत्त्वपूर्ण भूमिका निभाई।

दीपचंद की असाधारण क्षमताओं को पहचानते हुए उन्हें आर्मी इंटेलिजेंस यूनिट में शामिल होने के लिए चुना गया था। इस गुप्त कार्य के लिए उन्हें एक ऐसी पहचान मानकर भूमिगत होना पड़ा, जो उजागर होने पर उनके जीवन को खतरे में डाल सकती थी। कश्मीर में गुप्त रूप से काम करने के लिए अत्यधिक मानसिक साहस एवं अटूट आत्मविश्वास की आवश्यकता थी और वह चुनौती के लिए तैयार हुए।

खुफिया जानकारी एकत्र करना एक सावधानी से भरी और समय

साध्य प्रक्रिया है। अतः उन्होंने और उनकी टीम ने आतंकवादियों तथा उनके सहयोगियों की गतिविधियों के बारे में विश्वसनीय जानकारी प्राप्त करने के लिए खुद को समर्पित कर दिया। एक महत्त्वपूर्ण ऑपरेशन दरगन नामक गाँव में हुआ। मूल रूप से एक दिन के कमांडो मिशन के रूप में योजना बनाई गई थी। किंतु दुर्भाग्य से एक स्थानीय महिला ने आतंकवादियों को सतर्क कर दिया। भीषण गोलाबारी शुरू हो गई और घिरे होने के बावजूद दुश्मन की गोलाबारी की तीव्रता ने सीधे संपर्क को रोक दिया। ऑपरेशन रात तक चला, जिसके परिणामस्वरूप दो आतंकवादियों को मार गिराया गया; लेकिन इसकी कीमत एक शहीद हुए साथी और एक घायल अधिकारी को चुकानी पड़ी।

कश्मीर में अपने पूरे कार्यकाल के दौरान नायक दीपचंद ने विभिन्न खुफिया अभियानों में महत्त्वपूर्ण भूमिका निभाई। विश्वसनीय जानकारी इकट्ठा करने में उनकी कुशलता के लिए उनके कमांडरों ने उनकी बहुत सराहना की। उनके पास ऐसे कार्यों के लिए एक स्वाभाविक प्रवृत्ति थी और एक सैनिक के रूप में अपने काम में उन्हें जो अंतर्निहित गर्व महसूस हुआ, उससे उन्हें बहुत संतुष्टि मिली। वह अपने साहस का श्रेय अपनी मराठा विरासत और मराठा योद्धाओं की पौराणिक वीरता में गहरी आस्था को देते हैं।

1889 मिसाइल रेजीमेंट, जिससे वह जुड़े थे, ने सन् 1999 में कारगिल युद्ध के दौरान महत्त्वपूर्ण भूमिका निभाई थी। शुरुआत में इसे स्थानीय आतंकवादी समूहों द्वारा किया गया एक सीमित ऑपरेशन माना गया था, लेकिन जल्द ही यह पाकिस्तान द्वारा आयोजित एक पूर्ण पैमाने के सैन्य संघर्ष में बदल गया, जिसमें नियमित पाकिस्तानी सेना के सैनिक शामिल हैं। धोखे की योजना सावधानीपूर्वक बनाई गई थी और जिन क्षेत्रों में घुसपैठ की गई थी, उन्हें वापस पाने में दो महीने से अधिक का समय लगा और जान-माल का जबरदस्त नुकसान हुआ।

कारगिल युद्ध के दौरान प्रमुख रणनीतिक ऊँचाइयों पर कब्जा करने के लिए इन्फैंट्री यूनिट्स के आगे बढ़ने से पहले आर्टिलरी यूनिट्स ने दुश्मन के लक्ष्यों को नरम करने में महत्त्वपूर्ण भूमिका निभाई। 1889 मिसाइल रेजीमेंट इन ऑपरेशनों के समर्थन में तैनात आर्टिलरी बैटरियों में से एक थी। इस रेजीमेंट

का हिस्सा होने के नाते उन्होंने खुद दुश्मन की तोपखाने की आग को सहन करते हुए दुश्मन के ठिकानों पर गोलाबारी करने में महत्त्वपूर्ण भूमिका निभाई। जैसा कि दीपचंद स्पष्ट रूप से याद करते हैं, दुश्मन की लगातार गोलाबारी का दु:खद अनुभव एक सैनिक के मानस पर एक अमिट छाप छोड़ता है। कश्मीर, जहाँ संघर्ष का केंद्र है, में ऑपरेशन से बचना किसी भी सैनिक के लिए एक जबरदस्त चुनौती है। उन्होंने इन ऑपरेशनों के दौरान कई साथियों के खोने का जिक्र किया और एक उच्च शक्ति की उपस्थिति को स्वीकार किया, जिसने युद्ध की अराजकता और खतरों के बीच उनकी रक्षा की।

कारगिल युद्ध के दौरान दीपचंद के अनुभव विपरीत परिस्थितियों में हमारे सैनिकों द्वारा प्रदर्शित अपार वीरता और धैर्य को उजागर करते हैं। दुश्मन की गोलीबारी को सहते हुए अपने कर्तव्यों को पूरा करने की उनकी क्षमता उनके अटूट समर्पण और लचीलेपन का प्रमाण है। उनकी यादें युद्ध की गहन एवं कठिन प्रकृति की एक झलक प्रदान करती हैं, जहाँ जीवन दाँव पर होता है और परिणाम उनके जैसे व्यक्तियों के साहस व दृढ़ संकल्प पर निर्भर करता है।

दीपचंद के जीवन में घटनाओं ने दिसंबर 2001 में एक दु:खद और नाटकीय मोड़ लिया। एक भयावह घटना तब सामने आई, जब कश्मीरी आतंकवादियों ने दिल्ली में भारतीय संसद् की घेराबंदी शुरू कर दी। इसके बाद हुई गोलीबारी में 12 लोगों की जानें चली गईं, जिनमें 5 आतंकवादी भी शामिल थे। कुछ महीने पहले, अक्तूबर 2001 में, जम्मू व कश्मीर विधानसभा पर एक ऐसा ही आतंकवादी हमला हुआ था, जिसमें 38 लोगों की जानें चली गई थीं। इन हमलों के लिए पाकिस्तान के कब्जे वाले कश्मीर से सक्रिय आतंकवादी समूहों को जिम्मेदार ठहराया गया था।

इन गंभीर खतरों के जवाब में भारत सरकार ने भारतीय सेना की पूर्ण पैमाने पर युद्ध लामबंदी 'ऑपरेशन पराक्रम' का आदेश दिया। संपूर्ण सैन्य तंत्र हाई अलर्ट पर था और किसी भी संभावित आक्रमण के खिलाफ राष्ट्र की रक्षा के लिए तैयार था। दीपचंद उन क्षणों को स्पष्ट रूप से याद करते हैं और उस तात्कालिकता एवं समर्पण की भावना को ताजा करते हैं, जो उस कठिन समय के दौरान हवा में व्याप्त थी।

लामबंदी की अवधि के दौरान दीपचंद की यूनिट बाड़मेर में तैनात थी। 1889 मिसाइल रेजीमेंट को पोखरण में अपने परिचालन स्थल पर तत्काल तैनाती के लिए तैयारी करने का आदेश मिला। रेजीमेंट लगातार हाई अलर्ट की स्थिति में रहती थी, यह जानते हुए कि किसी भी समय काररवाई का आह्वान आ सकता था। स्थिति की गंभीरता को दरशाते हुए अधिकारियों, जूनियर कमीशंड ऑफिसर्स (जे.सी.ओ.) और सूचीबद्ध कर्मियों की छुट्टियाँ रद्द कर दी गईं, जिससे तनाव और स्पष्ट हो गया।

हालाँकि, जून 2002 तक संकट की तीव्रता कुछ हद तक कम हो गई थी और बढ़ते तनाव को कम करने के लिए भारतीय एवं पाकिस्तानी सरकारों के बीच बातचीत चल रही थी। आशा जगमगा उठी और ऐसा लगा कि देश एक पूर्ण युद्ध की भयावहता से बच सकता है। लेकिन बातचीत के इस नाजुक चरण के दौरान ही एक दु:खद घटना घटी, जिसने दीपचंद के जीवन की दिशा हमेशा के लिए बदल दी।

उनके जीवन के विवरण ने एक दिल दहला देने वाला मोड़ ले लिया, जिससे हर कोई उनकी पीड़ा की भयावहता से जूझ रहा था। जैसे ही विमुद्रीकरण की प्रक्रिया शुरू हुई और उपकरण एवं गोला-बारूद पैक करने की तैयारी चल रही थी, एक पल में एक अकल्पनीय त्रासदी सामने आई। एक अजीब दुर्घटना घटी, जिससे एक तोपखाने का गोला अचानक फट गया, जिससे वह एक विनाशकारी विस्फोट में डूब गया। पलक झपकते ही दीपचंद का शरीर टुकड़े-टुकड़े हो गया। उनके पैर अलग हो गए और उनका एक हाथ अपूरणीय रूप से क्षतिग्रस्त हो गया। दृश्य बहुत दर्दनाक था। दीपचंद का खून बहे जा रहा था और उनकी चेतना खोती जा रही थी।

उस भयावह क्षण की यादें धुंध में डूबी हुई हैं, क्योंकि आघात ने उनकी इंद्रियों को अभिभूत कर दिया है। उनकी यादों के टुकड़े धुँधले हो गए हैं और अपने पीछे वे पीड़ा और निराशा छोड़ गए हैं, जिसने उन्हें घेर लिया था। जैसा कि उन्हें बाद में पता चला, उनका जीवित रहना एक हताश उपाय पर निर्भर था—उनके पैरों व हाथों का विच्छेदन, रक्त के जीवन-प्रवाह को रोकने के लिए किया गया एक दर्दनाक बलिदान। अंग काटने का निर्णय उनके

कमांडिंग ऑफिसर द्वारा किया गया था, जिन्होंने स्थिति की गंभीरता को समझा और दीपचंद के जीवित रहने की संभावनाओं को बाकी सभी चीजों से ऊपर प्राथमिकता दी। यह एक दिल तोड़ने वाला विकल्प था; लेकिन इसमें एक ऐसे सैनिक के जीवन को संरक्षित करने की माँग की गई थी, जिसने पहले से ही भारी चुनौतियों का सामना करते हुए अटूट आंतरिक शक्ति का प्रदर्शन किया था—कश्मीर के खतरनाक इलाके और कारगिल युद्ध की क्रूरता।

नायक दीपचंद को जो पीड़ा सहनी पड़ी, वह अथाह है। उनके अंगों की क्षति, जो कभी मजबूत और फुरतीले थे, ने अब उन्हें एक टूटे हुए अस्तित्व में धकेल दिया है।

जीवित रहने के लिए उनके संघर्ष की विशालता किसी चमत्कार से कम नहीं थी। उन्हें जीवित रखने के लिए भारी मात्रा में खून, उनके साथियों की सामूहिक प्रार्थनाएँ और सेना के डॉक्टरों की अटूट विशेषज्ञता की जरूरत पड़ी। मौत के सामने वह एक बार फिर उसकी पकड़ को धोखा देने में कामयाब हो गए, भले ही उसकी बड़ी कीमत चुकानी पड़ी। जिस शरीर के साथ वह पैदा हुए थे, उसका केवल आधा हिस्सा लेकर वह इस कठिन परीक्षा से बाहर निकले, जो हमेशा के लिए उस दर्दनाक घटना से चिह्नित हो गया। फिर भी, गहन क्षति और शारीरिक सीमाओं के बीच उन्हें जीवन के उपहार में ही सांत्वना मिली। अपनी कठिनाइयों के बावजूद वह आभारी रहे, यह जानते हुए कि उनकी पत्नी और बच्चे अभी भी उनके साथ हैं, उस दुर्भाग्यपूर्ण भाग्य के विपरीत, जो उनके कई साथी सैनिकों के परिवारों के साथ हुआ था, जिन्हें अब विधवापन और अनाथ होने का भारी बोझ उठाना होगा। दीपचंद की सबसे निराशाजनक परिस्थितियों में भी सांत्वना खोजने और सुंदरता की तलाश करने की असाधारण क्षमता उन्हें वास्तव में एक असाधारण इनसान बनाती है। जबकि अन्य लोग कमल के चारों ओर फैली गंदगी और चुनौतियों पर ध्यान केंद्रित कर सकते हैं, उनके पास कीचड़ के बीच कमल को पहचानने का दुर्लभ उपहार है।

18 जुलाई, 1997 को उन्होंने सुशीला देवी से विवाह करके प्यार और साथ की यात्रा शुरू की। साथ में उनके दो बेटे हैं, उनका अनमोल आशीर्वाद। हालाँकि, उनके परिवार को एक गहरी क्षति पहुँची, जब उन्होंने अपने दो बेटों

के बीच पैदा हुई एक बेटी को दुःखद रूप से खो दिया। एक और जरूरतमंद बच्चे को अपना प्यार और देखभाल देने के लिए दृढ़ संकल्पित दंपती ने अपने गाँव से श्वेता नाम की डेढ़ साल की बालिका को गोद लेने का निस्स्वार्थ निर्णय लिया। उसने एक दुर्घटना में अपने माता-पिता को दुःखद रूप से खो दिया था और अपने नए माता-पिता के साथ उसे एक नया जीवन तथा घर मिलेगा।

दीपचंद और सुशीला देवी के बीच का बंधन ठोस समर्थन और शक्ति का है। चुनौतियों का सामना करने के बावजूद वे बाधाओं को चुनौती देते हुए एक साथ खड़े रहे हैं और अपने आप में जीवित किंवदंतियों के रूप में उभरे हैं। उनका घर जीवंत ऊर्जा से जगमगाता है, जो उनकी अदम्य भावना और उदार हृदय का प्रमाण है।

दूर-दूर से लोग उनकी ओर आकर्षित होते हैं, उनकी संक्रामक सकारात्मकता और दूसरों के लिए वास्तविक देखभाल से प्रभावित होते हैं। हर दिन नए परिवार उनसे मिलने आते हैं, उनका आशीर्वाद और ज्ञान की बातें माँगते हैं। उल्लेखनीय पहलू यह है कि दीपचंद स्वयं इस बात से अनभिज्ञ हैं कि इन परिवारों को उनके और उनकी कहानी के बारे में कैसे पता चला, जो उन लोगों के जीवन पर उनके गहरे प्रभाव का एक प्रमाण है, जिन्होंने उनका सामना किया है।

दीपचंद के विनम्र निवास में प्रेम, लचीलापन एवं करुणा आपस में जुड़ते हैं और एक ऐसा वातावरण बनाते हैं, जो प्रेरणा देता है तथा उत्थान करता है। वह और सुशीला देवी आशा की किरण के रूप में काम करते हैं, हम सभी को याद दिलाते हैं कि चाहे हम कितनी भी कठिनाइयों का सामना करें, रोशनी हमेशा मिलती है और दूसरों की मदद के लिए हाथ बढ़ाकर हम आसपास के लोगों के जीवन पर स्थायी प्रभाव डाल सकते हैं। □

अध्याय-10

पूर्व कैडेट शुभम गुप्ता

सीमाओं को पुन: परिभाषित करना

पूर्व कैडेट शुभम गुप्ता

भारतीय सेना के पूर्व एन.डी.ए. कैडेट शुभम गुप्ता जीवंत शहर बठिंडा से हैं। दो भाइयों में बड़े होने के नाते उन्होंने अपने छोटे भाई-बहन के लिए एक उदाहरण प्रस्तुत करने की जिम्मेदारी उठाई। एक प्रमुख सैन्य छावनी वाले शहर में पले-बढ़े शुभम अपने दैनिक जीवन में सैनिकों की उपस्थिति और सैन्य वाहनों की गड़गड़ाहट से प्रेरित थे। उन बहादुर पुरुषों व महिलाओं को देखकर उनका हृदय श्रद्धा से भर जाता था तथा वह चुपचाप प्रार्थना करते थे और एक दिन उनके साथ जुड़ने की कामना करते थे।

अपने बचपन के प्रारंभिक वर्षों के दौरान उन्हें अपने चाचा, एक प्रतिष्ठित वायु सेना अधिकारी और एन.डी.ए. के पूर्व छात्र, को करीब से देखने का सौभाग्य मिला। जब भी उनके चाचा

कैडेट शुभम गुप्ता, एन.डी.ए. में अपने प्रशिक्षण के दौरान

छुट्टी पर घर आते थे तो शुभम की नजरें उन पर टिकी रहती थीं। वह उनकी हर गतिविधि का ध्यानपूर्वक अध्ययन करता था और उनके व्यवहार का सार समझ लेता था। वह सशस्त्र बलों में जीवन के बारे में ज्ञान के भूखे अपने चाचा के साथ लंबी बातचीत में व्यस्त रहते थे। धीरे-धीरे और निश्चित रूप से, उनके चाचा उनके आदर्श बन गए, जिससे शुभम के दिल में आग लग गई।

शुभम ने छोटी उम्र से ही अपनी पढ़ाई के प्रति समर्पण और प्रतिबद्धता की सहज भावना प्रदर्शित की। लेकिन शुभम की ज्ञान की प्यास पाठ्य पुस्तकों की सीमा से भी आगे तक फैली हुई थी। उन्होंने पाठ्येतर गतिविधियों एवं खेल की दुनिया को अपनाया और हर मायने में एक हरफनमौला खिलाड़ी बन गए। खेल एक कैनवास बन गया, जिस पर उन्होंने अपने सपनों को चित्रित किया। लेकिन यह केवल भौतिक क्षेत्र ही नहीं था, जिसने उनकी कल्पना को मोहित कर लिया; ब्रह्मांड के विशाल विस्तार ने उन्हें अपने रहस्य से आकर्षित किया। खगोल

विज्ञान—एक ऐसा विषय, जो उनके मन में एक विशेष स्थान रखता था, ने उन्हें खगोलीय आश्चर्यों की दुनिया में आकर्षित किया। वह तारों के अध्ययन और उनके रहस्यों से बहुत प्रभावित थे। खगोल विज्ञान के प्रति उनके प्रेम को उचित रूप से मान्यता मिली और उन्हें इस क्षेत्र में गर्व से एक योग्यता कार्ड प्राप्त हुआ।

जून 2010 में प्रतिष्ठित राष्ट्रीय रक्षा अकादमी (एन.डी.ए.) में प्रवेश के साथ शुरुआत करते हुए शुभम ने सेना में जीवन के अपने सपनों को पूरा करने के लिए अपनी यात्रा शुरू की। अपने जुनून और महत्त्वाकांक्षा को साझा करने वाले समान विचारधारा वाले व्यक्तियों से घिरे हुए उन्होंने इसे अपनाया। अत्यंत दृढ़ संकल्प के साथ कठोर प्रशिक्षण। एन.डी.ए. के पवित्र हॉल के माध्यम से उनकी यात्रा चुनौतियों से रहित नहीं थी। प्रत्येक दिन नई बाधाएँ, उसकी शारीरिक व मानसिक दृढ़ता की परीक्षाएँ सामने आईं। फिर भी, कर्तव्य की भावना और उत्कृष्टता प्राप्त करने की अदम्य इच्छा से प्रेरित होकर वह दृढ़ संकल्पित रहे। जैसे-जैसे उनका प्रशिक्षण आगे बढ़ा, उन्होंने एन.डी.ए. में अपने समय से प्राप्त ज्ञान और अनुभवों को अपने अंदर समाहित कर लिया। बठिंडा में अपने शुरुआती दिनों के दौरान उनके मन में जो सपना प्रज्वलित हुआ था, वह अब एक अमिट लौ बन गया था, जो उन्हें अपने राष्ट्र की सेवा करने के लिए एक अटूट प्रतिबद्धता के साथ आगे बढ़ा रहा था।

हालाँकि, अप्रैल 2012 में प्रशिक्षण के उन्नत चरणों के दौरान एक क्रूर आघात के साथ त्रासदी हुई। अपनी जिम्मेदारियों को कर्तव्यनिष्ठा से निभाते समय शुभम गंभीर रूप से घायल हो गए, जिससे वह पूरी तरह से अशक्त हो गए। एन.डी.ए. में एक प्रशिक्षण गतिविधि के दौरान स्विमिंग पूल में गोता लगाते समय उन्हें चोट लग गई। उन्हें तुरंत सैन्य अस्पताल खडगवासला ले जाया गया और बाद में पुणे के कमांड हॉस्पिटल में स्थानांतरित कर दिया गया। शुभम की सर्वाइकल स्पाइन में दर्दनाक फ्रैक्चर हो गया था। उनकी रीढ़ की हड्डी में चोट के कारण क्वाड्रिप्लेजिया हो गया था, जिसका मूल्यांकन अंततः फ्रैंकल ग्रेड-सी के रूप में किया गया, जिसका अर्थ है कि उनका अपने अंगों या गरदन के नीचे के शरीर पर कोई सार्थक नियंत्रण नहीं था।

एक पल में उनकी दुनिया ढह गई, उनके सपने लाखों टुकड़ों में बिखर गए।

पूर्व कैडेट शुभम गुप्ता

एन.डी.ए. में कैडेट शुभम गुप्ता

चोट की आकस्मिकता ने उन्हें निराशा की गहराइयों में डुबो दिया। वेंटिलेटर पर रखे गए शुभम लगभग दो महीनों तक असहाय अवस्था में पड़े रहे। गंभीर सर्जरी, एक के बाद एक चार, ने उनके ठीक होने के कठिन दौर को चिह्नित किया; एक अंतहीन सुरंग की तरह, जिसमें रोशनी की कोई झलक नहीं थी। अपनी दर्दनाक यात्रा के दौरान शुभम को भारी शारीरिक और भावनात्मक उथल-पुथल का सामना करना पड़ा। रीढ़ की हड्डी की चोट ने उन्हें मानसिक रूप से तोड़ दिया था। फिर भी, उनकी निराशा की गहराई के भीतर आशा की एक किरण दृढ़ता से जल रही थी। वह इस विश्वास पर अड़े रहे कि एक दिन, किसी भी तरह, सबकुछ ठीक हो जाएगा। अकादमी में लौटने और अपना प्रशिक्षण पूरा करने का जुनून उनकी जीवन-रेखा बन गया, जिसने उपचार और सर्जरी के कठिन दिनों के बीच उन्हें आगे बढ़ाया।

फिर भी, शारीरिक और भावनात्मक उथल-पुथल के बीच अपराध-बोध ने शुभम की आत्मा को कुरेद दिया। उनके भाई को उनके गृह नगर बठिंडा में अकेला छोड़ दिया गया था। उन्होंने अपने जीवन में एक महत्त्वपूर्ण अवधि के दौरान अकेलेपन का बोझ उठाया। शुभम के माता-पिता ने उनके साथ रहना चुना, जो कई सर्जरियों से गुजर रहे थे। यह जानते हुए कि उसके अपने संघर्षों ने उसके प्रियजनों पर बोझ डाल दिया है, शुभम अपनी जिम्मेदारी की भावना से छुटकारा नहीं पा सके। अपने भाई को कठिनाइयों का सामना करने के लिए अकेले छोड़ने की पीड़ा ने उनके दिल को छलनी कर दिया, जिससे उनकी पहले से ही उथल-पुथल भरी यात्रा में दर्द की एक और परत जुड़ गई।

शुभम की दुर्घटना, जो उनके कर्तव्य-पालन का एक दुर्भाग्यपूर्ण परिणाम था, को एक जिम्मेदार चोट माना गया। उन्हें इस बात का अंदाजा नहीं था कि यही चोट आखिरकार उनसे उनकी आजादी छीन लेगी और उन्हें पूरी तरह से असहाय बना देगी। दिन अस्पतालों और सर्जरी के निरंतर चक्र में धुँधले हो गए, प्रत्येक उनके टूटे सपनों की दर्दनाक याद दिलाता था। दवाएँ और उपचार उनके अस्तित्व का केंद्र-बिंदु बन गए। उन्हें जीवन को वैसे ही स्वीकार करना था, जैसे वह सामने आया था।

उनके जीवन में एक चौंकाने वाला मोड़ आया, जब उन्हें 100 प्रतिशत विकलांगता के साथ सेना से छुट्टी दे दी गई। बिना सहायता के सबसे सरल कार्य करने की उनकी क्षमता हमेशा के लिए छीन ली गई। उनके सपने, जो कभी जीवंत और वादों से भरे हुए थे, निराशा की लहर में ढह गए। हालाँकि, उनकी विकलांगता के भारी बोझ के साथ बोर्ड से बाहर किए जाने की वास्तविकता ने शुभम और उनके माता-पिता की हर उम्मीद को चकनाचूर कर दिया। उन्होंने अपने बेटे की दर्दनाक यात्रा के दौरान उसके साथ खड़े रहने के लिए दो वर्ष तक बिना वेतन के अपनी नौकरी का त्याग कर दिया था। फिर भी, सबकुछ व्यर्थ लग रहा था, क्योंकि शुभम की स्थिति अपरिवर्तित रही। पुणे उनकी कठिन लड़ाई की पृष्ठभूमि बन गया; एक ऐसा मंच, जिस पर उनके टूटे हुए शरीर को बहाल करने के लिए एक हताश प्रयास में कई सर्जरीज की गईं। यह यात्रा असहायता एवं निराशा की भावना से प्रभावित थी, क्योंकि छूटे हुए अवसरों और

टूटे हुए सपनों का भार उनके कंधों पर भारी था।

आज शुभम खुद को एक अलग तरह की लड़ाई में उलझे हुए पाते हैं, एक ऐसी लड़ाई, जो युद्ध के दायरे को पार करती है और रोजमर्रा के संघर्षों के दायरे में प्रवेश करती है। प्रत्येक दिन एक कठिन चुनौती प्रस्तुत करता है; क्योंकि वह अस्तित्व के लिए, अपनी स्वतंत्रता को पुनः प्राप्त करने के लिए और यहाँ तक कि सबसे बुनियादी कार्यों को करने के लिए भी संघर्ष करता है। उसे अपने बुनियादी दैनिक कार्यों के लिए दो देखभालकर्ताओं पर निर्भर रहना पड़ता है। साँस लेने की सरल क्रिया एक कठिन कार्य बन गई है, क्योंकि उनके फेफड़े कई सर्जरीज के कारण आई कमजोरी का बोझ झेल रहे हैं।

अपनी युवावस्था, अपना जीवन अपने राष्ट्र की सेवा में समर्पित करने के बदले में शुभम को कुछ समर्थन और देखभाल की उम्मीद थी। फिर भी, अनुग्रह मासिक वित्तीय सहायता के रूप में मिलने वाले अल्प मुआवजे से वह खुद को और निराश पाते हैं। आमतौर पर विकलांग पूर्व सैनिकों को मिलने वाले लाभ और चिकित्सा सुविधाएँ उन्हें नहीं मिलतीं; क्योंकि अधिकारियों का तर्क है कि उन्होंने अपना प्रशिक्षण पूरा नहीं किया था। इसलिए, उनके बलिदान को अधूरा मानकर खारिज कर दिया गया।

"मैं वास्तव में अपना प्रशिक्षण पूरा करने में असमर्थ था; लेकिन मैं एक अधिकारी बनने के अपने सपने को पूरा करने के कगार पर था। अवसर मिलने पर, मैं किसी भी संभव क्षमता में अपने देश के लिए अपना जीवन न्योछावर करने के लिए तैयार हूँ।" शुभम ने व्यक्त किया, "हालाँकि, मैं खुद को एक सब्जी से भी बदतर स्थिति में पाता हूँ। मेरे माता-पिता ने राष्ट्रीय मानवाधिकार आयोग और भारत के राष्ट्रपति को याचिका देकर न्याय की अथक माँग की है; फिर भी किसी ने नोटिस नहीं लिया या सहायता की पेशकश नहीं की। मेरा दृढ़ विश्वास है कि जब कोई घायल हो जाता है, यहाँ तक कि प्रशिक्षण के दौरान भी, तो यह राष्ट्र की जिम्मेदारी बन जाती है कि हम उन्हें उनके उचित अधिकार, जैसे कि सभ्य विकलांगता पेंशन या अन्य वित्तीय सहायता प्रदान करें, ताकि हम अपने परिवारों पर बोझ न डालें।"

शुभम की दुर्दशा से द्रवित होकर मैंने बाद में उनकी माँ अनुपम से बातचीत

की। उस क्षण एक लेखक, लेखिका और शोधकर्ता के रूप में मेरी भूमिका अदृश्य हो गई और हम दो माताओं के रूप में जुड़ गईं। अपने बेटे के दर्द को देखकर, यहाँ तक कि थोड़ी सी भी असुविधा ने मेरे भीतर एक गहरी छाप छोड़ी। हमने एक-दूसरे का हाथ थामा, और जब उन्होंने बोलना शुरू किया तो उनकी आँखों में आँसू आ गए। यह भावनाओं का एक पीड़ाजनक प्रदर्शन था, जो वर्षों की पीड़ा से भरा हुआ था। उन्होंने दोहराया, "मैम, दस साल हो गए हैं और मैं अभी भी शुभम की चोट से उबर नहीं पाई हूँ। मैं इस पर विश्वास नहीं कर सकती। जैसे-जैसे मैं वृद्ध होती जा रही हूँ, शुभम और उसके भविष्य के लिए मेरी चिंता बढ़ती जा रही है।"

अनुपम ने मुझे बताया कि कुछ महीने पहले उन्हें चिकनगुनिया वायरल संक्रमण की गंभीर समस्या हुई थी और तब से वह अपनी हड्डियों तथा जोड़ों में गंभीर दर्द से पीड़ित हैं। वह रो पड़ीं। "मैं इस दर्द को सहन नहीं कर सकती; लेकिन मुझे सबसे ज्यादा दुःख इस बात का है कि मेरा बच्चा पिछले दस सालों से कहीं अधिक गंभीर दर्द झेल रहा है और मैं इसके बारे में कुछ भी करने में असमर्थ हूँ। मेरा बच्चा कितनी तकलीफ सह रहा है, हर मिनट, हर पल। मुझे लगता है, मैं उसकी ताकत नहीं बन पाई। लेकिन इस हाल में भी वह मेरी ताकत बन गया। शुभम मुझे जीने का हौसला देता है।"

उन्होंने मुझे बताया कि शुरू में उन सभी को बहुत उम्मीद थी कि शुभम ठीक हो जाएगा। उनकी कई सर्जरी हुईं और हर सर्जरी ने उन्हें उम्मीद दी। लेकिन एक समय ऐसा आया, जब डॉक्टर कुछ नहीं कर सके और उन्होंने शुभम को घर ले जाने को कहा। "तभी हमारी दुनिया ढह गई। शुभम के पिता बहुत मजबूत व्यक्ति थे, जिन्होंने कठिन समय में परिवार को मजबूती से एक साथ रखा। लेकिन वह इस खबर को सँभाल नहीं पाए। वह सदमे से सुन्न हो गए और अस्पताल की दीवारों पर अपना सिर पीटने लगे और अपनी बेबसी पर रोने लगे।" अनुपम रोते हुए बोलीं।

अनुपम ने खुलासा किया, "मेरे पति गहरे अवसाद में पड़ गए और एक समय ऐसा भी आया, जब उन्होंने यहाँ तक सुझाव दिया कि हम चारों को अपना जीवन समाप्त कर लेना चाहिए। उस अँधेरे क्षण के दौरान मुझे एक दृढ़ रुख

अपनाना पड़ा। अपने पति को सांत्वना देनी पड़ी, शुभम की देखभाल करनी पड़ी और अभिनव को अपनी पढ़ाई जारी रखने तथा जो भी रास्ता वह चुने, उसमें उत्कृष्टता प्राप्त करने के लिए प्रेरित करना पड़ा।" उनके दृष्टिकोण और कार्यों को समझने के लिए उत्सुक होकर मैंने उनके तरीकों के बारे में पूछताछ की कि वह ऐसी चुनौतीपूर्ण परिस्थितियों से कैसे उबरने में कामयाब रहीं।

उन्होंने कहा, "मेरे पास कोई विकल्प नहीं था। भाग्य ने हमारा साथ नहीं दिया। पर मैं अपने परिवार को ऐसे टूटते हुए नहीं देख पाई। आज भी मैं आशा और प्रार्थना करती हूँ कि कहीं से कोई खबर आ जाए कि एक नया इलाज आया है और शुभम बिल्कुल ठीक हो सकता है। मेर एक-एक दिन इसी उम्मीद में निकलता है।"

जैसे ही अनुपम ने चाय बनाने के लिए कहा, मैं शुभम के पास जाकर बैठ गई और उनका दृष्टिकोण सुनने के लिए उत्सुक थी कि वे अपनी चोट और विकलांगता के आघात से कैसे बाहर आए।

"अकादमी में अपने समय के दौरान मुझे मिले गहन प्रशिक्षण ने मुझे लचीलेपन का और आगे बढ़ने का मूल्य सिखाया, ठीक उसी तरह, जब क्रॉस-कंट्री दौड़ते समय शरीर थक जाता है, लेकिन दिमाग हार मानने से इनकार कर देता है; क्योंकि अंतिम लक्ष्य बहुत शानदार होता है। मुझे यह अहसास हो गया है कि जीवन हमेशा एक सहज यात्रा नहीं है और हमें अपने रास्ते में आने वाली सभी चुनौतियों का सामना करने तथा स्वीकार करने के लिए तैयार रहना चाहिए। आप तभी पराजित होते हैं, जब आप हार के प्रति समर्पण कर देते हैं। मेरे भीतर का सैनिक मेरी आखिरी साँस तक दृढ़ रहेगा।" शुभम ने दृढ़ संकल्प के साथ बताया।

अपने बड़े भाई से प्रेरित होकर छोटे भाई अभिनव ने भारतीय सेना में शामिल होने का साहसिक निर्णय लिया। वह वर्तमान में कैप्टन के पद पर हैं और वह अपने भाई शुभम एवं माता-पिता के लिए बेहतर जीवन बनाने के लिए दृढ़ हैं, जिन्हें उन्होंने वर्षों से संघर्ष करते देखा है। कृतज्ञता की गहरी भावना और एक सार्थक बदलाव लाने की इच्छा से प्रेरित होकर अभिनव ने एक सेना अधिकारी के रूप में अपने कर्तव्य के प्रति खुद को समर्पित कर दिया है। वह अपने परिवार

के बलिदानों को समझते हैं और उनके जीवन में खुशी तथा सुरक्षा लाने के लिए प्रेरित होते हैं। अपने मार्गदर्शक प्रकाश और प्रेरणास्रोत के रूप में शुभम के साथ कैप्टन अभिनव ने देश की सेवा की अपनी यात्रा शुरू कर दी है और अपने परिवार के भविष्य को बेहतर बनाने में भी योगदान दे रहे हैं।

चोट लगने और घर लौटने के बाद शुभम की रुचि अंक ज्योतिष एवं ज्योतिष के रहस्यमय क्षेत्रों की ओर दिलचस्प हो गई। संख्याओं के भीतर छिपे पैटर्न और प्रतीकवाद से आकर्षित होकर उन्होंने अंकशास्त्र के अध्ययन में गहराई से प्रवेश किया और अंततः उसकी जटिलताओं की व्यापक समझ हासिल की। यहाँ तक कि उन्होंने संख्याओं के कंपन के आधार पर दूसरों को उनके जीवन-पथ पर मार्गदर्शन करने के लिए अपने ज्ञान का उपयोग करते हुए परामर्श देना भी शुरू कर दिया।

हालाँकि, शुभम की ज्ञान की खोज यहीं नहीं रुकी। धीरे-धीरे उन्होंने खुद को ज्योतिष के दिव्य चमत्कारों की ओर आकर्षित पाया। एक समय जो खगोल विज्ञान के प्रति प्रेम था, वह मानव जीवन पर तारों एवं ग्रहों के प्रभाव को समझने की उत्कट खोज में बदल गया। ज्योतिष को अपनाते हुए शुभम ने राशि चक्र, ग्रहों के संरेखण और व्यक्तियों पर उनके प्रभाव के रहस्यों को जानने के लिए खुद को समर्पित कर दिया।

शुभम की कहानी कोई अकेली घटना नहीं है, बल्कि पूरे भारत में लगभग 300 अधिकारी कैडेटों द्वारा साझा किए गए अनुभवों का एक मार्मिक प्रतिबिंब है। सपनों व आकांक्षाओं से भरे इन युवा व्यक्तियों ने खुद को घायल और भूला हुआ पाया तथा उस प्रणाली द्वारा अलग कर दिए गए, जिसे उनके सम्मान को बरकरार रखना चाहिए था और उनकी भलाई के लिए प्रदान करना चाहिए था। इन अधिकारी कैडेटों ने रक्षा सेवाओं को केवल कॅरियर विकल्प के रूप में नहीं चुना; उन्होंने अटूट जुनून के साथ इसका अनुसरण किया। छोटी सी उम्र में उन्होंने कर्तव्य और सम्मान को सर्वोपरि मानते हुए अपना जीवन राष्ट्र की सेवा में समर्पित करने का सचेत निर्णय लिया।

उनके बलिदान और प्रतिबद्धता को ध्यान में रखते हुए यह हमारी सामूहिक जिम्मेदारी बन जाती है कि हम इन बहादुर व्यक्तियों के साथ खड़े हों और यह

सुनिश्चित करें कि उन्हें वह सम्मानजनक जीवन मिले, जिसके वे हकदार हैं। इन कैडेटों में वे भी शामिल हैं, जो शत-प्रतिशत विकलांग हो गए हैं और उन्हें शुभम जैसी चुनौतियों का सामना करना पड़ रहा है। एक समाज के रूप में क्या हम उन्हें उनकी क्षमताओं और शक्तियों के अनुरूप वैकल्पिक कॅरियर प्रदान करने के लिए एकजुट नहीं हो सकते हैं, जिससे वे अपनी चोटों के बावजूद समाज में सार्थक योगदान दे सकें?

इन युवाओं के लचीलेपन एवं क्षमता को पहचानना न्याय और करुणा की बात है, जिन्होंने राष्ट्र की सेवा में अपना सर्वस्व न्याछोवर कर दिया है। उन्हें सार्थक रोजगार के अवसर प्रदान करके हम उनका उचित सम्मान करेंगे।

उनके बलिदानों के साथ-साथ उनकी अद्वितीय प्रतिभाओं और अनुभवों का भी उपयोग किया जाता है, जिससे हमारा समाज समग्र रूप से समृद्ध होता है। आइए, हम सामूहिक रूप से एक ऐसे समाज का निर्माण करने का प्रयास करें, जो इन असाधारण व्यक्तियों का समर्थन और उत्थान करे, उन्हें सम्मान व अवसर प्रदान करें, जिसके वे चोट के बाद पूर्ण जीवन जीने के हकदार हैं।

इस पर शुभम की माँ कहती हैं, "हमने हर संभव दरवाजा खटखटाया, लेकिन हमें कोई मदद नहीं मिली। अब हमें नहीं कोई उम्मीद है—न सरकार से, न ही फौज से। प्रशिक्षण के दौरान घायल हुए युवा कैडेट—शुभम जैसे लोग किसी के लिए मौजूद नहीं हैं। ये युवा, जो अपने देश के लिए मर-मिटने को तैयार थे, अब उन्हीं लोगों द्वारा खुद को त्यागा हुआ पाते हैं।"

□

अध्याय-11

हवलदार संजीव कुमार

कभी 'कभी नहीं' न कहो

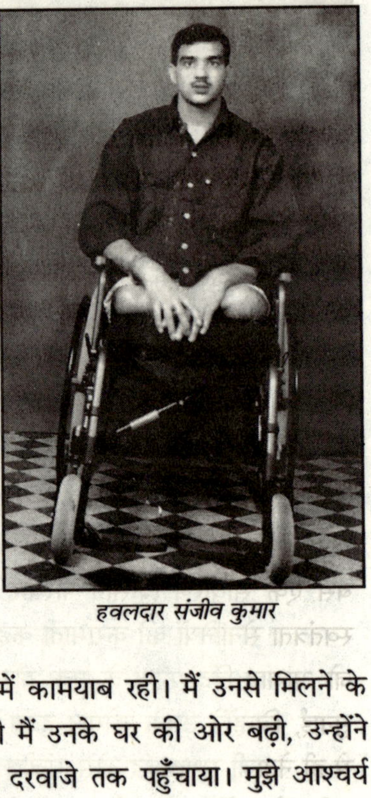

हवलदार संजीव कुमार

जब मैंने शुरुआत में हवलदार संजीव कुमार से संपर्क किया तो उन्होंने अविश्वसनीय रूप से सकारात्मक और मददगार व्यक्ति होने की गहरी छाप छोड़ी। हालाँकि, मैंने उनसे व्यक्तिगत रूप से मिलने का इरादा किया था, उन्होंने इसके बजाय मुझसे मिलने आने पर जोर दिया। उस पल मेरे दिमाग में एक संक्षिप्त संदेह आया। मैं सोच रही थी कि क्या मैंने सही व्यक्ति को फोन किया है? क्योंकि वह निश्चित रूप से, युद्ध के प्रयास के दौरान दोनों पैरों की क्षति के कारण किसी अपंग व्यक्ति की तरह नहीं लग रहे थे। फिर भी, मैं उन्हें अपना पता और स्थान साझा करने के लिए मनाने में कामयाब रही। मैं उनसे मिलने के लिए आगे बढ़ी। कुछ दिनों बाद जैसे ही मैं उनके घर की ओर बढ़ी, उन्होंने विनम्रतापूर्वक फोन पर मुझे सीधे अपने दरवाजे तक पहुँचाया। मुझे आश्चर्य

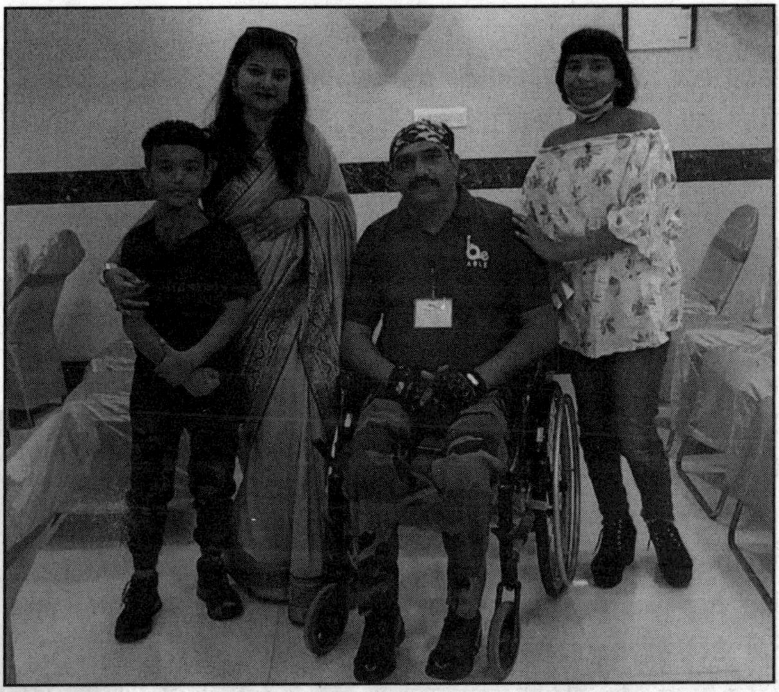

हवलदार संजीव कुमार अपनी पत्नी सुधा और बच्चों के साथ

हुआ। जब मैं वहाँ पहुँची तो मैंने पाया कि वह अपनी बुद्धिमान और आकर्षक पत्नी सुधा के साथ एक चौड़ी मुसकान के साथ सड़क पर मेरा इंतजार कर रहे थे। संजीव एक बहुमंजिला इमारत की दूसरी मंजिल पर रहते हैं और अपनी विकलांगता को अपनी दैनिक गतिविधियों में बाधा नहीं बनने देते।

5 अगस्त, 1981 को मेरठ के एक छोटे से गाँव के शांत आलिंगन में बसे एक साधारण किसान परिवार में जनमे संजीव का जीवन हमारे बहादुर स्वतंत्रता सेनानियों की करामाती कहानियों से घिरा हुआ था। उनके बड़े चाचा, जो आजाद हिंद फौज के एक गौरवान्वित सदस्य थे, ने उन्हें ऐसी कहानियाँ सुनाईं, जिन्होंने उनके कोमल हृदय में एक ज्वलंत जुनून जगा दिया। शुरुआत से ही नेताजी सुभाषचंद्र बोस संजीव के आदर्श के रूप में उभरे। प्रेरणा के एक प्रतीक ने उन्हें अपने प्यारे राष्ट्र के लिए सेवा के मार्ग पर चलने के लिए पुकारा।

जैसे ही संजीव ने अपनी शैक्षणिक यात्रा शुरू की, ज्ञान के गलियारों में कदम रखा, उन्होंने उत्सुकता से स्वयं को अन्य वीर आत्माओं की कहानियों में तल्लीन कर दिया, जिन्होंने इतिहास में अपना नाम दर्ज कराया था। उनमें से भगत सिंह की दृढ़ वीरता ने उनके युवा मन को मंत्रमुग्ध कर दिया और उनकी आकांक्षाओं पर एक अमिट छाप छोड़ी। भारतीय सशस्त्र बलों के प्रतिष्ठित रैंकों में शामिल होने की लालसा ने उनके भीतर जड़ें जमा लीं, जो उनके हर विचार और सपने में व्याप्त हो गई।

उनके गाँव के स्कूल ने उन्हें केवल पाँचवीं कक्षा तक की शिक्षा प्रदान की, जिसके लिए उन्हें पड़ोसी गाँव में 3 किलोमीटर की दैनिक यात्रा की आवश्यकता होती थी। जहाँ उच्च कक्षाओं में शिक्षा की आवश्यकता होती थी, वहाँ उन्होंने एथलेटिक कौशल की खुशियों का पता लगाया, उत्सुकता से खेल आयोजनों और भयंकर प्रतियोगिताओं में भाग लिया, जिन्होंने उनकी क्षमता का परीक्षण किया।

सन् 1998 में, 17 साल की उम्र में, संजीव ने सफलतापूर्वक दसवीं कक्षा पूरी करने के बाद एक नई यात्रा शुरू की। उन्हें मेरठ के सेना भरती केंद्र में भरती किया गया और बाद में बरेली के जाट केंद्र में कठोर प्रशिक्षण दिया गया। इसने उनके जीवन में एक गहरा बदलाव ला दिया, एक व्यक्ति के रूप में उन्हें पूरी तरह से बदल दिया और उनमें उद्देश्य की गहरी भावना पैदा की। हालाँकि, अपने परिवार को पीछे छोड़ने से उन्हें दुःख हुआ, लेकिन सशस्त्र बलों ने उनमें जो जोश, जुनून और राष्ट्र के प्रति प्रतिबद्धता भरी, उससे उन्हें अपनी व्यक्तिगत पीड़ा से ऊपर उठने में मदद मिली।

हाल ही में समाप्त हुए कारगिल युद्ध के साथ देशभक्ति सार्वकालिक उच्चतम स्तर पर थी। संजीव को उनकी पहली पोस्टिंग श्रीगंगानगर में सौंपी गई थी। वे उत्सुकता से उस नियमित जीवन की आशा कर रहे थे, जिसका सपना उन्होंने भरती के दिनों और प्रशिक्षण के बाद से देखा था। बहुत पहले ही उनकी यूनिट को कारगिल के द्रास सेक्टर में स्थानांतरित कर दिया गया था। युद्ध की समाप्ति के बावजूद एक पोस्ट पाकिस्तानी नियंत्रण में रही और उसे पुनः प्राप्त करने की जिम्मेदारी संजीव की यूनिट पर आ गई। कमांडिंग

ऑफिसर ने अन्य वरिष्ठ सदस्यों के साथ मिलकर तैयारी में इलाके का गहन अध्ययन करते हुए सावधानीपूर्वक एक योजना तैयार की। एक अचूक रणनीति तैयार करने और इलाके की सावधानीपूर्वक जाँच करने के बाद पूरे ऑपरेशन को लागू करने का समय आ गया था।

महत्त्वपूर्ण मिशन के लिए संजीव सहित 20 सैनिकों को सावधानीपूर्वक चुना गया था। उन्हें चार समूहों में विभाजित किया गया। प्रत्येक को विशिष्ट कार्य सौंपे गए। पूरा क्षेत्र बर्फ की मोटी चादर से ढका हुआ था, जिससे उन्हें अपने निर्धारित गंतव्य तक पहुँचने के लिए लगभग 5 किलोमीटर की दूरी तय करनी पड़ी। मौसम कठोर और प्रतिकूल था। रास्ते में कई नदियाँ और जमे हुए तालाब अतिरिक्त चुनौतियाँ पैदा कर रहे थे। दुर्गम इलाके पर बातचीत करते हुए उन्होंने अथक तत्त्वों का मुकाबला करते हुए फिसलन और फिसलन से लड़ाई लड़ी।

घटनाओं के एक दुर्भाग्यपूर्ण मोड़ पर संजीव के साथी टीम के सदस्यों में से एक फिसल गया और गहरी खाई में जा गिरा, जिससे उसे गंभीर चोटें आईं। उन्हें—एक अन्य सैनिक के साथ—उनके साथ रहने, उन्हें खतरनाक स्थिति से निकालने, आवश्यक प्राथमिक चिकित्सा प्रदान करने और अंततः उन्हें सुरक्षित स्थान पर पहुँचाने की जिम्मेदारी सौंपी गई थी। कई दिनों बाद जैसे ही वे अपने इच्छित गंतव्य पर पहुँचे, उन्हें खबर मिली कि लक्षित पोस्ट पर पहले ही कब्जा कर लिया गया था। निडर होकर संजीव और उनकी रिजर्व टीम के सदस्य अपने कर्तव्य को पूरा करने के लिए तैयार होकर आगे बढ़े।

जिस चौकी पर वे तैनात थे, वह काफी ऊँचाई पर थी, जिससे दुश्मन के इलाके का स्पष्ट दृश्य दिखाई देता था। अपनी स्थिति में आकर उन्होंने अभी अपनी तैयारी शुरू ही की थी, जब पाकिस्तानी सेना को उनकी उपस्थिति के बारे में पता चला और उन्होंने लगातार हमला कर दिया। असीम साहस एवं दृढ़ संकल्प का प्रदर्शन करते हुए संजीव और उनकी टीम ने आगे बढ़ती हुई दुश्मन फौज का बहादुरी से मुकाबला किया। हालाँकि, पाकिस्तानी फौज को उनके लचीलेपन का अहसास हुआ और उन्होंने भारी तोपखाने के साथ क्षेत्र पर बमबारी का सहारा लिया।

पूरी रात आसमान लगातार बमबारी की भयावहता से धधकता रहा, जिसके परिणामस्वरूप काफी क्षति हुई और लोग हताहत हुए। दुःखद रूप से, 8 सितंबर की मनहूस सुबह, एक बम उनकी चौकी पर गिरा, जिसमें संजीव कुमार के साथी नायक रविंदर की जान चली गई। इसके अलावा, एक छर्रे का टुकड़ा साथी जवान राजेश को लगा, जिससे उनका हाथ बुरी तरह क्षतिग्रस्त हो गया।

विनाशकारी विस्फोट के दिल दहला देने वाले परिणाम में संजीव ने खुद को अकल्पनीय दर्द में डूबा हुआ पाया। जैसे ही उन्हें अहसास हुआ कि उनके दोनों पैरों पर छर्रे लगे हैं, उनके शरीर में दर्द की एक लहर दौड़ गई। अपनी चीखों को दबाने के लिए बेताब उन्होंने अपने दाँतों के बीच एक कपड़ा बाँध लिया, जिससे उनके घावों से निकलने वाले खून के धातु के स्पर्श का स्वाद चखने लगा। उसकी पीड़ा की तीव्रता ने उन्हें गहरी वेदना दी और वह बेहोश हो गए।

ऐसी विषम परिस्थिति में एक संदेश तेजी से प्रसारित किया गया और एक साहसी बचाव अभियान शुरू हुआ। उन्हें तुरंत हवाई मार्ग से द्रास के सैन्य अस्पताल ले जाया गया, जहाँ उनकी गंभीर चोटों के कारण दोनों पैरों को तत्काल काटना पड़ा। दिन धुंध में बीतते गए और वह बेहोश पड़े रहे। धीरे-धीरे उन्हें अपने कटे हुए अंगों की कठोर वास्तविकता का अहसास हुआ। डॉक्टरों ने नाजुक ऑपरेशन के बारे में बताते हुए खुलासा किया कि उन्होंने उन्हें क्षण भर के लिए खो दिया था, किंतु उन्हें पुनरुज्जीवित करने के लिए सी.पी.आर. और डिफिब्रिलेशन इलेक्ट्रिक शॉक का सहारा लिया गया। वह केवल उस अलौकिक समय को एक अवास्तविक ट्रांस के रूप में याद कर सकते थे, जो दर्द या भय से रहित स्वर्ग और पृथ्वी के बीच मँडरा रहा था।

एक बार जब उनकी हालत स्थिर हो गई तो उन्हें श्रीनगर बेस अस्पताल में स्थानांतरित कर दिया गया। पूरे एक महीने तक वह वेंटिलेटर के सहारे जीवन से जुड़े रहे, जबकि उनके घावों की देखभाल की गई। उनके परिवार को एक पत्र भेजा गया था, इस बात का खयाल रखते हुए कि उनकी चोटों के कष्टदायक विवरण का खुलासा न किया जाए, जिसका उद्देश्य उन्हें आघात और पीड़ा से बचाना था। जब आखिरकार, उनके पास बोलने की पर्याप्त शक्ति

आ गई तो उन्होंने सावधानी से अपने माता-पिता को आश्वस्त किया, अपने कष्ट की गंभीरता को कम करते हुए उसे एक छोटी घटना के रूप में चित्रित किया, जिससे वह तेजी से ठीक हो रहे थे।

श्रीनगर से संजीव की यात्रा उन्हें पुणे के कमांड हॉस्पिटल तक ले गई, जहाँ उन्हें प्रसिद्ध कृत्रिम अंग केंद्र (ए.एल.सी.) में कृत्रिम पैर मिलने वाले थे। युद्ध में अपने अंग खोने वाले बहादुर सैनिकों को व्यापक पुनर्वास देखभाल और अत्याधुनिक कृत्रिम अंग प्रदान करने के लिए स्थापित ए.एल.सी. आशा की किरण थी। हालाँकि, उनकी चोटों की व्यापक प्रकृति के कारण उन्हें कृत्रिम अंग लगाने की प्रक्रिया असफल साबित हुई।

निराश, लेकिन अविचलित उन्होंने अपना ध्यान अपनी मनःस्थिति को मजबूत करने की ओर लगाया। अपनी स्वतंत्रता को पुनः प्राप्त करने के लिए दृढ़ संकल्पित होकर उन्होंने आत्मनिर्भर बनने का प्रयास करते हुए एक कंप्यूटर पाठ्यक्रम में दाखिला लिया। उनके दृढ़ संकल्प का फल तब मिला, जब उन्होंने पाठ्यक्रम में प्रथम श्रेणी का परिणाम हासिल किया और महाराष्ट्र बोर्ड के टाइपिंग टेस्ट के दौरान 40 शब्द प्रति मिनट की प्रभावशाली टाइपिंग गति प्रदर्शित की।

अपनी नई मानसिक शक्ति से सशक्त होकर उन्होंने खेल के क्षेत्र में कदम रखा। उन्होंने निडर होकर पुणे के पैराप्लेजिक पुनर्वास केंद्र में विभिन्न गतिविधियों व प्रतियोगिताओं में भाग लिया और कड़ी प्रतिस्पर्धा वाली व्हीलचेयर दौड़ में विजयी हुए। अपनी उपलब्धियों से उत्साहित होकर उन्होंने दिव्यांग जनों के लिए मुंबई मैराथन पर अपना ध्यान केंद्रित किया, जहाँ उन्होंने सभी बाधाओं को पार किया और एक योग्य पुरस्कार जीता। दर्द, लचीलेपन और अटूट दृढ़ संकल्प से भरी संजीव की यात्रा ने न केवल उनके जीवन को बदल दिया, बल्कि अनगिनत अन्य लोगों के लिए प्रेरणा बन गई, जिससे साबित हुआ कि मानव आत्मा सबसे कठिन चुनौतियों से भी ऊपर उठ सकती है।

सेना के नियमों की पृष्ठभूमि में संजीव ने खुद को एक चौराहे पर पाया। नियमों के अनुसार, उन्हें समय से पहले सेवानिवृत्ति के लिए उपयुक्त माना गया, जिससे उन्हें घर लौटने की अनुमति मिल गई। हालाँकि, अपने देश की

सेवा जारी रखने के अटूट संकल्प से प्रेरित होकर संजीव ने दृढ़तापूर्वक इस विकल्प को अस्वीकार कर दिया। वह किसी भी संभव क्षमता में योगदान देने के लिए उत्सुक थे, भले ही उसका अर्थ डेस्क जॉब करना हो। अपनी रेजीमेंट से प्रोत्साहित होकर, जो दृढ़ता से उनके साथ खड़ी थी, वह सफलतापूर्वक उनके रैंक में फिर से शामिल हो गए।

इस बीच उनके गृह नगर में उनकी चिकित्सकीय स्थिति के बारे में बात फैल गई थी। फिर भी, उनके परिवार ने उनके लिए उपयुक्त जीवन साथी की तलाश शुरू कर दी थी। चूँकि संजीव का छोटा भाई मानसिक रूप से बीमार था, इसलिए 'वंश' (रक्तरेखा) के प्रचार-प्रसार की जिम्मेदारी उनके कंधों पर डाल दी गई। हालाँकि, अपनी शारीरिक विकलांगता के बोझ से दबे संजीव ऐसे रिश्ते के लिए प्रतिबद्ध होने से झिझक रहे थे, जो संभावित रूप से एक लड़की के जीवन पर भारी पड़ सकता था। वह किसी पर, विशेषकर किसी स्त्री पर, बोझ बनने के बारे में सोचना भी बरदाश्त नहीं कर सकते थे। अपने परिवार के लगातार प्रयासों को ठुकराते हुए वे अपनी बात पर अड़े रहे।

आखिरकार, संजीव अनिच्छा से मान गए, लेकिन एक शर्त पर—उन्होंने भावी दुलहन के साथ खुलकर बातचीत करने पर जोर दिया। वह यह सुनिश्चित करने के लिए दृढ़ थे कि वह बिना किसी रहस्य या धोखे के उनकी शारीरिक स्थिति से पूरी तरह अवगत थी। सबसे बुरे के लिए तैयार, संजीव अपनी कहानी में एक आश्चर्यजनक मोड़ का सामना कर रहे थे। जैसे ही एक भावी दुलहन से मुलाकात हुई, संजीव ने अस्वीकृति या सहानुभूति के लिए खुद को तैयार कर लिया।

सुधा दसवीं कक्षा में पढ़ने वाली एक युवा लड़की, मात्र 16 वर्ष की थी, जब संजीव का प्रस्ताव उसके कानों तक पहुँचा। उत्सुकतावश वह उनसे मिलने के लिए तैयार हो गई—उस व्यक्ति के प्रति एक अकथनीय आकर्षण से प्रेरित होकर, जिसका अपने राष्ट्र के लिए बलिदान उसके भीतर गहराई से गूँजता था। जैसे ही सुधा का सामना संजीव से हुआ और उसने देखा कि उसकी सेवा ने उस पर कितना शारीरिक प्रभाव डाला है, उसके मन में प्रशंसा की भावना उमड़ पड़ी। उस पल वह बिना किसी संदेह के जानती थी कि वह अपना

जीवन उसे समर्पित करना चाहती थी। प्रेम उसके दिल पर छा गया और ऐसा लगा, मानो भाग्य ने शुरू से ही उनके मिलन की योजना बना ली हो। उनकी संक्रामक मुसकान, गर्मजोशी और ताकत बिखेरती हुई, आशा की किरण बन गई, जिसने सुधा के रास्ते को रोशन कर दिया।

अपने दिलों को आपस में जोड़कर संजीव और सुधा ने सन् 2005 में विवाह की यात्रा शुरू की। 16 आनंदमय वर्षों के दौरान, उनके रास्ते में आने वाली सभी चुनौतियों को पार करते हुए, उनका प्यार मजबूत हो गया। उनका प्यार लचीलेपन की शक्ति, अटूट समर्थन और एक-दूसरे में ताकत खोजने की क्षमता का प्रमाण बन गया।

माता-पिता बनने के उपहार से धन्य संजीव कुमार और सुधा ने अपने जीवन में दो खूबसूरत बच्चों का स्वागत किया। उनकी सबसे बड़ी बेटी पल्लवी, जो अब 14 वर्ष की है और नौवीं कक्षा की छात्रा है, को सशस्त्र बलों के लिए अपने पिता का अटूट जुनून विरासत में मिला है। संजीव की बहादुरी एवं बलिदान की प्रशंसा से उत्साहित पल्लवी उनके नक्शे-कदम पर चलने की इच्छा रखती है और अपने पिता की तरह देश की रक्षा में योगदान देने के लिए उत्सुक है।

दोनों में से छोटा अनिरुद्ध, जो 10 वर्ष का है और चौथी कक्षा में पढ़ता है, उसने अपने माता-पिता का एक-दूसरे के प्रति अटूट प्यार और समर्थन देखा है। उनके उदाहरण से प्रेरित होकर उन्होंने लचीलेपन, सहानुभूति और दृढ़ संकल्प के मूल्यों को आत्मसात् किया है। जैसे ही अनिरुद्ध ने बचपन में अपना रास्ता आगे बढ़ाया, साहस और करुणा के बीज बोए गए, जिससे उन्हें एक ऐसे रास्ते पर मार्गदर्शन मिला, जिस पर निश्चित रूप से उनके माता-पिता को गर्व होगा।

साथ मिलकर—एक परिवार के रूप में—उन्होंने एक ऐसा बंधन बनाया, जो शारीरिक सीमाओं से परे था। हर दिन संजीव व सुधा ने अपने बच्चों के सपनों को सँजोया और उनमें ईमानदारी, देशभक्ति तथा अपने जुनून को पूरा करने के मूल्यों को शामिल किया।

जैसे-जैसे वर्ष बीतते गए, उनकी प्रेम-कहानी उनके आसपास के लोगों

को प्रेरित व मोहित करती रही तथा बाधाओं को दूर करने और उद्देश्य एवं पूर्ति का जीवन बनाने के लिए प्रेम की असाधारण शक्ति के प्रमाण के रूप में काम करती रही। एक-दूसरे के प्रति अपनी अटूट प्रतिबद्धता, स्थायी प्रेम के माध्यम से संजीव व सुधा ने अपने बच्चों और उन सभी के लिए एक उदाहरण प्रस्तुत किया, जिन्हें उनकी उल्लेखनीय यात्रा का गवाह बनने का सौभाग्य मिला।

दिल्ली में अपनी नई भूमिका स्वीकार करते ही संजीव की यात्रा में एक साहसिक मोड़ आ गया। दूसरी ओर, सुधा ने अपनी शिक्षा के दौरान एक पत्नी, माँ और गृहिणी के रूप में अपनी जिम्मेदारियों को परिश्रमपूर्वक संतुलित किया। उन्होंने अपनी पढ़ाई में उत्कृष्टता हासिल की, एम.एड. एवं एम.लिब. की पढ़ाई पूरी की और साथ ही अपने घर के सुचारु कामकाज को सुनिश्चित किया। वर्ष 2017 में, संजीव के दिल्ली स्थानांतरण के साथ, सुधा ने अवसर का लाभ उठाया और आर्मी कॉलेज ऑफ मेडिकल साइंसेज में नौकरी हासिल कर ली। उनके बच्चे, पल्लवी और अनिरुद्ध, ने अपने माता-पिता के नक्शे-कदम पर चलते हुए प्रतिष्ठित आर्मी स्कूल में दाखिला लिया।

दिल्ली के हलचल भरे शहर ने संजीव के लिए सैनिकों एवं विकलांग व्यक्तियों के समर्थन के लिए समर्पित विभिन्न गैर-सरकारी संगठनों और समाजों में खुद को शामिल करने के दरवाजे खोल दिए। अपने रेजीमेंटल कर्तव्यों के अलावा संजीव ने पूरे दिल से सामाजिक कार्यों को अपनाया और पूरे जोश के साथ विकलांग व्यक्तियों के सामने आने वाली चुनौतियों के बारे में जागरूकता फैलाई। अपनी क्षमताओं का परीक्षण करने और संभावित बाधाओं का सामना करने के लिए उन्होंने दिल्ली से अलवर तक एक साहसी स्कूटी की सवारी शुरू की और सफलतापूर्वक यात्रा पूरी की। इस जीत ने उनमें नया आत्मविश्वास पैदा किया और उन्हें लंबी सड़क यात्राएँ करने के लिए प्रेरित किया। आज तक, अन्य उपलब्धियों के अलावा, संजीव ने 16 दिव्यांग व्यक्तियों के साथ मिलकर दिल्ली से मुंबई और वापस एक उल्लेखनीय सड़क यात्रा पूरी करके गिनीज रिकॉर्ड एवं विश्व रिकॉर्ड बनाया है। 3,500 किलोमीटर की चौंका देने वाली दूरी तय करते हुए उन्होंने विकलांग व्यक्तियों की क्षमताओं के बारे में बाधाओं और गलत धारणाओं को तोड़ दिया।

हवलदार संजीव कुमार

कोविड-19 महामारी से उत्पन्न चुनौतियों के बीच संजीव ने एक बार फिर एक साहसी वकील की भूमिका निभाई। दूर-दराज के इलाकों में सड़क यात्रा पर निकलते हुए उन्होंने अपने मंच का उपयोग महामारी के बारे में जागरूकता बढ़ाने, महत्त्वपूर्ण जानकारी का प्रसार करने और एहतियाती उपायों के महत्त्व पर जोर देने के लिए किया। उनके अथक प्रयासों से अलग-अलग समुदायों को आराम एवं ज्ञान मिला और उन्होंने एक अमिट प्रभाव छोड़ा।

शुरुआत में, घबराई हुई सुधा संजीव के साथ अलवर की यात्रा में शामिल हो गई और उनके अटूट दृढ़ संकल्प एवं अदम्य भावना को प्रत्यक्ष रूप से देखा। पति की क्षमताओं से आश्वस्त होकर सुधा ने उनका समर्थन किया, क्योंकि उन्होंने अन्य विकलांग व्यक्तियों के साथ सड़क यात्राओं को जारी रखा। सुधा ने संजीव से मानसिक शक्ति और दृढ़ता को पहचानते हुए साहसपूर्वक कहा कि वह किसी भी सक्षम व्यक्ति से अधिक कठोर हैं। अपनी सड़क यात्राओं में आश्चर्यजनक रूप से 50,000 किलोमीटर की दूरी तय करने के बाद वह विकलांगता अधिकारों और विकलांग व्यक्तियों के लिए सुलभ सड़क सुरक्षा की वकालत करने के लिए अपने अनुभवों का उपयोग करते हुए लचीलेपन का प्रतीक बन गए हैं।

चुनौतियों से घबराए बिना संजीव ने अब कश्मीर से कन्याकुमारी तक एक स्मारकीय सड़क यात्रा की योजना बनाई है—एक यात्रा, जो उन बहादुर सैनिकों का सम्मान करेगी, जिन्होंने कर्तव्य की पंक्ति में अपने जीवन का बलिदान दिया। यह उल्लेखनीय प्रयास न केवल उनके बलिदानों को श्रद्धांजलि देगा, बल्कि आशा की किरण के रूप में भी काम करेगा, जो शारीरिक सीमाओं के बावजूद हर व्यक्ति के भीतर मौजूद असाधारण क्षमता को प्रदर्शित करेगा।

ऐसे क्षण भी आए, जब मैंने संजीव की आँखों में बिना रुके आँसुओं से चमकती हुई एक झलक देखी, जो उनके भीतर व्याप्त गहन दुःख का प्रतिबिंब थी। जब वह राजेश के साथ साझा किए गए अंतिम क्षणों को याद करते हैं तो उनका दिल दुखता है। पोस्ट सुरक्षित होने के बाद भविष्य की छुट्टी की योजना के सपनों के साथ उनकी बातचीत जीवित थी। उन्हें इस बात का जरा भी अंदाजा नहीं था कि एक ही पल में पाकिस्तान के जवाबी हमले से उनकी

जिंदगी हमेशा के लिए बदल जाएगी। संजीव अपने साथियों, उनके बीच साझा किए गए सौहार्द और उन महत्त्वपूर्ण कर्तव्यों के लिए तरसते हैं, जिन्हें वह पूरे करते—गश्त करना, संवेदनशील चौकियों पर रात में निगरानी करना आदि। लेकिन उनके पैरों की क्षति ने उन्हें कागजी काररवाई और कंप्यूटर स्क्रीन से घिरे डेस्क जॉब तक सीमित कर दिया है। हालाँकि, वह अपनी सर्वोत्तम क्षमताओं से अपने देश की सेवा करने के लिए उत्सुक हैं, लेकिन वह इस वास्तविकता से जूझ रहे हैं कि अब उन्हें एक समर्पित भारतीय सैनिक के बजाय एक विकलांग व्यक्ति के रूप में देखा जाता है। फिर भी, यह उनकी बेटी का अटूट दृढ़ संकल्प और महत्त्वाकांक्षा है, जो उनके नक्शे-कदम पर चलने की इच्छा रखती है, जो उनके अस्तित्व में शक्ति और असीम गर्व का संचार करती है।

अपने साथी देशवासियों को संजीव एक शक्तिशाली संदेश देने के लिए उत्सुक हैं, जो शारीरिक अक्षमताओं द्वारा लगाई गई सीमाओं को चुनौती देता है। वह दूसरों से विनती करते हैं कि वे उनके जैसे व्यक्तियों को असहाय या असमर्थ कहकर खारिज न करें। अपनी शारीरिक बाधाओं के पीछे विकलांग सैनिकों में लचीलापन और धैर्य होता है, जो सामान्य व्यक्तियों से कहीं अधिक होता है। उन्होंने मौत को सामने देखा है, अपने भाइयों को कर्तव्य के पथ पर गिरते देखा है और अटल संकल्प के साथ उभरे हैं। भय का उन पर कोई प्रभाव नहीं पड़ता। संजीव कुमार का मानना है कि उन्होंने अपनी क्षमता की गहराई साबित करते हुए पहले ही एक उदाहरण स्थापित कर दिया है। लेकिन वह मानते हैं कि उनके जैसे लोगों की चुनौतियों और क्षमता के बारे में जागरूकता बढ़ाने के लिए अभी भी बहुत काम किया जाना बाकी है।

जब मैं सुधा के साथ चाय का गरम कप लेकर बैठी तो आश्चर्यचकित हुए बिना नहीं रह सकी कि क्या उसने कभी अपने निर्णय पर सवाल उठाया था या यदि वह छोटी होती तो उसने अलग निर्णय लिया होता? सौम्य मुसकान के साथ सुधा ने अफसोस की किसी भी धारणा को खारिज कर दिया। उसने उन संघर्षों के बारे में बताया, जिनका उन्हें सामना करना पड़ा था, यहाँ तक कि तब भी, जब एक विकलांग व्यक्ति से विवाह करने के उसके फैसले को विरोध का सामना करना पड़ा था, खासकर उसकी अपनी माँ से, जो चिंता से

ग्रस्त होकर बिस्तर पर चली गई थीं। परिवार आँगन में इकट्ठा हुआ और इस बारे में लंबी चर्चा में लगा रहा कि सुधा संजीव के साथ जीवन कैसे सँभालेगी और उसे प्रस्ताव को त्यागने के लिए मनाने का प्रयास किया। गिरते स्वास्थ्य के कारण माँ को छह महीने तक बिस्तर पर ही रहना पड़ा। इसके बावजूद सुधा अपनी पसंद पर दृढ़ रही। उसने कहा, "मैंने कुछ भी असाधारण नहीं किया है। संजीव वह शख्स हैं, जिन्होंने अपने शरीर का आधा हिस्सा देश-सेवा में कुर्बान कर दिया है। मैं यहाँ सिर्फ उनका समर्थन करने के लिए हूँ। क्या यह कम-से-कम मैं नहीं कर सकती!" सुधा के शब्द मेरे भीतर गहराई तक गूँजते हैं, जो उनके असाधारण चरित्र को दरशाते हैं।

अपनी अटल प्रतिबद्धता में सुधा समाज के भीतर विरोधाभास को उजागर करती है। जबकि कई लोग भगत सिंह जैसी शख्सियतों को अपना आदर्श मानते हैं, कुछ लोग भगत सिंह का अपने घरों में स्वागत करने को तैयार हैं। लोग अक्सर आराम और सुरक्षा की तलाश में कम-से-कम प्रतिरोध का रास्ता पसंद करते हैं। फिर भी, सुधा धारा के विरुद्ध जाने के लिए आवश्यक साहस और दृढ़ विश्वास के प्रमाण के रूप में खड़ी है। उसकी ताकत मुझे आश्चर्यचकित कर देती है, यह अहसास करते हुए कि वह वास्तव में एक असाधारण महिला है।

अपने सकारात्मक दृष्टिकोण के बावजूद संजीव विकलांग व्यक्तियों के लिए सुरक्षित स्थान के प्रावधान को रोकने वाली मौजूदा खामियों को स्वीकार करते हैं। वह पहुँच की कमी और स्वतंत्र रूप से घूमने में आने वाली चुनौतियों पर अपनी निराशा व्यक्त करते हैं। वह अफसोस जताते हैं कि सार्वजनिक स्थान शायद ही कभी विकलांगों या बुजुर्ग लोगों की जरूरतों को ध्यान में रखकर डिजाइन किए जाते हैं। रैंप की अनुपस्थिति और सार्वजनिक परिवहन का उपयोग करते समय आने वाली कठिनाइयाँ उन बाधाओं की लगातार याद दिलाती हैं, जो अभी भी मौजूद हैं। संजीव का मानना है कि सरकारी एजेंसियों, नगर निगमों और बिल्डरों को आबादी के उस महत्त्वपूर्ण प्रतिशत के बारे में शिक्षित व जागरूक करने की आवश्यकता है, जिन्हें सहायता की आवश्यकता है—चाहे वे विकलांग हों, बुजुर्ग हों या यहाँ तक कि छोटे बच्चे भी हों। वे सभी समान चुनौतियों का सामना करते हैं और उन्हें एक ही नाव पर सवार व्यक्तियों

के रूप में देखा जाना चाहिए। इन मुद्दों को संबोधित करने के लिए संजीव का दृढ़ संकल्प उनकी अडिग भावना को दरशाता है, क्योंकि वह विकलांग व्यक्तियों के अधिकारों और पहुँच की वकालत करना जारी रखते हैं तथा समाज पर एक अमिट छाप छोड़ते हैं।

सुधा और संजीव कुमार इस बात का जीता-जागता सबूत हैं कि सच्ची ताकत न केवल शारीरिक कौशल में, बल्कि मानवीय भावना की गहराई में भी निहित है। उनकी यात्रा हमें प्रेम, दृढ़ संकल्प की शक्ति और सभी के लिए एक बेहतर दुनिया की अटूट खोज की याद दिलाती है। अपनी असाधारण कहानी के माध्यम से वे एक अधिक समावेशी समाज की ओर मार्ग प्रशस्त करते हैं, जहाँ विकलांगताओं को सीमाओं के रूप में नहीं, बल्कि अद्वितीय गुणों के रूप में माना जाता है, जो मानव अनुभव की समृद्धि में योगदान करते हैं।

भविष्य के लिए संजीव का दृष्टिकोण उनकी अपनी निजी यात्रा से परे है। वह शहीद सैनिकों की विधवाओं के लिए काम करने की इच्छा रखते हैं, जो राष्ट्र के लिए उनके द्वारा किए गए अपार बलिदान को पहचानते हैं। गहरी सहानुभूति और समझ के साथ उनका लक्ष्य प्रशिक्षण शिविर स्थापित करना है, जहाँ वंचित पृष्ठभूमि के बच्चे भारतीय सशस्त्र बलों में कॅरियर बनाने के लिए मार्गदर्शन एवं सहायता प्राप्त कर सकें।

संजीव का कुछ अलग करने का दृढ़ संकल्प विपरीत परिस्थितियों पर काबू पाने की उनकी अपनी यात्रा से उपजा है। वह जरूरतमंद लोगों की मदद करने के महत्त्व को समझते हैं और उनके अनुभवों ने एक अधिक समावेशी तथा दयालु समाज बनाने के उनके जुनून को बढ़ाया है। अपने कार्यों एवं आकांक्षाओं के माध्यम से संजीव सेवा की भावना और इस विश्वास का प्रतीक हैं कि हर किसी के पास दूसरों के जीवन पर सकारात्मक प्रभाव डालने की शक्ति है। उनका दृष्टिकोण एक प्रेरणा के रूप में कार्य करता है, जो हमें उनके जैसे लोगों के लिए एक उज्ज्वल भविष्य को आकार देने में सहानुभूति, करुणा और सामूहिक काररवाई की परिवर्तनकारी शक्ति की याद दिलाता है।

मैं आखिरी वाक्यांश 'लोग मुझे पसंद करते हैं' से अचंभित रह गई थी, इसलिए मैंने उनसे और पूछताछ की। मैंने उन्हें एक अलौकिक व्यक्ति के रूप

में पाया, जो अपने शरीर का आधा हिस्सा खोने के बावजूद देश की सेवा कर रहे हैं। तो फिर मैंने बाहरी तौर पर खुश व्यक्ति में निराशा की यह भावना क्यों देखी? संजीव ने मेरी ओर लंबी नजर से देखा और कहा, "मैम, हर इनसान बस अपने लिए जी रहा है। मैं, मेरा दर्द, मेरी फैमिली किस परेशानी से हर दिन गुजारते हैं, उसका किसी को अंदाजा नहीं है। मैं अपने बच्चों की खातिर एक बड़ी मुसकान अपने चेहरे पर हमेशा रखता हूँ, ताकि वे कभी अपने आपको किसी से कम न समझें।"

संजीव की ताकत और लचीलेपन को उनकी पत्नी सुधा के अटूट समर्थन व शक्ति से बल मिलता है। वह समर्थन के स्तंभ के रूप में उनके साथ खड़ी रहती है, कभी भी नकारात्मकता को उनके जीवन में प्रवेश नहीं करने देती है। राष्ट्र के प्रति अपनी निरंतर सेवा में भी संजीव का अपनी यूनिट और अपने देश के प्रति प्रेम झलकता है। अपनी शारीरिक सीमाओं के बावजूद वह अपनी भूमिका के प्रति समर्पित रहते हैं और सबसे कठिन इलाकों में भी सेवा के लिए हमेशा तैयार रहते हैं। अपनी मातृभूमि के प्रति उनका अटूट जुनून उनकी आँखों में साफ झलकता है। उन्होंने कभी भी अपनी विकलांगता को अपने राष्ट्र की सेवा करने की प्रतिबद्धता में बाधा नहीं बनने दिया। संजीव की कहानी इसका सामना करने वाले सभी लोगों के लिए एक शक्तिशाली प्रेरणा के रूप में कार्य करती है। यह हमें हम में से प्रत्येक के भीतर मौजूद असीम शक्ति एवं लचीलेपन की याद दिलाता है और हमें अपनी चुनौतियों को स्वीकार करने तथा दृढ़ संकल्प के साथ उन पर काबू पाने का आग्रह करता है।

□

अध्याय-12

मानद कैप्टन ज्ञानेंद्र कुमार राय, वी.सी.

धैर्य और महानता की एक कहानी

मानद कैप्टन ज्ञानेंद्र कुमार राय

लांस नायक ज्ञानेंद्र कुमार राय की यात्रा पूर्वी नेपाल में उनके विनम्र मूल से गहराई से जुड़ी हुई है। चार भाइयों और पाँच बहनों के बीच दूसरे बच्चे के रूप में वह एक ऐसे घर में पले-बढ़े, जहाँ बहादुरी और बलिदान की कहानियाँ गूँजती थीं। यह उनके पिता 'नाम बहादुर' ही थे, जिन्होंने ज्ञानेंद्र के भीतर प्रेरणा की चिनगारी जलाई। नाम बहादुर और उनके सात चचेरे भाइयों में से छह ने ब्रिटिश सेना में सम्मान के साथ सेवा की, जिसने युवा ज्ञानेंद्र के प्रभावशाली मन पर एक अमिट छाप छोड़ी।

अपने पिता के छुट्टी पर कभी-कभार घर आने के दौरान ज्ञानेंद्र ने उत्सुकता से वीरता की हर कहानी को आत्मसात् कर लिया, अपने पिता द्वारा लाई गई पुस्तकों को ध्यान से पढ़ा और जब उन्होंने उन रोमांचक मुठभेड़ों का वर्णन

किया, जिन्हें उन्होंने प्रत्यक्ष रूप से अनुभव किया था, तो विस्मयकारी आँखों से सुना। साहस की ये कहानियाँ वह आधार बनीं, जिस पर ज्ञानेंद्र की आकांक्षाओं ने आकार लिया। अपने पिता के नक्शे-कदम पर चलने की तीव्र इच्छा से प्रेरित होकर उन्होंने नेपाल में दसवीं कक्षा पूरी करने के बाद अपनी औपचारिक शिक्षा छोड़कर भारतीय सेना में शामिल होने का जीवन बदलने वाला निर्णय लिया।

14 मार्च, 1987 उनके जीवन में एक महत्त्वपूर्ण मील का पत्थर साबित हुआ, जब वह प्रतिष्ठित 1/11 गोरखा राइफल्स रेजीमेंट में भरती हुए। भारतीय सेना उनका नया परिवार, उद्देश्य का स्रोत और चुनौतीपूर्ण बचपन की खंडित यादों वाले एक युवा लड़के से अपने देश की सेवा के लिए समर्पित एक सैनिक में परिवर्तन के पीछे प्रेरक शक्ति बन गई।

हालाँकि, शुरुआती जीवन की उनकी यादें धुँधली हो गई हैं, लेकिन भारतीय सेना में बिताए समय की उनकी यादें आज भी ज्वलंत और प्रभावशाली हैं। हालाँकि, जब हमारी बातचीत उनकी उल्लेखनीय उपलब्धियों और वीरतापूर्ण प्रयासों पर होती है तो उनका ध्यान निश्चित रूप से उनके कॅरियर के निर्णायक क्षण—कारगिल युद्ध पर केंद्रित हो जाता है।

कारगिल युद्ध उनके दिल में एक विशेष स्थान रखता है, क्योंकि इस तीव्र संघर्ष के दौरान उन्हें तथा उनके साथी सैनिकों को अकल्पनीय प्रतिकूल परिस्थितियों और संकट का सामना करते हुए युद्ध की भट्ठी में धकेल दिया गया था। उनकी यूनिट ने खुद को अज्ञात ऊँचाइयों पर स्थित सियाचिन ग्लेशियर के दुर्जेय इलाके में पाया। बर्फीले जंगल में अपना कार्यकाल पूरा करने के बाद यूनिट ने अपना डी-इंडक्शन शुरू कर दिया था। अग्रिम दल पहले ही पुणे पहुँच चुका था। इस बीच, कारगिल के खतरनाक 8वें बटालिक सेक्टर में घुसपैठियों के बारे में तत्काल और महत्त्वपूर्ण जानकारी मिलने पर पीछे की पार्टी ने लेह की ओर रुख किया।

बिना किसी हिचकिचाहट के उनकी यूनिट ने तेजी से अपने रास्ते को उस खतरे की ओर मोड़ दिया, जो उनका इंतजार कर रहा था। जैसे-जैसे वे इस क्षेत्र के पास पहुँचे, उन्हें अहसास हुआ कि वे अकेले नहीं थे। दुश्मन की नापाक उपस्थिति का मुकाबला करने के लिए कई अन्य यूनिट्स तैनात की गई थीं।

उनसे अनभिज्ञ घुसपैठियों ने चालाकी से खुद को ऊँचाइयों पर स्थापित कर लिया था और चुपचाप भारतीय सेना की हर गतिविधि को देख रहे थे। प्रचुर मात्रा में गोला-बारूद और भारी हथियारों का दावा करने वाली पाकिस्तानी सेना के पास मौजूद भारी बढ़त के कारण भारतीय सैनिकों ने खुद को एक गंभीर स्थिति में पाया। हालाँकि, एक राहत की बात यह थी कि यूनिट को पहले सियाचिन में तैनात किया गया था, जिससे उन्हें कठोर परिस्थितियों में जल्दी से अभ्यस्त होने की अनुमति मिली, जिससे दुर्गम वातावरण के बीच थोड़ी बढ़त मिल गई।

2 जुलाई, 1999 को रात के अँधेरे में ज्ञानेंद्र ने अपने बैग की पट्टियाँ कस लीं और अपने हेलमेट को समायोजित करते हुए खालूबार की भव्य ऊँचाइयों को देखा। हवा उनके चारों ओर चिल्ला रही थी और अपने साथ एक ठंडक ले जा रही थी, जो सीधे उनकी हड्डियों में चुभ रही थी। वह अपने कमांडिंग ऑफिसर (सी.ओ.) कर्नल ललित राय के नेतृत्व में दुश्मन की ओर आगे बढ़ रहे सैनिकों के एक साहसी समूह का हिस्सा थे, क्योंकि उनके सामने एक चुनौतीपूर्ण मिशन था—दुश्मन को खालूबार की प्रमुख ऊँचाइयों से उखाड़ फेंकना। जैसे ही उन्होंने चढ़ाई शुरू की, उन्हें अपने जूतों के नीचे दुर्गम भूभाग महसूस हुआ। खड़ी ढलान, ढीली चट्टानें और फिसलन वाले पैच ने हर कदम को जोखिम भरा बना दिया। लेकिन वह आगे बढ़ते गए। उनका दृढ़ संकल्प अटल था।

दुश्मन को उनकी बढ़त का अनुमान था और वह अच्छी तरह से समन्वित सुरक्षा के साथ तैयार था। जैसे ही उन्होंने ढलान पर कदम रखा, दुश्मन ने गोलीबारी शुरू कर दी। गोलियाँ ज्ञानेंद्र के सिर के पार चली गईं और वह मशीन गनों की गगनभेदी गर्जना सुन सकता था। सैनिकों ने पत्थरों व चट्टानों के पीछे छिप लिया और जब भी संभव हुआ, जवाबी कारवाई की। उसने एक नजर अपने साथी सैनिकों पर डाली। उनके चेहरों पर धैर्य और दृढ़ संकल्प झलक रहा था। सभी के दिलों में डर बैठा हुआ था। लेकिन वे जानते थे कि वे इसके सामने झुकने का जोखिम नहीं उठा सकते। उनके कमांडिंग ऑफिसर सबसे आगे थे और प्रेरक साहस के साथ उनका नेतृत्व कर रहे थे। उनका जीवन एक-दूसरे की बहादुरी और कौशल पर निर्भर था।

उनकी पलटन दृढ़ संकल्प के साथ बढ़त हासिल करते हुए कुछ प्रगति

करने में सफल रही। लेकिन जैसे-जैसे वे दुश्मन के बचाव में बंद होते गए, प्रतिरोध उग्र होता गया। खालूबार पर अपना गढ़ बनाए रखने के लिए दुश्मन ने एड़ी-चोटी का जोर लगाया। विस्फोटों से ढलानें हिल गईं और हवा बारूद की तीखी गंध से भर गई। उन्होंने जमकर लड़ाई की। हर सैनिक ने अपनी सीमा से आगे बढ़कर लड़ाई लड़ी। लेकिन दुश्मन के बंकर दुर्जेय किले की तरह ऊपर की ओर जाने वाले रास्ते की रक्षा करते हुए खड़े थे। उनके कमांडिंग ऑफिसर ने एक महत्त्वपूर्ण आदेश जारी किया। उनकी पलटन का काम दुश्मन को किनारे से घेरना और उन बंकरों को निष्क्रिय करना था। दिन का उजाला होने से पहले यूनिट को शीर्ष पर पहुँचना था। अंधकार का आवरण उनका प्रमुख सहयोगी था। दुश्मन के पास बेहतर मारक क्षमता और ऊँचाई का लाभ था। जब तक उन्होंने शीघ्र ही शत्रु पर विजय प्राप्त नहीं कर ली, वे बरबाद हो गए। मिशन का भाग्य उनकी पलटन के हाथों में था।

जैसे ही ज्ञानेंद्र और उनके तीन प्लाटून साथी आगे बढ़े, गोलियाँ खतरनाक ढंग से पास से टकराईं, जिससे उनके चारों ओर धूल और मलबा फैल गया। अटूट दृढ़ संकल्प के साथ ज्ञानेंद्र ने पहले बंकर की दूरी को बंद कर दिया। अधिक ऊँचाई के कारण उनकी साँसें फूल रही थीं और उन्हें परेशानी हो रही थी; लेकिन उन्होंने यह जानते हुए भी प्रयास किया कि उनके मिशन की सफलता इन प्रमुख स्थानों पर नियंत्रण पाने की उनकी क्षमता पर निर्भर करती है। जैसे ही वह निकटतम बंकर के पास पहुँचे, एक त्वरित सर्वेक्षण से पुष्टि हुई कि अंदर दुश्मन सैनिक थे, जो हमले के लिए अच्छी तरह से तैयार थे।

बिना किसी हिचकिचाहट के ज्ञानेंद्र ने दुश्मन की आग को दबाते हुए कई राउंड फायरिंग की। वह जानते थे कि इससे पहले कि वे फिर से शांत हो जाएँ, उन्हें तुरंत काररवाई करनी होगी। जब एक दुश्मन सैनिक ने अपनी गोलीबारी से जवाब दिया तो एक त्वरित गति में उन्होंने खुद को आग की रेखा से बाहर फेंक दिया और उसके साथ करीब से गोलीबारी में संलग्न हो गए। ज्ञानेंद्र के प्रशिक्षण एवं सहज ज्ञान ने उनकी गतिविधियों का मार्गदर्शन किया और उन्हें बढ़त हासिल करने में मदद की। एक अच्छी तरह से गोली मारकर उन्होंने दुश्मन सैनिक को मार गिराया। उसका शरीर तुरंत जमीन पर गिर गया। इससे बगल के बंकर में

रहने वाले सतर्क हो गए और उन्होंने मशीन गन से फायर उनकी ओर कर दिया। तेजी से प्रतिक्रिया करते हुए वह गोलियों की बौछार से बचते हुए झुक गए और लुढ़क गए, साथ ही बंकर के अंदर दो ग्रेनेड फेंके और छिप गए। हथगोले गगनभेदी गर्जना के साथ फटे, जिसके बाद बंकर के अंदर से अफरा-तफरी और चीख-पुकार की आवाजें आने लगीं। उन्होंने बंकर और उसमें मौजूद दो दुश्मन सैनिकों को सफलतापूर्वक बाहर निकाल लिया था, जिससे उनकी सुरक्षा कमजोर हो गई थी।

जैसे ही ज्ञानेंद्र दूसरे बंकर की ओर बढ़े, वे उसे निष्क्रिय करने के लिए दृढ़ संकल्पित थे। उनका दिल उनकी छाती में धड़क रहा था और एड्रेनलाइन उनकी नसों में प्रवाहित हो रहा था। वह जानते थे कि जोखिम बहुत अधिक हैं, लेकिन वह डर को अपने ऊपर हावी नहीं होने दे सकते थे। हाथ में ग्रेनेड लेकर उन्होंने एक गहरी साँस ली और आगे बढ़ने के लिए तैयार हो गए। जैसे ही वह ग्रेनेड फेंकने वाले थे, दुश्मन के तीन सैनिकों ने उन्हें देख लिया और तेजी से उन्हें रोकने के लिए आगे बढ़े। गोलीबारी शुरू हो गई और ज्ञानेंद्र को अपनी गरदन में तीव्र जलन महसूस हुई, क्योंकि एक गोली उन्हें छू गई थी। उन्होंने अपने दाँत पीस लिये और दर्द से अपने मिशन को विचलित नहीं होने दिया। उन्होंने अपनी भरोसेमंद खुकरी निकाल ली और उन्हें आमने-सामने की लड़ाई में शामिल करने की तैयारी करने लगे। उन्हें अपने सीने में तेज, चुभने वाला दर्द महसूस हुआ। एक और गोली उनके आर-पार हो गई थी। वह लड़खड़ा गए। उनकी दृष्टि धुँधली हो गई और प्रभाव से उनका बायाँ हाथ सुन्न हो गया। चोटों के बावजूद उन्होंने लड़ते रहने के लिए हर संभव ताकत जुटाई।

दुश्मन सैनिकों ने उन्हें घेर लिया और आगामी संघर्ष में वे उन पर काबू पाने में कामयाब रहे। राइफल के बट के प्रहार से ज्ञानेंद्र का बायाँ हाथ टूट गया। वह प्रभावी ढंग से अपना बचाव नहीं कर सके। दुश्मन ने उन्हें जमीन पर पटक दिया, उनकी घायल बाँह पर दबाव डाला, जिससे उन्हें असहनीय दर्द हुआ। उनके लचीलेपन के बावजूद दर्द और खून की कमी ज्ञानेंद्र पर भारी पड़ रही थी। जागते रहने के लिए संघर्ष करते समय उनकी दृष्टि धुँधली हो गई और उनकी चेतना डगमगा गई। उनके बंधकों ने उनके हाथ बाँध दिए और उन्हें युद्ध से दूर

खींच लिया और अपने पीछे धुएँ तथा गोलियों की बौछार छोड़ दी।

दुश्मन के शिविर में उन्हें भीषण पूछताछ और कठोर व्यवहार का सामना करना पड़ा; लेकिन वह दृढ़ रहे और अपनी यूनिट की योजनाओं के बारे में कोई भी महत्त्वपूर्ण जानकारी प्रकट करने से इनकार कर दिया। उनकी चोटों के दर्द और वजन ने उनकी आत्मा की परीक्षा ली, लेकिन उन्होंने टूटने से इनकार कर दिया। जब वह दुश्मन के बंकर में बंदी अवस्था में थे, उनकी गरदन दर्द से झुलस रही थी, उन्हें इस बात का अहसास हुआ कि उनके मिशन ने एक गंभीर मोड़ ले लिया है। उनका बायाँ हाथ उनके बगल में लटका हुआ था—टूटा हुआ, लेकिन उनकी आत्मा अटूट रही। दर्द और अनिश्चितता के बावजूद ज्ञानेंद्र का दिमाग तेज रहा। उन्होंने कमजोर होने और पराजित होने का नाटक किया, जिससे उन्हें बंदी बनाने वालों का ध्यान कम आकर्षित हुआ और वह हर समय जवाबी हमला करने के अवसर की प्रतीक्षा करते रहे।

जैसा कि नियति को मंजूर था, कमांडिंग ऑफिसर के कॉलम द्वारा सबसे ऊपरी बंकर पर तीव्र हमले के दौरान दुश्मन रैंकों के भीतर अराजकता फैल गई। एक अवसर तब सामने आया, जब शत्रु रक्षकों ने उनकी शक्ति और संकल्प को कम करके आँका। विस्फोटों और गोलियों की गगनभेदी आवाजों ने ज्ञानेंद्र को भागने का सही मौका दिया। हंगामे के बीच उन्होंने आश्चर्य के तत्त्व का उपयोग करते हुए अवसर का लाभ उठाया। जैसे ही वह दौड़े, उनका एड्रेनलाइन बढ़ गया, जिससे वह बाहर निकलने की ओर बढ़ गए। दुश्मन का ध्यान बाहर चल रही लड़ाई पर केंद्रित था, जिससे वह बिना पहचाने ही निकल गए। अपनी बाँह में दर्द और गरदन के घाव से साँस लेने में कठिनाई के बावजूद उन्होंने खुद को सीमा तक धकेल दिया। उन्होंने किसी भी संभावित पीछा करने वालों से छुपे रहने के लिए चट्टानों और दरारों की आड़ का उपयोग करते हुए सावधानी से खतरनाक इलाके में नेविगेट किया। हर कदम एक चुनौती थी; लेकिन वह अपनी यूनिट के साथ फिर से संगठित होने के विचार से उत्साहित थे।

आखिरकार, अनंत काल की अनुभूति के बाद ज्ञानेंद्र को कमांडिंग ऑफिसर के कॉलम में वापस जाने का रास्ता मिल गया। उन्हें अपने साथी सैनिकों से मिली-जुली राहत और आश्चर्य मिला, जिन्होंने सोचा था कि वे

दुश्मन से हार गए हैं। थके हुए और घायल ज्ञानेंद्र ने जीवन पर अपनी कमजोर पकड़ बनाए रखने के लिए संघर्ष किया। उनके क्षत-विक्षत शरीर से खून बहता रहा, जबकि उनकी ताकत हर गुजरते पल के साथ कम होती गई। भयंकर युद्ध के परिणामों से घिरे ज्ञानेंद्र ने प्रत्यक्ष रूप से युद्ध की क्षति देखी। गिरे हुए सैनिक, भारतीय और पाकिस्तानी दोनों, जीवन एवं मृत्यु के नाजुक धागे पर झूलते हुए पूरे इलाके में बिखरे पड़े थे।

अपने लोगों की सुरक्षा पाने की राहत में बेहोशी ने उन्हें घेर लिया, जिससे उनकी थकी हुई दृष्टि छिप गई। एक बचाव हेलीकॉप्टर उन्हें युद्ध के मैदान से दूर ले गया, जो उनके साहस की अग्नि बन गया था। सबसे पहले उन्हें लेह के जनरल अस्पताल में ले जाया गया, जहाँ उनकी चोटों का आकलन किया गया और उन्हें स्थिर किया गया। फिर उन्हें श्रीनगर स्थानांतरण का सामना करना पड़ा, जहाँ उनके जीवन को सुरक्षित रखने के लिए आगे चिकित्सा व्यवस्था की गई। अंततः, उनकी यात्रा उन्हें नई दिल्ली के प्रसिद्ध आर एंड आर अस्पताल तक ले गई। वहाँ के समर्पित चिकित्सा कर्मियों ने उनके टूटे हुए शरीर को ठीक करने के लिए अथक प्रयास किया। उनके कौशल और विशेषज्ञता ने ज्ञानेंद्र के टूटे हुए अस्तित्व के टुकड़ों को जोड़ने पर ध्यान केंद्रित किया। जीवन के संरक्षण के प्रति अपनी साझा प्रतिबद्धता से बँधे हुए उन्होंने अपनी सर्वोत्तम क्षमताओं के अनुसार ज्ञानेंद्र को पुनर्स्थापित करने के लिए एकजुट होकर काम किया।

समय बीतने और शारीरिक घावों के ठीक होने के बावजूद ज्ञानेंद्र की लड़ाई अभी खत्म नहीं हुई थी। जैसे ही उन्होंने धीरे-धीरे अपनी ताकत वापस हासिल की और थोड़ी राहत के लिए फिट समझे गए, उन्होंने बागडोगरा में अपने साधारण निवास पर वापस जाने के लिए कठिन यात्रा की। इतनी लंबी अनुपस्थिति के बाद अपने परिवार के साथ फिर से जुड़ने की प्रत्याशा उनकी रगों में आशंका की स्पष्ट भावना के साथ घुल-मिल गई। वह उन्हें अपनी कमजोरियों की नजरों से बचाना चाहते थे और उस बहादुर सैनिक की छवि को सुरक्षित रखना चाहते थे, जिसे वे हमेशा से जानते थे।

जब उनके पुनर्मिलन का दिन आया तो उन्होंने अपने माता-पिता और भाई-बहनों के चेहरों पर डरावनी झलक देखने के लिए खुद को तैयार किया।

दरवाजा खुला और ज्ञानेंद्र का दिल खुशी से उछल पड़ा, क्योंकि उनके परिवार ने उन्हें गर्मजोशी से गले लगा लिया। उनका प्यार सुखदायी बाम की तरह उन पर बरस रहा था। जब उन्होंने उनके चेहरों को देखा, जो उनके आगमन की प्रतीक्षा कर रहे थे, तो राहत और कृतज्ञता के आँसू उनके गालों पर बह निकले। हालाँकि, उनकी हालत ठीक नहीं थी, लेकिन उन्हें खुशी थी कि उनका परिवार उनके साथ खड़ा था और समर्थन एवं असीम प्यार दे रहा था।

फिर भी, अपनी आत्मा की गहराई में उन्होंने अपनी शारीरिक सीमाओं का भार उठाया। देखा और अनदेखा—दोनों तरह का दर्द उनके भीतर बना रहा, जो उनके देश के लिए किए गए बलिदानों की हमेशा याद दिलाता रहा। उनके ठीक होने का रास्ता बागडोगरा के बेस हॉस्पिटल के अनगिनत दौरों से होकर गुजरता था, जहाँ कुशल डॉक्टरों और दयालु स्वास्थ्य देखभाल पेशेवरों ने खुद को उनकी देखभाल के लिए समर्पित कर दिया था। बेस हॉस्पिटल के नजदीक होने के कारण बागडोगरा ज्ञानेंद्र का पसंदीदा अभयारण्य बन गया; एक ऐसा स्थान, जहाँ वह अपने परिवार के करीब रहते हुए आवश्यक चिकित्सा देखभाल प्राप्त कर सकते थे। उनके जीवन की दिनचर्या इन आवश्यक यात्राओं को समायोजित करने के लिए अनुकूलित हुई। अस्पताल की प्रत्येक यात्रा आशा और घबराहट दोनों की भावना से भरी हुई थी।

राष्ट्र के लिए उनकी प्रतिबद्धता और बलिदान को पहचानते हुए बागडोगरा में ज्ञानेंद्र के समुदाय ने खुले हाथों से उनका स्वागत किया। उन्होंने बहादुरी और लचीलेपन के जीवंत अवतार के रूप में उनकी उपस्थिति को सँजोते हुए उन्हें सम्मान और श्रद्धा से नहलाया। उन्हें उनके दयालु व्यवहार से सांत्वना मिली। वह उनके बीच विकसित हुए सौहार्दपूर्ण संबंधों और समझ के लिए आभारी थे।

ज्ञानेंद्र कुमार राय के साहस और वीरता पर किसी का ध्यान नहीं गया। युद्ध के मैदान पर उनके उल्लेखनीय कारनामों को प्रतिष्ठित 'वीर चक्र' से सम्मानित किया गया, जो राष्ट्र के प्रति उनके समर्पण का एक प्रमाण है। बटालिक की लड़ाई के दौरान दिखाए गए उनके अदम्य साहस के लिए पूरी यूनिट की सराहना की गई, जिससे उन्हें 'ब्रेवेस्ट ऑफ द ब्रेव' की शानदार उपाधि मिली। उनकी यूनिट के एक युवा अधिकारी लेफ्टिनेंट मनोज कुमार

पांडे ने सर्वोच्च बलिदान दिया और उन्हें 'परम वीर चक्र' से सम्मानित किया गया, जो सर्वोच्च वीरता पुरस्कार है, जिसका एक सैनिक सपना देख सकता है। उनके कमांडिंग ऑफिसर कर्नल ललित राय को गंभीर रूप से घायल होने के बावजूद विपरीत परिस्थितियों में उनके अनुकरणीय नेतृत्व के लिए सम्मानित 'वीर चक्र' प्राप्त हुआ।

हर्षोल्लास और सम्मान के बीच भाग्य ने एक आकस्मिक मुठभेड़ का आयोजन किया, जिसने ज्ञानेंद्र के जीवन को हमेशा के लिए बदल दिया। उनकी होने वाली पत्नी की बहन ने उनकी वीरता की कहानियों से अभिभूत होकर कामदेव की भूमिका निभाने का बीड़ा उठाया। उसने अपनी बड़ी बहन की ओर से एक विवाह प्रस्ताव भेजा, जिससे एक ऐसा संबंध बना, जो सीमाओं से परे होगा और दो आत्माओं को विवाह के शाश्वत बंधन में एकजुट करेगा।

साहस की प्रतिमूर्ति ज्ञानेंद्र ने अपने जीवन में एक नया अध्याय शुरू किया, जब उन्होंने एक व्यवस्थित विवाह किया। वह मिलन दो परिवारों को एक साथ लाया, उनकी नियति को आपस में जोड़ा और उन्हें प्यार एवं साझा सपनों की डोर में बाँध दिया। जैसे ही पवित्र प्रतिज्ञाओं का आदान-प्रदान हुआ, उनके दिल प्रत्याशा से काँप उठे, यह जानकर कि उनका मिलन एक-दूसरे के प्रति गहरे सम्मान व प्रशंसा पर आधारित था।

उनकी प्रेम कहानी समझ और प्यार के कोमल दुलार से विकसित हुई। साथ में, उन्होंने माता-पिता बनने की यात्रा शुरू की। उन्हें अपने प्यार और साझा प्रतिबद्धता के प्रतीक दो अनमोल बच्चों—एक बेटा एवं एक बेटी—की परवरिश करने की खुशी मिली। जब उन्होंने जीवन की सुंदरता को अपनी आँखों के सामने प्रकट होते देखा तो घर अपने बच्चों की आवाज की मासूम धुनों से गूँज उठा।

ज्ञानेंद्र, युद्ध की भट्ठी में फँसा हुआ व्यक्ति, अपने गिरे हुए साथियों का भार अपने कंधों पर रखते हैं। उनकी यादें उनकी आत्मा में गहराई तक समा गईं। वह बार-बार कारगिल लौटते हैं और उनके बलिदान को सँजोने वाले पवित्र मैदानों के बीच सांत्वना तलाशते हैं। एक अवसर पर वह अपनी पत्नी को साथ लाए, जिससे वह उस अदम्य साहस की गवाह बन सके, जो देश की सेवा करने वालों के दिलों में रहती है।

समय बीतने के बावजूद ज्ञानेंद्र दूसरों को प्रेरित करने और उनका उत्थान करने के अपने मिशन में दृढ़ हैं। ज्ञान और अनुभव से भरपूर उनके शब्द उन लोगों को प्रभावित करते हैं, जो मार्गदर्शन और आशा के लिए तरसते हैं। वह अपने बच्चों को न केवल अपनी माँ, बल्कि अपनी प्यारी मातृभूमि की रक्षा करने का पवित्र कर्तव्य भी सौंपते हैं, क्योंकि उनकी नजर में दोनों एक अटूट बंधन में बँधे हुए हैं। उनके बच्चे, उनकी शिक्षाओं से प्रभावित होकर, अपने राष्ट्र की सेवा करने की गहरी इच्छा से प्रेरित होकर उनके नक्शे-कदम पर चलने की आकांक्षा रखते हैं।

कैप्टन ज्ञानेंद्र का हृदय युद्ध की विधवाओं और उनके बच्चों के लिए करुणा और सहानुभूति से भरा हुआ है, जिन्होंने अपार क्षति का भार उठाया है। वह उनके हित के लिए खुद को अथक रूप से समर्पित करते हैं, उनकी भलाई सुनिश्चित करने के लिए लगन से काम करते हैं और उन्हें वह सहायता प्रदान करते हैं, जिसकी उन्हें सख्त जरूरत है। अपने क्षेत्र में वह उनके हितों का समर्थन करते हैं, उनकी आत्माओं को ऊपर उठाने का प्रयास करते हैं और दुःख की छाया के बीच उन्हें आशा की एक किरण प्रदान करते हैं।

□

अंतिम सैल्यूट

फ्लाइंग ऑफिसर एम.पी. अनिल कुमार के बारे में लिखे बिना मेरी पुस्तक पूरी नहीं होगी, जो इस पुस्तक को लिखने के पीछे मेरी प्रेरणा थे। यहाँ तक कि एक लकवाग्रस्त व्यक्ति के रूप में भी वह लिखते रहे और उन सभी को प्रेरित करते रहे, जिन्हें पी.आर.सी. में भरती कराया गया था, या यहाँ तक कि जो लोग उनसे मिलने आए थे। एम.पी., जैसा कि उनके दोस्त और प्रियजन उन्हें याद करते हैं, सन् 2014 में अपने निर्माता से मिलने के लिए चले गए। यहाँ उनकी कहानी उनके अपने शब्दों में है, जिसे उन्होंने अपने ब्लॉग 'फ्रॉम एयरबोर्न टू चेयरबोर्न' पर लिखा था।

फ्लाइंग ऑफिसर एम.पी. अनिल कुमार एक संशोधित कंप्यूटर का उपयोग करके अपने लेख, ब्लॉग और पुस्तक लिखने के लिए स्टाइलस का उपयोग कर रहे हैं

अपने अंगों को हिलाने की मेरी सारी कोशिशें व्यर्थ थीं। गरदन में दर्द असहनीय था और दूसरे दिन यह तेज हो गया। मैं एक पल के लिए स्तब्ध रह गया। लेकिन जल्दी ही मुझे होश आया और मुझे उठने में असमर्थता की गंभीरता और महत्त्व का अहसास हुआ। मुझे याद नहीं कि तब मैं अत्यंत हताशा में अनजाने में चिल्लाया था या नहीं। उस घृणित रात में मेरा मन तीव्र हताशा,

भारतीय वायु सेना में अपनी सेवा के दौरान फ्लाइंग ऑफिसर एम.पी. अनिल कुमार

अत्यंत हताशा और अत्यधिक निराशा के मिश्रण में था। कुछ कालजयी क्षणों के लिए मैं चाहता था कि मैं मर जाऊँ।

28 जून, 1988 को लगभग 11 बजे, रात की उड़ान के बाद अपनी मोटरसाइकिल पर ऑफिसर्स मेस लौटते समय, मैं वायु सेना स्टेशन, पठानकोट के अंदर तकनीकी क्षेत्र गेट के ठीक आगे एक सड़क अवरोध पर चढ़ गया। लकड़ी की पट्टी पर हेलमेट के प्रभाव से मेरी गरदन फट गई और मेरी ग्रीवा रीढ़ की हड्डी टूट गई। दुर्घटना के 15 मिनट बाद मुझे बेहोशी की हालत में स्टेशन सिक क्वार्टर ले जाया गया। ले जाते समय मेरा सिर बिना सहारे के रह गया था। हेलमेट का आधार (पिछला हिस्सा), जो गरदन के पिछले हिस्से पर टिका हुआ था, ने टूटी हुई कशेरुकाओं को ग्रीवा रीढ़ की हड्डी में धकेल दिया। (सर्वाइकल कॉलर से उसकी गरदन को स्थिर करने के बाद पीड़ित को हमेशा स्ट्रेचर पर ले जाना चाहिए।) परिणामी रीढ़ की हड्डी की चोट ने मुझे

गरदन के नीचे पूरी तरह से लकवा मार दिया।

मिलिटरी हॉस्पिटल (एम.एच.), पठानकोट में रात भर रहने के बाद मुझे आर्मी हॉस्पिटल, दिल्ली (ए.एच.डी.सी.) में स्थानांतरित कर दिया गया। गरदन की सर्जरी मेरी परेशानी को कम करने में विफल रही। हालाँकि, ए.एच.डी.सी. में एक पखवाड़े तक अस्पताल में भरती रहने के दौरान मुझे थोड़ी देर के लिए होश आया; लेकिन मेरी याददाश्त जीवित रहने के लिए मेरी लड़ाई को याद करने में विफल रही। 12 जुलाई, 1988 को मुझे एम.एच. किर्की, पुणे के स्पाइनल कॉर्ड इंजरी सेंटर में स्थानांतरित कर दिया गया।

मेरे प्रवेश के दो सप्ताह बाद मैंने अपनी बुद्धि एकत्रित की और उत्सुकता से पूर्वानुमान के बारे में पूछताछ की। चिकित्सा अधिकारी ने ऊपर देखा और अपने हाथों को आकाश की ओर इशारा किया। शायद वह चाहता था कि मैं ईश्वरीय हस्तक्षेप की प्रार्थना करूँ। इस नौटंकी ने तुरंत मेरी उम्मीदों पर पानी फेर दिया; लेकिन अक्षमता की असाध्य प्रकृति की विशालता और असहायता को स्पष्ट रूप से व्यक्त कर दिया। जीवन की विसंगतियों ने मुझे हमेशा हतप्रभ किया है; लेकिन मैंने किसी दुःस्वप्न में भी नहीं सोचा था कि एक दिन मैं भाग्य की ऐसी विचित्रता का शिकार हो जाऊँगा। प्रोविडेंस में मेरा जो थोड़ा सा विश्वास था, वह तब टूट गया, जब मैं रत्ती भर भी सुधार दिखाने में असफल रहा।

सर्वाइकल स्पाइनल इंजरी (क्वाड्रिप्लेजिया) के कारण मुझे पूरी तरह से बिस्तर और व्हीलचेयर से बँधा हुआ आश्रित जीवन जीना पड़ा। अब मैं जीवन भर के लिए बेड़ियों में जकड़े हुए मनुष्य के समान हूँ। मैं अपने हाथों व पैरों का उपयोग करने में असमर्थ हूँ, असंयमी हूँ और चम्मच से खाना खाता हूँ। विडंबना यह है कि क्वाड्रिप्लेजिया का सबसे दर्दनाक पहलू दर्द-रहित होना है! यह केवल स्पर्शनीय इनपुट तथा आउटपुट का नुकसान नहीं है, बल्कि सांसारिक आवश्यकताओं एवं घरेलू कामों को पूरा करने के लिए किसी और पर पूर्ण निर्भरता है, जिसने मुझे जकड़ लिया है; यहाँ तक कि कान साफ करने और मक्खियाँ उड़ाने जैसी चीजों के लिए भी।

कुछ ही महीनों के भीतर अनुपयोगी शोष शुरू हो गया और मेरे धड़ एवं अंगों की ज्यामिति में परिवर्तन करके अपना प्रभाव डाला। दर्पण ने कटी हुई

त्वचा की परत में लिपटे एक मानव कंकाल की छवि को दोहराया। एम.एच. किर्की में दो साल के प्रवास ने मुझे सिखाया कि विभिन्न बाधाओं से कैसे लड़ना है और अवसाद के दौरों पर कैसे जीत हासिल करनी है। अपने चेहरे पर मुसकान के साथ मैं अपने मन की पीड़ा को व्यक्त करने में सफल रहा। भारतीय वायु सेना को मेरी निरर्थकता का अहसास हुआ और 12 अप्रैल, 1990 को मुझे सेवा से मुक्त कर दिया गया। इस मूर्खतापूर्ण दुर्घटना ने मेरी आकांक्षाओं पर आघात किया और भारतीय वायु सेना में मेरे शुरुआती कॅरियर को समाप्त कर दिया। अगस्त 1990 में, 26 वर्ष की छोटी उम्र में, मुझे अपने जीवन के दूसरे चरण को नए सिरे से शुरू करने के लिए एक कैदी के रूप में पैराप्लेजिक होम, पार्क रोड, किर्की, पुणे में भरती कराया गया।

मेरा जन्म और पालन-पोषण त्रिवेंद्रम से 35 कि.मी. उत्तर में चिरायिंकिल नाम के एक गाँव में हुआ। 9 साल की उम्र में मैंने सैनिक स्कूल, कझाकूटम में प्रवेश लिया। स्वभाव से एक धीमी गति से सीखने वाला और विनीत छात्र होने के कारण मैंने शिक्षा और खेल दोनों में लगातार उत्कृष्ट प्रदर्शन किया था। बाद में, मुझे इस योग्य पाया गया कि मुझे राष्ट्रीय रक्षा अकादमी (एन. डी.ए.), खडकवासला, पुणे के 65वें कोर्स में सर्वश्रेष्ठ वायु सेना कैडेट और वायु सेना अकादमी, सिकंदराबाद के 134वें पायलट कोर्स में एयरोबेटिक्स में सर्वश्रेष्ठ घोषित किया गया। दिसंबर 1984 में मुझे एक लड़ाकू पायलट के रूप में भारतीय वायु सेना में नियुक्त किया गया था। भारतीय वायु सेना में अपने संक्षिप्त कॅरियर के दौरान मुझे 700 घंटे की उड़ान का अनुभव ('मिग-21' नामक एक शानदार विमान में 500 घंटे की उड़ान सहित) मिला।

व्यक्तिगत आपदाओं को तर्कसंगत बनाने के मेरे सभी प्रयासों ने मुझे हमेशा भ्रमित किया है और कभी-कभी स्तब्ध भी कर दिया है। दुर्बलता से उत्पन्न नई चुनौतियों के अनुकूल ढलने के लिए मुझे स्वयं द्वारा थोपी गई मूर्खता से खुद को मुक्त करना पड़ा। इसलिए सितंबर 1990 में मैंने (हाथों की खराबी के कारण) मुँह से कलम पकड़कर लिखने की कला सीखने का फैसला किया। मैंने अस्पष्ट रूप से लिखना शुरू कर दिया; लेकिन तीन सप्ताह के कठिन प्रयासों के बाद भी कोई प्रगति न होने पर मैं निराश हो गया। फिर,

मैंने रणनीति बदलने का फैसला किया और शीला जॉर्ज को एक पत्र लिखा; वह व्यक्ति, जो मुँह से लिखना शुरू करने के लिए चिड़चिड़ी रहती थी (पहले मैंने उसके उपदेशों पर बहुत कम ध्यान दिया था)। जब मैंने कुछ पंक्तियाँ पूरी कीं, जो मेरे मुँह से लिखे पहले पत्र का प्रतीक थीं, तो मेरी खुशी का ठिकाना नहीं रहा। प्रारंभ में मुझे अपनी कड़ी मेहनत आसमान में पाई मात्र लगती थी; लेकिन चार से पाँच महीने के कठिन प्रयासों के परिणामस्वरूप लेखन की एक पठनीय शैली प्राप्त हुई। इस मामूली उपलब्धि ने मुझे पत्राचार और नए दोस्त बनाने की श्रृंखला को पुनरुज्जीवित करने में सक्षम बनाया।

मई 1991 में भारतीय वायु सेना की उदारता की बदौलत मुझे एक विद्युत् चालित व्हीलचेयर भेंट की गई, जिसमें पैंतरेबाजी के लिए ठुड्डी पर नियंत्रण था। मोटर-चालित गतिशीलता हालाँकि प्राकृतिक गतिशीलता का एक खराब विकल्प है, लेकिन इसने मेरी जीवन-शैली को काफी जीवंत बना दिया है।

वह मेरे पूर्व फ्लाइट कमांडर विंग कमांडर पी.आई. मुरलीधरन थे, जिन्होंने एक लेखन उपकरण के रूप में पर्सनल कंप्यूटर (पी.सी.) के उपयोग पर विचार किया था। उन्होंने कहा कि इससे मुझे अपनी मानसिक क्षमता का भरपूर उपयोग करने में मदद मिलेगी। अब तक कीबोर्ड (मेरी आवश्यकताओं के अनुरूप संशोधित) प्राप्त करने के असफल प्रयासों ने मेरे संकल्प को कुछ हद तक कमजोर कर दिया है। फिर भी, पी.सी. प्राप्त करने की मेरी आशा कम नहीं हुई है।

इस बीच मेरे मन में पढ़ाने का विचार आया। कुछ अस्थिर कारणों से मैं किसी-न-किसी काल्पनिक कारण को तदर्थ बहाने के रूप में सामने लाकर प्रस्तावों को अस्वीकार करता रहा। उपर्युक्त असफलताओं के बावजूद मैं अपने जीवन के दूसरे चरण को किसी ऐसी सार्थक चीज में परिवर्तित करने के लिए बहुत आशान्वित हूँ, जैसा कि मैंने कॉकपिट की सीमा से किया होता।

मानो या न मानो, हर काले बादल में एक उम्मीद की किरण होती है। यहाँ तक कि दुर्गम प्रतीत होने वाली बाधाओं पर भी विजय पाने के लिए व्यक्ति को बची हुई क्षमताओं को जुटाना होगा और विकलांगता के विचार को त्यागना होगा तथा फिर अपनी सुप्त ऊर्जाओं को उद्‌देश्यपूर्ण और पूरे दिल से

उपयोग करना होगा। यह केवल शारीरिक क्षमता और औसत बुद्धिमत्ता नहीं है, बल्कि सफलता के लिए एक अतृप्त भूख और एक अदम्य इच्छा-शक्ति है, जो मानव नियति नामक ताने-बाने को बुनती है। कठिनाई जितनी बड़ी होगी, जीत उतनी ही मधुर होगी।

फ्लाइंग ऑफिसर एम.पी. अनिल कुमार ने अन्य विकलांग सैनिकों को उनके आघात, अवसाद और निराशाजनक जीवन से बाहर आने में मदद करने में महत्त्वपूर्ण भूमिका निभाई, जिसके बारे में उन्हें लगा कि यह हमेशा के लिए एक प्रेरणा है। ऊँची उड़ान भरें, एम.पी. सर!

□

पुणे : विकलांग सैनिकों के लिए एक दिव्य निवास

भारतीय सशस्त्र बल का प्रत्येक सैनिक, जो ड्यूटी के दौरान घायल हो जाता है, पुणे आता है—या तो आगे के इलाज के लिए स्पाइनल कॉर्ड इंजरी सेंटर में कृत्रिम अंग लगवाने के लिए कृत्रिम अंग केंद्र में या पैराप्लेजिक पुनर्वास केंद्र में और पुन:प्राप्ति एवं पुनर्वास प्रक्रिया के लिए बी.ई.जी. पैरालंपिक नोड। ये सभी केंद्र एक विकलांग सैनिक के जीवन में महत्त्वपूर्ण भूमिका निभाते हैं, जब कोई नहीं होता तो उन्हें आशा देते हैं और साथ ही, यह विश्वास भी जगाते हैं कि वे किसी से पीछे नहीं हैं और कई सक्षम पुरुषों को हरा सकते हैं।

सैन्य अस्पताल, किर्की, पुणे में पैराप्लेजिक मरीज बने पैरा खिलाड़ी

□

स्पाइनल कॉर्ड इंजरी सेंटर—एम.एच. किर्की

उपचार के योद्धा

सैन्य अस्पताल का एक समृद्ध इतिहास है, जो द्वितीय विश्व युद्ध के दौरान 7 इंडो ब्रिटिश जनरल अस्पताल (7 आई.बी.जी.एच.) के रूप में इसकी स्थापना के समय का है। इसका प्राथमिक उद्‌देश्य युद्ध के हताहतों के लिए स्वास्थ्य-लाभ और चिकित्सा देखभाल प्रदान करना था। हालाँकि, 29 मार्च, 1949 को इसका नाम बदल दिया गया और इसे 'सैन्य अस्पताल किर्की' के नाम से जाना जाने लगा।

लेफ्टिनेंट कर्नल आर.सी. ड्रैकप के नेतृत्व में, जिन्होंने 20 अप्रैल, 1949 को कमांडिंग ऑफिसर का पद सँभाला, अस्पताल में महत्त्वपूर्ण विकास हुआ।

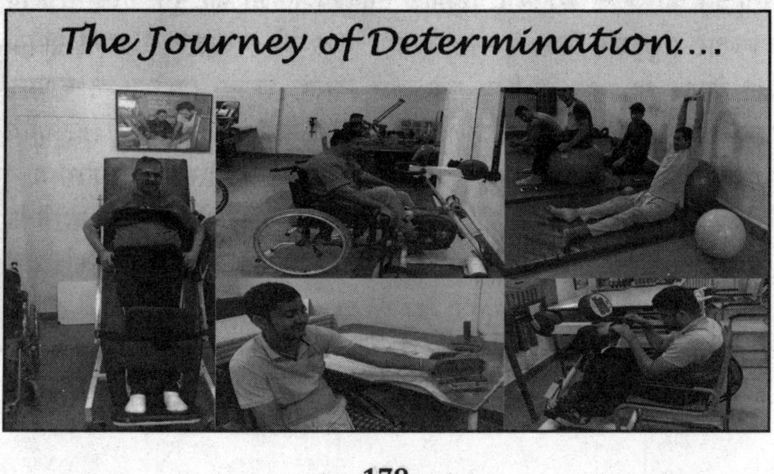

उल्लेखनीय परिवर्तनों में से एक—8 अगस्त, 1949 को रेंज हिल्स में वर्तमान स्थान पर इसका स्थानांतरण था। इस साइट पर पहले 32 रक्षा बटालियन का कब्जा था और अस्पताल के संचालन के लिए उपयुक्त स्थान प्रदान किया गया था। इस कदम के साथ अस्पताल ने अपनी क्षमता को 400 बिस्तरों तक बढ़ा दिया, जिससे यह सुनिश्चित हो गया कि यह काफी संख्या में रोगियों को समायोजित कर सके।

अपने अस्तित्व के दौरान सैन्य अस्पताल ने सशस्त्र बलों और स्थानीय समुदाय की बढ़ती स्वास्थ्य देखभाल आवश्यकताओं को पूरा करने के लिए लगातार अनुकूलन किया है। 12 जुलाई, 1979 को अस्पताल ने अपने रोगियों को बेहतर सेवा देने के लिए एक और विस्तार किया। इसने पहले ए.एफ. एम.आर.यू. (एयर फोर्स मेडिकल रिसर्च यूनिट) और 203 बी.डी. प्लाटून एवं पायनियर कंपनी के कब्जे वाले आवास पर कब्जा कर लिया। इस विस्तार ने अस्पताल को तपेदिक (टी.बी.) रोगियों के लिए विशेष सेवाएँ प्रदान करने के साथ-साथ ओ.पी.डी. (बाह्य रोगी विभाग) की स्थापना के माध्यम से बाह्य रोगी देखभाल प्रदान करने की अनुमति दी।

पिछले कुछ वर्षों में विभिन्न कारकों की प्रतिक्रिया में अस्पताल की बिस्तर क्षमता में उतार-चढ़ाव आया है। वर्ष 1953-56 के वर्षों के दौरान अस्पताल ने

अपनी सबसे कम बिस्तर क्षमता का अनुभव किया। केवल 100 बिस्तर उपलब्ध थे। हालाँकि, भारत-पाक संघर्ष जैसे बढ़े हुए संघर्ष के समय में अस्पताल ने चिकित्सा सेवाओं की बढ़ती माँग को समायोजित करने के लिए अपनी क्षमता का विस्तार किया। 31 अक्तूबर, 1971 को भारत-पाक संघर्ष के दौरान अस्पताल 1,097 बिस्तरों की अपनी उच्चतम बिस्तर क्षमता तक पहुँच गया, जिससे जरूरतमंद लोगों को चिकित्सा देखभाल प्रदान करने में इसकी महत्त्वपूर्ण भूमिका प्रदर्शित हुई।

वर्तमान में, सैन्य अस्पताल मरीजों के लिए 846 बिस्तरों के साथ एक अच्छी तरह से सुसज्जित चिकित्सा सुविधा के रूप में खड़ा है। संकट के समय में अस्पताल में अतिरिक्त 100 संकट विस्तार बिस्तरों के साथ और विस्तार करने की क्षमता है, जिससे यह सुनिश्चित होता है कि यह आपात स्थिति का प्रभावी ढंग से जवाब दे सकता है और आवश्यक चिकित्सा सहायता प्रदान कर सकता है। सैन्य एवं नागरिक आबादी की सेवा के प्रति इसकी प्रतिबद्धता दृढ़ बनी हुई है और यह उच्च गुणवत्ता वाली स्वास्थ्य सेवाएँ प्रदान करने में महत्त्वपूर्ण भूमिका निभा रहा है।

उत्कृष्टता के केंद्र के रूप में सैन्य अस्पताल किर्की के उद्भव का पता कई वर्षों में कई महत्त्वपूर्ण स्थलों से लगाया जा सकता है। सैन्य अस्पताल किर्की के विकास एवं विस्तार से विभिन्न विशिष्ट केंद्रों की स्थापना हुई है और विभिन्न चिकित्सा विषयों में बिस्तरों की बढ़ोतरी हुई है। विवरण इस प्रकार हैं—

8 अगस्त, 1949 को सैन्य अस्पताल किर्की ने 400 बिस्तरों से सुसज्जित रेंज हिल्स में अपने वर्तमान स्थान से संचालन शुरू किया। यह अस्पताल के इतिहास में एक महत्त्वपूर्ण मील का पत्थर साबित हुआ, क्योंकि यह सैन्य कर्मियों और आसपास के समुदाय की स्वास्थ्य देखभाल आवश्यकताओं को पूरा करने के लिए पूरी तरह कार्यात्मक चिकित्सा सुविधा में परिवर्तित हो गया।

आर्थोपेडिक देखभाल के महत्त्व को पहचानते हुए 13 मई, 1958 को अस्पताल के भीतर एक आर्थोपेडिक केंद्र स्थापित किया गया था। 105 बिस्तरों से सुसज्जित यह केंद्र आर्थोपेडिक स्थितियों और चोटों वाले रोगियों के लिए विशेष उपचार एवं पुनर्वास प्रदान करने पर केंद्रित था। इसका उद्देश्य आर्थोपेडिक

देखभाल की आवश्यकता वाले लोगों के लिए गतिशीलता, कार्यक्षमता और जीवन की समग्र गुणवत्ता में सुधार करना है।

13 मई, 1968 को स्पाइनल कॉर्ड इंजरी सेंटर की स्थापना के साथ अस्पताल की सुविधाओं में एक और उल्लेखनीय वृद्धि हुई। 30 बिस्तरों वाला यह विशेष केंद्र रीढ़ की हड्डी की चोट वाले व्यक्तियों के लिए व्यापक देखभाल प्रदान करने पर केंद्रित है। केंद्र का उद्देश्य इन रोगियों के सामने आने वाली अनूठी चुनौतियों का समाधान करना है, जिसमें गतिशीलता संबंधी समस्याएँ, पक्षाघात और पुनर्वास की आवश्यकताएँ शामिल हैं।

स्वास्थ्य देखभाल आवश्यकताओं की एक विस्तृत श्रृंखला को संबोधित करने के महत्त्व को मान्यता देते हुए सैन्य अस्पताल किर्की ने अतिरिक्त चिकित्सा विषयों को शामिल करने के लिए अपनी सेवाओं का विस्तार किया। 13 अगस्त, 1968 को अस्पताल ने त्वचा और यौन-संचारित रोगों (एस.टी.डी.) के इलाज के लिए 45 बिस्तर जोड़े। इस विस्तार ने अस्पताल को त्वचा संबंधी स्थितियों और एस.टी.डी. वाले रोगियों के लिए विशेष देखभाल और सहायता प्रदान करने की अनुमति दी।

इसके अतिरिक्त, अस्पताल ने मानसिक स्वास्थ्य के महत्त्व को पहचाना और एक मनोचिकित्सा विभाग की स्थापना की। उसी तारीख 13 अगस्त, 1968

को विशेष रूप से मनोरोग रोगियों के लिए 25 बिस्तर आवंटित किए गए थे। इस विकास ने अस्पताल को मनोरोग देखभाल की आवश्यकता वाले व्यक्तियों को निदान, उपचार, परामर्श और पुनर्वास सहित व्यापक मानसिक स्वास्थ्य सेवाएँ प्रदान करने की अनुमति दी।

इन विस्तारों और विकासों के माध्यम से सैन्य अस्पताल किर्की एक बहु-विषयक स्वास्थ्य सेवा संस्थान में बदल गया। यह आर्थोपेडिक चोटों, रीढ़ की हड्डी की चोटों, त्वचा एवं एस.टी.डी. और मानसिक स्वास्थ्य समस्याओं सहित चिकित्सा स्थितियों की एक विस्तृत श्रृंखला को संबोधित करने के लिए सुसज्जित था। विभिन्न विषयों में विशेष केंद्रों और बिस्तरों को जोड़ने से अपने रोगियों को व्यापक स्वास्थ्य सेवाएँ प्रदान करने के लिए अस्पताल की प्रतिबद्धता प्रदर्शित हुई।

सैन्य अस्पताल किर्की में स्पाइनल कॉर्ड इंजरी सेंटर दक्षिण-पूर्व एशिया में अपनी तरह के सबसे बड़े केंद्र के रूप में उल्लेखनीय गौरव रखता है। सन् 1965 के भारत-पाक युद्ध में हताहतों की भारी संख्या के कारण एक पैराप्लेजिक उपचार केंद्र की आवश्यकता महसूस हुई, जिसकी परिणति 30 बिस्तरों वाले केंद्र की स्थापना के रूप में हुई। सन् 1968 में अपनी स्थापना के बाद से, 1971 के भारत-पाक युद्ध के बाद, केंद्र ने 1971 में 80 बिस्तरों को समायोजित करने की अपनी क्षमता का विस्तार किया। हताहतों में रीढ़ की हड्डी की चोटों से पीड़ित मुक्तिवाहिनी के सैनिक भी शामिल थे, जिन्हें रीढ़ की हड्डी की चोट के प्रबंधन में महत्त्वपूर्ण देखभाल प्रदान की गई थी। इस अनूठे केंद्र की स्थापना की संकल्पना और कार्यान्वयन एक दूरदर्शी एयर मार्शल अमरजीत सिंह चहल, ए.वी.एस.एम., वी.एस.एम. के अधीन था, जो ऑस्ट्रेलिया में रीढ़ की हड्डी की सर्जरी में उन्नत प्रशिक्षण के बाद सशस्त्र बल चिकित्सा सेवाओं में लौट आए थे। इस दौरान उन्होंने सन् 1974 में एक पैराप्लेजिक होम के विकास का बीड़ा उठाया, जो भारत में अपनी तरह का पहला घर था।

पिछले कुछ वर्षों में स्पाइनल कॉर्ड इंजरी सेंटर ने रीढ़ की हड्डी की चोटों से प्रभावित रोगियों के इलाज और सहायता में महत्त्वपूर्ण भूमिका निभाई है। वास्तव में, रीढ़ की हड्डी की चोटों वाले 3,200 से अधिक रोगियों ने केंद्र

में उपचार प्राप्त किया है, जो स्वास्थ्य देखभाल परिदृश्य पर इसके महत्त्वपूर्ण प्रभाव को उजागर करता है।

वर्तमान में, केंद्र मरीजों को आवश्यक देखभाल प्रदान करना जारी रखता है और यहाँ 72 सैनिकों का इलाज चल रहा है। इन रोगियों को केंद्र के व्यापक पुनर्वास कार्यक्रमों, अनुकूलित उपचारों और उनके जीवन की गुणवत्ता को बढ़ाने तथा समाज में उनके पुनः एकीकरण की सुविधा के लिए डिजाइन किए गए विशेष चिकित्सा हस्तक्षेपों से लाभ होता है।

सैन्य अस्पताल किर्की, पैराप्लेजिक पुनर्वास केंद्र और क्वीन मैरी तकनीकी संस्थान के साथ मिलकर एक अद्वितीय और व्यापक पुनर्वास परिसर बनाता है, जो विशेष रूप से भारत में रीढ़ की हड्डी की चोट के रोगियों की सेवा के लिए समर्पित है। यह सहयोग सामान्य आबादी और सशस्त्र बलों—दोनों की विशिष्ट आवश्यकताओं को पूरा करने पर ध्यान केंद्रित करते हुए इन व्यक्तियों की देखभाल और समर्थन के लिए एक समग्र दृष्टिकोण सुनिश्चित करता है।

स्पाइनल कॉर्ड इंजरी सेंटर की उच्च गुणवत्ता वाली देखभाल प्रदान करने की प्रतिबद्धता, इसकी महत्त्वपूर्ण क्षमता और अन्य विशिष्ट संस्थानों के साथ सहयोग इसे देश में रीढ़ की हड्डी की चोट के रोगियों के लिए समर्थन का एक महत्त्वपूर्ण स्तंभ बनाता है। यह आशा की किरण के रूप में कार्य करता है, व्यापक पुनर्वास सेवाएँ प्रदान करता है और व्यक्तियों को रीढ़ की हड्डी की चोटों से उत्पन्न चुनौतियों के बावजूद पूर्ण जीवन जीने के लिए सशक्त बनाता है। जिस आशा के साथ रीढ़ की हड्डी में चोट-ग्रस्त सैनिक इस केंद्र में प्रवेश करता है, वह उसे अपनी विकलांगता की सीमा के भीतर सशक्तीकरण एवं स्वतंत्रता के एक चरण तक पहुँचाता है, जिसने उसे पैरा-एथलेटिक्स में उत्कृष्टता के स्तर तक पहुँचने और अंतरराष्ट्रीय व राष्ट्रीय स्तर पर सेवाओं का प्रतिनिधित्व करने में सक्षम बनाया है।

□

भारतीय सेना का कृत्रिम अंग केंद्र

न बैसाखी, न व्हीलचेयर

क्या आपने कभी उन बहादुर सैनिकों के भाग्य की कल्पना करने का साहस किया है, जो युद्ध के मैदान में अपने अटूट समर्पण के घाव झेलते हैं? वे योद्धा, जिन्होंने अपना सबकुछ बलिदान कर दिया है, फिर भी साँस

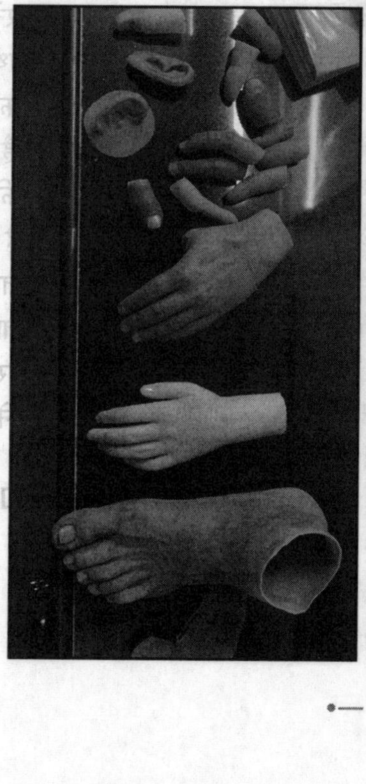

लेते रहते हैं। वे किस अस्तित्व को सहते हैं? टूटे हुए अंगों और क्षतिग्रस्त शरीरों के साथ क्या उन्हें सांत्वना मिलती है, या उन्हें छोड़ दिया जाता है? कदापि नहीं।

भारतीय सेना अपने साथियों का साथ कभी नहीं छोड़ती।

इस सिद्धांत को अटूट विश्वास के साथ अपनाते हुए पुणे में कृत्रिम अंग केंद्र आशा की किरण के रूप में खड़ा है। 19 मई, 1944 को स्थापित यह सशस्त्र बल चिकित्सा सेवाओं का एक प्रमुख त्रि-सेवा संस्थान है, जो द्वितीय विश्व युद्ध की पृष्ठभूमि में भारत के विकलांग सैनिकों को सर्वोत्तम संभव कृत्रिम समाधान और व्यापक पुनर्वास प्रदान करता है। प्रतिष्ठान को सन् 1948 में किर्की, पुणे में स्थानांतरित कर दिया गया था। निस्स्वार्थ सेवा के 79 वर्ष पूरे होने पर ए.एल.सी. चौबीसों घंटे अथक रूप से काम कर रहा है, कठिन एवं निराशाजनक मामलों का भार उठा रहा है और टूटी हुई आत्माओं एवं शरीर वाले व्यक्तियों की सेवा कर रहा है।

ये बहादुर आत्माएँ, अपनी शारीरिक अखंडता से वंचित होकर, इस दुर्जेय संस्थान की दीवारों के भीतर आश्रय पाती हैं। एक विशेष टीम, जिसमें एक प्रोस्थेटिक सर्जन, इंजीनियर, प्रोस्थेटिस्ट, ऑर्थोटिस्ट (अंग फिटर), फिजियोथेरैपिस्ट, लेग ट्रेनिंग इंस्ट्रक्टर एवं मेडिकल सोशल वर्कर शामिल हैं, मिलकर टूटे हुए सपनों को पूरा करते हैं और जीने की इच्छा को फिर से जगाते हैं। अद्वितीय कौशल और करुणा के साथ वे कृत्रिम अंग बनाते हैं, जो निराशा एवं आशा के बीच की खाई को पाटते हैं। उनके हाथ, विशेषज्ञता द्वारा

भारतीय सेना का कृत्रिम अंग केंद्र

निर्देशित और सहानुभूति से प्रेरित होकर, उन लोगों को जीवन वापस देते हैं, जो युद्ध व आतंकवाद की भयावहता से प्रभावित हुए हैं।

इन पवित्र मैदानों में घायल योद्धाओं को ताकत और लचीलापन मिलता है। उन्हें भूली हुई लड़ाई के अवशेषों की तरह अलग नहीं किया जाता, त्याग दिया जाता है। नहीं, उनका उत्थान हुआ है। वे सशक्त हुए हैं और उन्हें याद दिलाया गया है कि उनका बलिदान व्यर्थ नहीं गया।

पुणे में कृत्रिम अंग केंद्र भारतीय सेना की अदम्य भावना का प्रमाण है। यह उन लोगों से किए गए अनकहे वादे की प्रतिध्वनि है, जो सेवा में अपना जीवन लगा देते हैं कि उन्हें पीछे नहीं छोड़ा जाएगा। प्रतिकूल परिस्थितियों के सामने यह संस्था दुनिया को याद दिलाते हुए खड़ी है कि करुणा, समर्पण और अटूट संकल्प सबसे गहरे घावों को भी ठीक कर सकते हैं।

समर्पण के निरंतर प्रदर्शन में पुणे में कृत्रिम अंग केंद्र (ए.एल.सी.) के अदम्य कर्मचारी अपने अथक प्रयासों को केवल अंगों तक सीमित नहीं रखते हैं। वे न केवल टूटे हुए अंगों, बल्कि पैर की उँगलियों, कानों और आँखों को

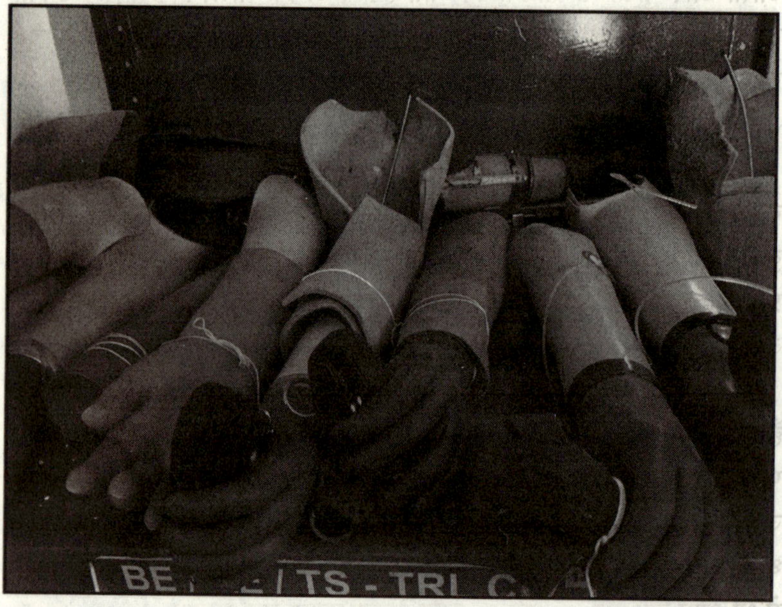

भी ठीक करने के अपने मिशन में दृढ़ संकल्प के साथ आगे बढ़ते हैं। उनकी प्रतिबद्धता बहादुर सैनिकों से भी आगे तक फैली हुई है। यह उनके आश्रितों और नागरिकों को समान रूप से गले लगाता है।

ए.एल.सी. के दायरे में ये गुमनाम नायक पारंपरिक चिकित्सा की सीमाओं को तोड़ते हुए पुनःप्राप्ति की यात्रा पर निकलते हैं। अटूट दृढ़ संकल्प के साथ वे टूटे हुए पैर की उँगलियों को फिर से बनाते हैं, आत्मविश्वास से चलने की क्षमता वापस लाते हैं। वे टूटी उँगलियों को नाजुक ढंग से जोड़ते हैं, निपुणता का उपहार और पकड़ने की शक्ति बहाल करते हैं। वे कुशलतापूर्वक क्षतिग्रस्त कानों की मरम्मत करते हैं, ध्वनि और सांत्वना की दुनिया का अनावरण करते हैं।

इस केंद्र के अथक कर्मचारियों के लिए कोई भी बाधा बड़ी नहीं है। वे समझते हैं कि युद्ध का प्रभाव युद्ध के मैदान से परे भी होता है, जिससे न केवल सैनिकों, बल्कि उनके प्रियजनों और गोलीबारी में फँसे नागरिकों के जीवन पर भी असर पड़ता है। पुनर्स्थापन की कला में प्रशिक्षित उनके हाथ

आशा और मुक्ति के साधन बन जाते हैं। वे अथक परिश्रम करते हैं। उनका समर्पण थकान और संदेह से परे होता है। हर दिन वे युद्ध के साए में छिपे दर्द व पीड़ा का सामना करते हैं और जरूरतमंद लोगों के बोझ को कम करने के अपने संकल्प पर दृढ़ रहते हैं।

ए.एल.सी. के कर्मचारी सच्चे योद्धाओं की भावना का प्रतीक हैं। 'कोई बैसाखी नहीं, कोई व्हीलचेयर नहीं' की दृष्टि के साथ वे हथियारों से नहीं, बल्कि कुशल हाथों, दयालु हृदय और दृढ़ संकल्प से लड़ाई लड़ते हैं। उनकी अटूट प्रतिबद्धता और निस्स्वार्थ सेवा सीमाओं को पार करती है तथा सैनिकों, आश्रितों और नागरिकों को उपचार व नवीनीकरण की साझा यात्रा में एकजुट करती है।

ए.एल.सी. के दायरे में चमत्कार सामने आते हैं। अंग फिर से जुड़ जाते हैं, पैर की उँगलियाँ संतुलन हासिल कर लेती हैं और कृत्रिम उँगलियाँ कीबोर्ड पर नाचने लगती हैं। सैनिकों के खान-पान पर भी विशेष ध्यान दिया जाता है। जब मैंने उनसे बातचीत की तो उनमें से एक, जिसने अपना दायाँ पैर खो दिया था, ने गर्व से कहा, "मैम, सच बताऊँ, भारतीय सेना की बड़ी-से-बड़ी रेजीमेंट में भी आप जाओगी तो आपको इतना अच्छा खाना नहीं मिलेगा, जितना अच्छा और स्वादिष्ट खाना यहाँ मिलता है!"

विभागों में समग्र पुनर्वास, विच्छेदन टिकट को आकार देने के लिए सर्जरी, ऑर्थोसिस और प्रोस्थेसिस बनाने के लिए एक कार्यशाला, फिजियोथैरेपी, मनो-सामाजिक एवं मनोरंजक चिकित्सा, हाइड्रोथैरेपी, रोगियों के लिए एक जिम और रोगियों तथा उनके रिश्तेदारों के लिए अतिथि कक्ष शामिल हैं। आर्मी पैरालंपिक स्पोर्ट्स नोड द्वारा समर्थित सैनिकों ने विभिन्न राष्ट्रीय व अंतरराष्ट्रीय पैरालंपिक खेल आयोजनों में पदक जीते हैं। यह उस पेशेवर उत्कृष्टता का एक मजबूत प्रमाण है, जिसे ए.एल.सी. ने इन सभी वर्षों में बनाए रखा है। प्रत्येक जीवन को छूने के साथ वे टूटे हुए सपनों में फिर से जान फूँक देते हैं और इस विश्वास को प्रेरित करते हैं कि एकता में ताकत है, करुणा में लचीलापन है तथा प्रतिकूल परिस्थितियों में आशा है।

कल्पना कीजिए कि आप एक सैनिक से मिल रहे हैं, जिसने बारूदी सुरंग विस्फोट में अपने दोनों पैर खो दिए थे और वह कहता है, "मैम, मैं

बहुत भाग्यशाली हूँ। अब मैं पहले की तरह अपने जोड़ों पर चल सकता हूँ।"

तो आइए, आज हम आर्टिफिशियल लिंब सेंटर के नायकों को सैल्यूट करें, जो एक अलग तरह की लड़ाई लड़ते हैं—जो बंदूकों व हथगोलों से नहीं, बल्कि मरम्मत, उपचार और पुनर्निर्माण के लिए अपनी अटूट प्रतिबद्धता के साथ लड़ते हैं। उनका प्रभाव संस्था की सीमाओं से कहीं आगे तक फैला हुआ है, जो उनके असाधारण कार्य से प्रभावित सभी लोगों के दिलों और जीवनों में गूँजता है।

□

पैराप्लेजिक पुनर्वास केंद्र

घर से दूर एक घर

जिन विकलांग सैनिकों से मैं मिली, उनमें से कई ने अपने घर जाने के बजाय पी.आर.सी., पुणे में रहना पसंद किया—मुख्यत:, यहाँ प्रदान की जाने वाली देखभाल और आराम के कारण। घर स्थापित करने की अवधारणा, जिसे अब 'पैराप्लेजिक पुनर्वास केंद्र' के रूप में जाना जाता है, 1971 के भारत-पाक युद्ध के बाद उत्पन्न हुई, जिसके दौरान 60 व्यक्ति रीढ़ की हड्डी की चोटों (एस.सी.आई.) से पीड़ित थे। संयुक्त राज्य अमेरिका (वेटरंस होम), यूनाइटेड किंगडम (स्पाइनल कॉर्ड इंजरी सेंटर, स्टोक्स मैंडेविले, आयल्सबरी) और अन्य यूरोपीय देशों में मौजूदा केंद्रों से प्रेरणा लेते हुए इस विचार ने आकार लिया।

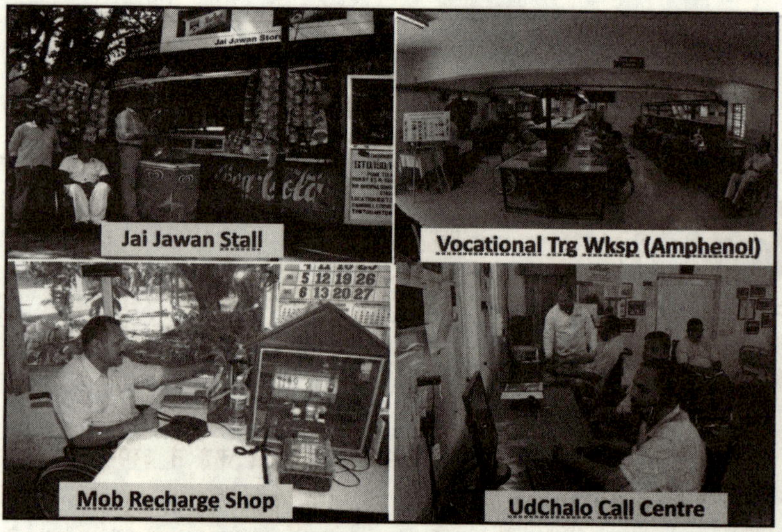

प्रारंभिक ब्लूप्रिंट में 24 बिस्तरों और 19 कर्मचारी क्वार्टरों की क्षमता वाले एक केंद्र की कल्पना की गई थी। 23 जून, 1973 को उस समय के सेनाध्यक्ष जनरल (दिवंगत) जी. बेवूर, पी.वी.एस.एम. ने आधारशिला रखी। इसके बाद 20 सितंबर, 1974 को भारत के राष्ट्रपति (दिवंगत) श्री फखरुद्दीन अली अहमद ने केंद्र का उद्घाटन किया।

सन् 1979 तक पैराप्लेजिक पुनर्वास केंद्र पैराप्लेजिक पूर्व सैनिकों के साथ पूर्ण अधिभोग तक पहुँच गया था, जिन्हें उनकी चोटों के कारण छुट्टी दे दी गई थी। बढ़ती माँगों को पूरा करने के लिए अतिरिक्त 30 बिस्तर शामिल किए गए। केंद्र के भीतर परिवारों को समायोजित करने के महत्त्व को पहचानते हुए विवाहित पूर्व सैनिकों को समायोजित करने के लिए विशेष रूप से डिजाइन किए गए 4 क्वार्टर जोड़े गए।

रेंज हिल्स, किर्की, पुणे में स्थित पी.आर.सी. राष्ट्र की सेवा करते समय रीढ़ की हड्डी की चोट से पीड़ित रक्षा कर्मियों के लिए एक प्रसिद्ध पुनर्वास केंद्र है। इस केंद्र का मुख्य उद्देश्य भारतीय सशस्त्र बलों के उन कर्मियों की अच्छी देखभाल और पुनर्वास प्रदान करना है, जो चिकित्सकीय रूप से बोर्ड

पैराप्लेजिक पुनर्वास केंद्र

पैराप्लेजिक सैनिक, जो पी.आर.सी. में अभ्यास करने वाले प्रतिभाशाली गायक हैं

आउट हैं।

वर्तमान में, पी.आर.सी. में कुल 71 निवासी हैं, जिनमें से 40 पैराप्लेजिक और 31 क्वाड्रिप्लेजिक हैं। पैराप्लेजिक पुनर्वास केंद्र में सैनिकों पर 24/7 निगरानी रखी जाती है। इसमें दैनिक बीमार रिपोर्ट, अस्पताल रेफरल, समय-समय पर चिकित्सा जाँच, बिस्तर पर देखभाल और फिजियोथैरेपी शामिल है। उन्हें हाइड्रोथैरेपी भी दी जाती है और सैनिकों के लिए एक सुसज्जित जिम भी है। यहाँ एक व्यावसायिक प्रशिक्षण कार्यशाला, पुस्तकालय, कंप्यूटर लैब और मनोरंजक गतिविधियों के लिए एक बहूद्देश्यीय कक्ष भी है। पी.आर.सी. की सबसे अच्छी बात यह है कि इसमें आवासीय क्वार्टर्स भी हैं, जहाँ सैनिकों के परिवार भी रह सकते हैं। उनके लिए आर्थिक रूप से स्वतंत्र होने के भी विभिन्न अवसर उपलब्ध हैं। वर्तमान में, 8 निवासी एक कॉल सेंटर में काम करते हैं और 6 एक माउथ पेंटिंग स्टूडियो में काम करते हैं, जिनमें से 5 इंटरनेशनल माउथ के सदस्य हैं।

पी.आर.सी. व्हीलचेयर में खेल शुरू करने में अग्रणी है। विकलांगों के

लिए प्रथम राष्ट्रीय खेल भी पी.आर.सी. द्वारा आयोजित किए गए थे और केंद्र में आयोजित किए गए थे। केंद्र में रहने वाले कार्मिक राष्ट्रीय स्तर पर व्हीलचेयर खेलों में निर्विवाद चैंपियन हैं। उन्हें राष्ट्रीय व अंतरराष्ट्रीय संगठनों से पुरस्कार और मान्यता भी प्राप्त हुई है। उन्होंने सन् 2019 में मोहाली में आयोजित छठी राष्ट्रीय पुरुष व्हीलचेयर बास्केटबॉल चैंपियनशिप जीती। पी.आर.सी. के सैनिकों ने सन् 2019 में गोंदिया, महाराष्ट्र में आयोजित 13वीं राज्य पैरा-स्विमिंग चैंपियनशिप में 4 स्वर्ण पदक, 2 रजत पदक और 1 कांस्य पदक जीता। सैनिकों में से एक पी.के. अली ने सन् 2020 में पेरू लीमा बैडमिंटन चैंपियनशिप में स्वर्ण पदक जीता। फिर उन्होंने सन् 2022 में दुबई पैरा-बैडमिंटन चैंपियनशिप में 1 स्वर्ण, 1 रजत और 1 कांस्य पदक जीता। अली ने युगांडा में 1 रजत और 1 कांस्य पदक जीता। पैरा-बैडमिंटन अंतरराष्ट्रीय टूर्नामेंट। उन्होंने मई 2022 में बहरीन के पहले अंतरराष्ट्रीय पैरा-बैडमिंटन टूर्नामेंट में भी 3 पदक जीते।

पूर्व राइफलमैन नीर बहादुर गुरुंग को राष्ट्रपति श्रीमती द्रौपदी मुर्मू द्वारा 30 नवंबर, 2022 को पैरा एथलेटिक्स में 'ध्यानचंद लाइफटाइम अचीवमेंट पुरस्कार' से पुरस्कृत किया गया। पी.आर.सी. के सदस्यों ने 15 जनवरी, 2023 को मुंबई में आयोजित टाटा मुंबई इंटरनेशनल मैराथन में भी भाग लिया।

पी.आर.सी. यह सुनिश्चित करने के लिए शारीरिक एवं मनोवैज्ञानिक पुनर्वास प्रदान करता है कि निवासियों के अंगों और आंतरिक प्रणालियों में शेष ताकत फिजियोथेरैपी, व्हीलचेयर पर खेल, नियमित चिकित्सा जाँच और दैनिक देखभाल द्वारा इष्टतम स्थिति में बनी रहे। पी.आर.सी. को अपने निवासियों का मनोबल बढ़ाने और रीढ़ की हड्डी की चोट के आघात से यथाशीघ्र उबरने में सहायता करने पर गर्व है। वे आवश्यकतानुसार हमारे निवासियों और उनके जीवनसाथियों को वित्तीय सहायता भी प्रदान करते हैं। वे आई.टी. और विनिर्माण उद्योगों जैसे विभिन्न क्षेत्रों में नौकरियाँ सुरक्षित करने में मदद करने में सफल रहे हैं।

वे व्यावसायिक प्रशिक्षण पर कार्यशालाएँ भी आयोजित करते हैं, ताकि गर्व और स्वतंत्रता की भावना हो। पी.आर.सी. भारत में पैराप्लेजिक्स/

पैराप्लेजिक पुनर्वास केंद्र

क्वाड्रिप्लेजिक्स के पुनर्वास में डॉक्टरों और पैरामेडिक्स को प्रशिक्षण देने के लिए नोडल केंद्र है।

पी.आर.सी. के निदेशक कर्नल (डॉ.) रतन कुमार मुखर्जी ने कहा कि प्राथमिक उद्देश्य सभी निवासियों के बीच आशावाद की भावना को बढ़ावा देना है, जिससे वे आत्मविश्वास से अपना सिर ऊँचा रखते हुए अत्यंत गौरव और गरिमा से भरी एक स्वायत्त जीवन-शैली अपनाने में सक्षम हो सकें।

□

सेना पैरालंपिक नोड

चैंपियंस बनाना

भारत सहित दुनिया भर में पैरालंपिक खेलों में रुचि में अभूतपूर्व वृद्धि देखी जा रही है। पैरा-चैंपियनशिप और गेम्स अत्यधिक प्रशंसित कार्यक्रम बन गए हैं, जिन्होंने राष्ट्रीय व अंतरराष्ट्रीय—दोनों स्तरों पर व्यापक ध्यान आकर्षित किया है।

आर्मी पैरालंपिक नोड (ए.पी.एन.) की स्थापना भारतीय सेना के उन बहादुर सैनिकों को व्यापक मार्गदर्शन और पुनर्वास प्रदान करने के उद्देश्य से की गई थी, जिन्होंने आतंकवाद-विरोधी चुनौतीपूर्ण वातावरण में देश की सेवा

करते समय अंग हानि, पक्षाघात या दृश्य हानि का सामना किया है। ए.पी. एन. का प्राथमिक उद्देश्य पैरालंपिक खेलों में इन सेवारत सैनिकों की सक्रिय भागीदारी को बढ़ावा देना और उत्कृष्टता की उनकी खोज का समर्थन करना है।

एथलेटिक विकास को बढ़ावा देने के अलावा ए.पी.एन. एक सकारात्मक मानसिकता, सौहार्द एवं टीम वर्क की भावना को भी बढ़ावा देता है और अन्य विकलांग सैनिकों को खेल के मैदान पर तथा बाहर सफलता के लिए अनुकूल स्वस्थ जीवन-शैली अपनाने के लिए प्रेरित करता है। विशेष रूप से राष्ट्रीय व अंतरराष्ट्रीय स्तर पर उपलब्धियाँ पैरा-एथलीटों के लिए एक महत्त्वपूर्ण मनोबल बढ़ाने वाली, उनके आत्म-सम्मान को बढ़ाने, अपनेपन की भावना को फिर से जगाने और उन्हें प्रयास करने के लिए एक सार्थक लक्ष्य प्रदान करने का काम करती हैं।

पुणे में आर्मी पैरालंपिक नोड (ए.पी.एन.) की स्थापना को रणनीतिक रूप से कृत्रिम अंग केंद्र (ए.एल.सी.) और सैन्य अस्पताल (एम.एच.) किर्की के करीब होने के कारण चुना गया था, जिससे निर्बाध अंग फिटिंग और स्काउटिंग प्रक्रियाओं की सुविधा मिलती है। ए.पी.एन. विभिन्न विषयों में पैरा-एथलीटों को मौलिक और उन्नत प्रशिक्षण प्रदान करने के लिए ओलंपिक नोड्स एवं आर्मी स्पोर्ट्स नोड्स दोनों के साथ सहयोग करता है।

अपने प्रारंभिक चरण में ए.पी.एन. ने पाँच पैरालंपिक विषयों पर ध्यान केंद्रित किया—पैरा-एथलेटिक्स, पैरा-तैराकी, पैरा-तीरंदाजी, पैरा-शूटिंग और पैरा-रोइंग। इसके अलावा, सन् 2022 में ए.पी.एन. ने कार्यक्रम में एथलीटों के लिए उपलब्ध अवसरों का विस्तार करते हुए पैरा-कैनोइंग को एक अतिरिक्त अनुशासन के रूप में पेश किया।

ए.पी.एन. को औपचारिक रूप से सन् 2017 में स्थापित किया गया था और अपनी उल्लेखनीय 6 साल की यात्रा में नोड ने असाधारण मील के पत्थर हासिल किए हैं। वर्तमान में आर्मी पैरालंपिक नोड 45 पैरा-एथलीटों को प्रशिक्षित करता है, जो गर्व से उपलब्धियों का एक प्रभावशाली रिकॉर्ड सामने लाते हैं। उनके सामूहिक प्रयासों ने उन्हें एक उल्लेखनीय पदक तालिका अर्जित

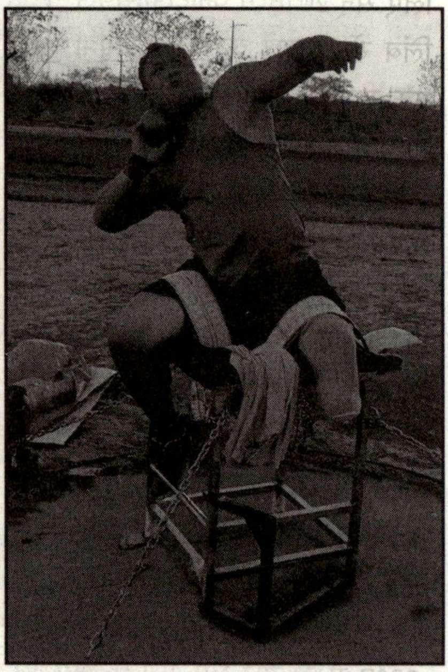

करने में महत्त्वपूर्ण भूमिका निभाई है, जिसमें विभिन्न स्पर्धाओं में 69 अंतरराष्ट्रीय और 144 राष्ट्रीय पदक शामिल हैं। ए.पी.एन. ने एक ओलंपियन तैयार किया है और उसके नाम एक एशियाई रिकॉर्ड तथा सात राष्ट्रीय रिकॉर्ड हैं।

आर्मी पैरालंपिक नोड के कुछ स्टार एथलीट इस प्रकार हैं—

हवलदार होकातो सेमा 17 साल के भी नहीं थे, जब वह भारतीय सेना की असम रेजीमेंट में शामिल हुए। नागालैंड की एक साधारण पृष्ठभूमि से आने वाले वे एक किसान परिवार के चार बच्चों में से दूसरे हैं। युवा होकातो ने हमेशा मातृभूमि की सेवा करने के लिए स्पेशल फोर्सेस (एस.एफ.) में शामिल होने का सपना देखा था और जब वह जम्मू में नियंत्रण रेखा पर एक अत्यधिक सक्रिय क्षेत्र में अपनी यूनिट में शामिल हुए तो उन्होंने उच्चतम स्तर की शारीरिक फिटनेस और मानसिक मजबूती का प्रदर्शन किया।

चोट की गंभीरता का पता तब चला, जब श्रीनगर के 92 बेस हॉस्पिटल में सर्जरी के बाद उन्हें होश आया, जब युवा सैनिक ने देखा कि उनका पैर घुटने के स्तर से नीचे कटा हुआ है। होकातो के दु:ख की कोई सीमा नहीं थी और वह फूट-फूटकर रोने लगे, क्योंकि उन्होंने अपने शेष जीवन को बैसाखी के सहारे चलते हुए देखने की कल्पना की। इस अवधि के दौरान उनकी खुशी का एकमात्र स्रोत खेलों में भाग लेने वाले शारीरिक रूप से अक्षम लोगों के वीडियोज देखना था। हालाँकि, अपनी वरदी पहनने से पहले नया पैर पाने के

लिए सन् 2016 में आर्टिफिशियल लिंब सेंटर, पुणे की उनकी यात्रा एक महत्त्वपूर्ण मोड़ थी, जब उन्हें आर्मी पैरालंपिक नोड के बारे में पता चला। शारीरिक फिटनेस के प्रति उनकी रुचि और देश की सेवा करने की उनकी इच्छा फिर से जाग्रत् हो गई। तब लांस नायक होकातो सेमा तगरा राहो के अपने रेजीमेंटल अभिवादन के प्रति सच्चे थे, राख से एक फीनिक्स की तरह उठे और पैरा-स्पोर्ट्स में चले गए, जैसे मछली पानी में जाती है।

उन्होंने पहली बार वर्ष 2017 में नेशनल पैरा-एथलेटिक्स चैंपियनशिप में हिस्सा लिया और स्टैंडिंग शॉट पुट में स्वर्ण पदक जीता। इसके बाद उन्होंने कभी पीछे मुड़कर नहीं देखा और 6 साल की छोटी सी अवधि में उन्होंने 9 राष्ट्रीय तथा 3 अंतरराष्ट्रीय पदक जीते हैं। वर्तमान में, विश्व रैंकिंग में छठे स्थान पर स्थित हवलदार होकातो सेमा पुणे में आर्मी पैरालंपिक नोड में हांग्जो 2022 एशियाई पैरा-गेम्स (2023 में आयोजित होने वाले) और पेरिस 2024 ग्रीष्मकालीन पैरालंपिक की तैयारी कर रहे हैं।

25 जून, 1983 को जब कपिल देव ने लॉर्ड्स क्रिकेट ग्राउंड, इंग्लैंड में विश्व कप जीता था, तब सोमन राणा मुश्किल से 6 महीने के थे। शायद यह खेल के साथ उनका अनोखा संबंध है, जिसने उनकी किस्मत लिखी है। मेघालय में किसानों की एक साधारण पृष्ठभूमि से संबंध रखने वाले सोमन एक बच्चे और एक चुलबुले किशोर के रूप में कक्षाओं की तुलना में खेल के मैदानों में अधिक रुचि रखते थे। इसके कारण उन्हें सन् 2001 में भारतीय सेना

में गोरखा राइफल्स में शामिल होना पड़ा।

उनके शारीरिक कौशल को उनके प्रशिक्षण के दिनों में ही देखा गया था। सोमन को यूनिट आवंटित होने से पहले ही उनको रेजीमेंटल सेंटर बॉक्सिंग टीम का हिस्सा बनने के लिए चुना गया था। अपनी सेवा के पहले 5 वर्षों में सोमन राणा ने बॉक्सिंग रिंग में अपने कई प्रतिद्वंद्वियों को हराया और आर्मी बॉक्सिंग टीम के लिए चयन ट्रायल में भाग लिया, जिसके लिए प्रतियोगिता उस अवधि के दौरान अपने चरम पर थी। उन्होंने सन् 2005 में सीनियर बॉक्सिंग नेशनल चैंपियनशिप में मेघालय का प्रतिनिधित्व किया, जब वे अंतिम आठ में पहुँचे।

सन् 2006 में फिर से सेना चैंपियनशिप की तैयारी करते समय उन्हें अपनी यूनिट में तैनात किया गया, जो जम्मू में नियंत्रण रेखा पर शामिल हो रही थी।

2017 उनके कॅरियर का महत्त्वपूर्ण वर्ष था, जब उन्हें आर्मी पैरालंपिक नोड की स्थापना के बारे में पता चला और सेना शीर्ष स्तर पर पैरा खेलों में भाग लेने के लिए शारीरिक रूप से अक्षम सैनिकों को प्रशिक्षण दे रही थी। सोमन राणा ने तुरंत इसके लिए स्वेच्छा से काम किया और तीन महीने के भीतर अपना पहला राष्ट्रीय पदक जीता। केवल 6 साल के अपने छोटे से खेल कॅरियर में सोमन ने सीटेड शॉट पुट, डिस्कस और जेवलिन में 13 राष्ट्रीय और 2 अंतरराष्ट्रीय पदक जीते हैं।

उच्चतम स्तर के धैर्य, दृढ़ संकल्प और मानसिक शक्ति का प्रदर्शन करते हुए उन्होंने बैठे हुए शॉट पुट में अपने समकालीनों से आगे निकलने के लिए खुद को प्रशिक्षित किया। उन्होंने टोक्यो 2020 पैरालंपिक (2021 में आयोजित) में देश का प्रतिनिधित्व किया, जहाँ वह चौथे स्थान पर आए। उनके उत्कृष्ट प्रदर्शन के परिणामस्वरूप उन्हें सन् 2021 में सूबेदार के पद पर आउट-ऑफ-टर्न पदोन्नति दी गई। वर्तमान में, राष्ट्रीय रिकॉर्डधारक और दुनिया में चौथे स्थान पर रहे सूबेदार सोमन राणा हांग्जो 2022 एशियाई खेलों के लिए तैयारी कर रहे हैं। पुणे में आर्मी पैरालंपिक नोड में पैरा गेम्स (2023 में आयोजित होने वाले) और पेरिस 2024 ग्रीष्मकालीन पैरालंपिक।

रामुद्री सोमेश्वर राव का जन्म आंध्र प्रदेश के एक छोटे से गाँव में एक

सेना पैरालंपिक नोड

दर्जी के तीन बेटों में सबसे छोटे बेटे के रूप में हुआ था। अपने गाँव के वरदीधारियों से प्रेरित होकर वह भारतीय सेना में भरती हो गए और अप्रैल 2011 में मद्रास रेजीमेंट में शामिल हो गए, जहाँ उन्होंने शारीरिक रूप से उत्कृष्ट प्रदर्शन किया और उन्हें अपनी यूनिट के विशिष्ट घटक प्लाटून का हिस्सा बनने के लिए चुना गया।

वर्ष 2012 के अंत में उनकी यूनिट जम्मू व कश्मीर में नियंत्रण रेखा पर एक अत्यधिक सक्रिय क्षेत्र में चली गई और वह घटक के साथ विभिन्न अभियानों में शामिल थे। सितंबर 2013 में घातक प्लाटून को दुश्मन की किसी भी महत्त्वाकांक्षी योजना को विफल करने के लिए गश्त और घात लगाकर हमला करने का काम सौंपा गया था, जो सिर्फ 80 मीटर दूर था। 2 सितंबर, 2013 की दुर्भाग्यपूर्ण सुबह, गश्त पर जाते समय, रामुद्री ने गलती से एक बारूदी सुरंग पर पैर रख दिया और अपना पैर खो दिया। वह याद करते हैं कि उनका पहला विचार बिना किसी सहायता के फिर से चलने में सक्षम होने की आशा थी।

विभिन्न सैन्य अस्पतालों में प्रारंभिक उपचार के बाद वह अपनी प्रोस्थेटिक्स फिटिंग के लिए पुणे के आर्टिफिशियल लिंब सेंटर पहुँचे। अन्य युद्ध-घायल सैनिकों से प्रेरित होकर उन्होंने जल्दी ही अपनी नई आदत को अपना लिया और दुनिया भर के विशिष्ट पैरा-एथलीटों के वीडियोज देखकर अपने उत्साह को जीवित रखा। धैर्य और दृढ़ संकल्प के साथ जब तक अन्य सैनिक मुश्किल से चल पाते, तब तक वह कृत्रिम पैर से दौड़ने में सक्षम थे। युवा सैनिक के उत्कृष्ट प्रयासों को जल्द ही देखा गया और उन्हें राष्ट्रीय पैरा-एथलेटिक्स चैंपियनशिप में भाग लेने के लिए सर्विस पैरा-एथलेटिक्स टीम का हिस्सा बनने के लिए चुना गया। हालाँकि, अगली बाधा यह थी कि उनके पास दौड़ने के लिए ब्लेड नहीं था। सभी हितधारकों के सर्वोत्तम प्रयासों के बावजूद उन्हें चैंपियनशिप से केवल तीन दिन पहले ब्लेड मिल सका, जिसकी आदत डालने के लिए बमुश्किल पर्याप्त समय था, पदक जीतना तो दूर की बात थी। इससे उनमें नए उत्साह का संचार हुआ और उन्होंने अगले राष्ट्रीय खेलों में पदक जीतने की चुनौती खुद पर रखी। आर.एस. राव को आर्मी पैरालंपिक नोड में ले जाया गया और उन्होंने सितंबर 2016 में पैरा-एथलीट के रूप में अपनी दूसरी पारी तथा औपचारिक प्रशिक्षण शुरू किया। उनका लचीलापन और समर्पण परिणामों में स्पष्ट था, जब उन्होंने 2016 में राष्ट्रीय चैंपियनशिप में 4 स्वर्ण पदक और 2 रजत पदक जीते। एक ब्लेड रनर के रूप में उनकी उपलब्धियों के लिए उन्हें सन् 2017 में हवलदार के पद पर आउट-ऑफ-टर्न पदोन्नति के साथ उचित पुरस्कार दिया गया।

यह वह समय था, जब ब्लेड रनर के रूप में उनका प्रदर्शन चरम पर था और उन्हें देश का प्रतिनिधित्व करने के लिए सन् 2018 में तीसरे पैरा-एशियाई खेलों के लिए चुना गया था। वर्ष 2019 विभिन्न कारणों से घरेलू पैरा खेलों के लिए एक सुस्त अवधि थी और कोई राष्ट्रीय प्रतियोगिता आयोजित नहीं की गई थी। फिर महामारी आई और सन् 2020 में दुनिया थम गई। यह रामुद्री सोमेश्वर राव और आर्मी पैरालंपिक नोड के लिए भी निर्णय का बिंदु था और यह निर्णय लिया गया कि उन्हें अब ट्रैक इवेंट में भाग नहीं लेना चाहिए तथा अपनी चोट को

और अधिक नहीं बढ़ाना चाहिए। लंबी कूद उनकी नई कर्मभूमि थी और उन्होंने वहाँ भी उत्कृष्ट प्रदर्शन करने में कोई कसर नहीं छोड़ी। उन्होंने वर्ष 2021 और 2022 में राष्ट्रीय पैरा-एथलेटिक्स चैंपियनशिप में स्वर्ण पदक जीता। उन्होंने फरवरी 2022 में एशियाई रिकॉर्ड तोड़ा और मई 2023 में उसे बेहतर बनाया।

नायब सूबेदार आर.एस. राव वर्तमान में पुणे में आर्मी पैरालंपिक नोड में हांग्जो 2022 एशियाई पैरा गेम्स (2023 में आयोजित होने वाले) और पेरिस 2024 ग्रीष्मकालीन पैरालंपिक की तैयारी कर रहे हैं।

□

मौजूदा नीतिगत कमियाँ और विसंगतियाँ

कर्नल प्रदीप कपूर (सेवानिवृत्त) द्वारा
नेत्रहीनों के लिए स्वयंसेवक

आजादी के बाद काफी समय बीत चुका है और हम अभी भी अपने विकलांगों की देखभाल करना नहीं सीख पाए हैं। रक्षा मंत्रालय का ध्यान वित्तीय मुआवजे पर है, जो एक नौकरशाही दृष्टिकोण है। सशस्त्र बलों के सदस्यों के रूप में हमें अपने सेवारत एवं वयोवृद्ध विकलांग समुदाय के साथ-साथ विकलांग बच्चों और विकलांग विधवाओं दोनों का पुनर्वास करना होगा। देखभाल को वित्तीय लाभ से कहीं आगे ले जाने की जरूरत है।

दिग्गजों को नजरअंदाज किया जाता है। यह नीति केवल सेवा में अक्षम होने वाले कर्मियों को पूरा करती है। उम्र, बीमारी या दुर्घटनाओं के कारण विकलांग हुए वयोवृद्धों को सहायता नहीं दी जाती है।

जीवंत उदाहरण—

1. ए.एस.सी. बटालियन का एक हवलदार एक औसत बास्केटबॉल खिलाड़ी था। उसने पाया कि उसकी दृष्टि खो रही है। सैन्य अस्पताल के नेत्र विशेषज्ञ ने उन्हें उनकी खराब स्थिति के बारे में बताया और कहा कि इलाज या ठीक होने की कोई उम्मीद नहीं है। नई दिल्ली में आर एंड आर हॉस्पिटल की यात्रा के दौरान उन्होंने नेत्रहीनों के लिए एक सिविल एन.जी.ओ. का दौरा किया। वहाँ ब्लाइंड एथलेटिक्स चल रही थी। उन्होंने उस कार्यक्रम में

एक आगंतुक और कम दृष्टि वाले व्यक्ति के रूप में भाग लिया। उन्होंने पाया कि वह अच्छा था। एक सप्ताह बाद उन्हें राष्ट्रीय प्रतियोगिता में भाग लेने के लिए आमंत्रित किया गया। उन्होंने पदक जीते। उन्होंने कुआलालंपुर में एक अंतरराष्ट्रीय कार्यक्रम के लिए प्रायोजक बनने के लिए एस.एस.सी.बी. (सर्विसेज स्पोर्ट्स कंट्रोल बोर्ड) से संपर्क किया। चूँकि वह सेवा में थे, इसलिए उन्हें प्रायोजित किया गया। वह दो पदक लेकर लौटे। वापस लौटने पर वह एक रिलीज मेडिकल बोर्ड से गुजरे और उन्हें घर भेज दिया गया। एस.एस.सी.बी. की अब कोई दिलचस्पी नहीं थी। वह किसी एन.जी.ओ. का हिस्सा नहीं थे, इसलिए आगे कोई प्रशिक्षण नहीं लिया गया। वह घर चले गए। राष्ट्र की एक संपत्ति खो गई। वह ब्लाइंड स्पोर्ट्स में अच्छा प्रदर्शन कर सकते थे। हम केवल एल.एम. सी. पर ध्यान केंद्रित करते हैं। हम सन् 1995 के पी.डब्ल्यू.डी. एक्ट और 2016 के आर.पी.डी. एक्ट की अवहेलना करते हैं। सबसे महत्त्वपूर्ण बात यह है कि सामान्य तौर पर दिग्गजों के पास अधिकार नहीं होते हैं, लेकिन विकलांग दिग्गजों के पास होते हैं। एक विकलांग वयोवृद्ध को सहायता की आवश्यकता होती है। उसे यह जानने की जरूरत है कि अधिकारियों के नेतृत्व वाला संगठन उसका समर्थन व मार्गदर्शन करेगा और वे प्रासंगिक जानकारी प्रसारित करेंगे तथा उसे सूचित करेंगे।

2. अमृतसर से लगभग 40 कि.मी. दूर रहने वाला सैपर्स का एक अंधा नायक मुझसे मिलने के लिए अपने बेटे की मोटरसाइकिल पर पीछे बैठा। सन् 1971 के युद्ध के अंत में खनन कार्य के दौरान उनकी आँखें धुँधली हो गई थीं। उनके बगल वाले व्यक्ति ने गलती की और मारा गया; लेकिन विस्फोट ने उन्हें अंधा बना दिया। वह 24 साल के थे। मैंने उनसे पूछा कि तब से उन्होंने खुद की मदद करने, आजीविका कमाने और अपने परिवार की देखभाल के लिए क्या किया है? उनका जवाब था, "मैं बेचारा, अंधा हो गया। क्या कर

सकता हूँ ?" उन्हें यह बताने के लिए एक अधिकारी की आवश्यकता थी कि वह सक्षम हैं, उन्हें फिर से कौशल में प्रशिक्षित किया जा सकता है और वह अपने परिवार के लिए एक कमाने वाला, योगदान देने वाला सदस्य बन सकते हैं। भारत में दृष्टिहीनों के लिए सबसे पुराना एन.जी.ओ. अमृतसर में है। यह एक अच्छा संगठन है, जो कई कौशलों में प्रशिक्षण प्रदान करता है। वह नहीं जानते थे और उन्होंने कभी उस स्थान को नहीं देखा था।

3. पूर्वी दिल्ली में रहने वाले एक सार्जेंट की रीढ़ की हड्डी जमी हुई थी। वह केवल सीधी पीठ के बल, कुरसी पर आधा झुके हुए ही बैठ सकते थे। हालाँकि, फ्रोजन स्पाइन का इलाज करने वाला प्रमुख एन.जी.ओ. उनके घर से 700 मीटर की दूरी पर स्थित था। साथ ही, दिव्यांगों के लिए रोजगार के अवसर और प्रशिक्षण उपलब्ध कराने वाली सर्वोत्तम संस्था भी नजदीक ही थी। वह उनमें से किसी से भी अनभिज्ञ थे। हम विकलांगता को एक चिकित्सकीय समस्या के रूप में देखते हैं। प्रारंभिक उपचार को अंतिम माना जाता है। हालाँकि चोटें, विशेष रूप से बंदूक की गोली या छर्रे के घाव, उनके पूरे जीवन में लगातार अंतराल पर उभरते रहते हैं। वह दर्द में हैं, उन्हें यह महसूस कराने के लिए कोई अनुवर्ती काररवाई नहीं की जाती कि उन्हें उनकी परवाह है। वह अपनी सुरक्षा खुद ही कर रहे हैं। अधिकारी प्रबंधन करेंगे, लेकिन जे.कमांडिंग ऑफिसर और एन.कमांडिंग ऑफिसर नहीं कर सकते।

4. कमांडर उदय सोंधी, एक नौसैनिक एविएटर, एक पैर से हेलीकॉप्टर उड़ाने की अनुमति वाले एकमात्र पायलट होने के कारण 'लिम्का बुक ऑफ रिकॉड्र्स' में शामिल हैं। वह मुसकराते हुए कहते हैं, "मेरे स्टंप में लगातार दर्द हो रहा है। केवल मेरी पत्नी ही जानती है कि मैं प्रतिदिन कितना दर्द सहता हूँ!"

5. सन् 2008 में मुंबई में एक आतंकवादी हमला हुआ था, जिसमें एन.एस.जी. (राष्ट्रीय सुरक्षा गार्ड) को तैनात किया गया था। उनमें

11 लोग हताहत हुए, जिनमें से 4 लोग विकलांग हो गए। उनमें से एक युवा कैप्टन ए.के. सिंह थे, जिनकी एक आँख चली गई थी और उनके शरीर के अगले हिस्से पर छर्रे लगे थे। घटना के छह महीने बाद उन्होंने मुझसे कहा कि वह अपने भविष्य को लेकर चिंतित हैं। मैंने उत्तर देते हुए कहा कि मैं एकमात्र अधिकारी था, जो उनकी मदद कर सकता था; क्योंकि मेरे पास वरदी और विकलांगता क्षेत्र दोनों तरफ से 20 वर्षों से अधिक का अनुभव था। इसके अलावा, मैं भी उनकी तरह एक गनर था। मैंने उन्हें राइफल चलाने या एक आँख से दूरबीन चलाने का प्रशिक्षण लेने की सलाह दी। उन्हें गनर के तौर पर शॉट लेने थे और अन्य तोपखाने उपकरणों को एक आँख से इस्तेमाल करना पड़ता था। इसके अलावा, चूँकि वह युद्ध में हताहत हुए थे, इसलिए उनकी पदोन्नति और पोस्टिंग सुरक्षित थी। लेकिन उन्हें भद्दी टिप्पणियों के लिए भी तैयार रहना होगा, क्योंकि निम्न चिकित्सा श्रेणियों (एल.एम.सी.) को हेय दृष्टि से देखा जाता था और उनके साथ भेदभाव किया जाता था। ज्यादातर बार लोग एल.एम.सी. के कारण से अनजान थे। यह सलाह ए.जी. शाखा, सेना मुख्यालय से आनी चाहिए थी। मामले को और भी बदतर बनाने के लिए ए.जी. शाखा ने युवा कैप्टन से स्पष्टीकरण माँगा कि वह एक अनुभवी के साथ बातचीत क्यों कर रहे थे। अधिकारी डर गया और उसने संपर्क तोड़ दिया। हाथ थामने का एक अवसर असंवेदनशीलता के कारण खो गया।

6. बख्तरबंद कोर के 'वीर चक्र' से सम्मानित हवलदार को अहमदनगर की सड़कों पर भीख माँगते हुए पाया गया। सन् 1971 के युद्ध में उनके पैर में घाव हो गया था, जिसके कारण वह लँगड़ाकर चल रहे थे। एक आदमी की मदद करना आसान था। जो चीज गायब थी, वह एक ऐसी प्रणाली थी, जो उनके जैसे अन्य लोगों को स्टेशन मुख्यालय से सहायता लेने की अनुमति देती थी।

राष्ट्रीय विकलांगता कानून और नीतियाँ

सशस्त्र बल विकलांगों की आबादी में बड़े पैमाने पर योगदान करते हैं। फिर भी विकलांगों के लिए कानून या नीतियाँ बनाने में उनकी कोई भूमिका नहीं है।

उदाहरण—

- केंद्रीय सैनिक बोर्ड (के.एस.बी.) के प्रतिनिधियों को सामाजिक न्याय एवं अधिकारिता मंत्रालय की दो संचालन समितियों में होना चाहिए।
- विकलांग कार्मिक इस बात से अनभिज्ञ हैं कि विकलांगता से संबंधित शिकायतें प्रत्येक राज्य में आयुक्त (विकलांगता) को भेजी जा सकती हैं।
- उनके पास ब्याज-मुक्त ऋण, सहायता व उपकरण, पुस्तकें एवं प्रकाशन, सामाजिक न्याय एवं अधिकारिता मंत्रालय अनुसंधान एवं विकास के प्रशिक्षण और कौशल वृद्धि सुविधाओं तक पहुँच नहीं है। हमारे पास डी.आर.डी.ओ. और इसरो (ISRO) के भीतर कुछ बेहतरीन वैज्ञानिक हैं। फिर भी, सशस्त्र बलों से विकलांगों को कोई अतिरिक्त लाभ नहीं मिलता है।

अनुरोध

विकलांग सैनिकों के लिए सहायता

- रक्षा मंत्रालय और तीन सेवा मुख्यालयों के निर्णय निर्माताओं ने अतीत में लाभों पर काम किया है; लेकिन ये अभी भी बहुत अल्पविकसित और संक्षिप्त हैं। संबंधित अधिकारियों ने काररवाई करने की इच्छा व्यक्त की, लेकिन आवश्यक उचित उपायों के बारे में जानकारी की कमी की बात स्वीकार की। राष्ट्रीय सुरक्षा के क्षेत्र पर इतना अधिक ध्यान केंद्रित किया गया है कि विकलांगता के मुद्‍दे पीछे रह जाते हैं।
- सहायता प्राप्त करने वालों की संख्या 1,200 है और केवल सेवारत-अक्षम लोगों पर ही ध्यान दिया गया। वरदीधारी व्यक्ति अपना जीवन

अपने कॅरियर के लिए समर्पित कर देता है और विकलांगता क्षेत्र से इतनी दूर हो जाता है कि विकलांगता होने पर उसे अधर में छोड़ दिया जाता है, क्योंकि सभी संगठनात्मक समर्थन वापस ले लिया जाता है और वह नौकरी से बाहर हो जाता है। विकलांग-सेवारत और पूर्व सैनिकों (ई.एस.एम.) की अनुमानित संख्या लगभग 50,000 है। आज के परमाणु परिदृश्य में आप एक दिन में 5,000 से अधिक लोगों को विकलांग बना सकते हैं। उन्हें पूरा करने के लिए कोई योजना मौजूद नहीं है।

उद्देश्य

रक्षा मंत्रालय द्वारा परिकल्पित दायरे में विकलांग सशस्त्र बल कर्मियों को लाभ पहुँचाने की सुविधा प्रदान करना।

संदर्भ की शर्तें

- केवल सशस्त्र बलों के विकलांगों के लिए विशेष पहलुओं को पूरा करना; इसमें सामान्य विकलांग आबादी पर लागू होने वाले मुद्दे शामिल नहीं हैं।
- लाभ के लिए विकलांगता अधिनियम, राष्ट्रीय ट्रस्ट अधिनियम और पुनर्वास अधिनियम का लाभ उठाएँ।
- नए संसाधन न बनाएँ। देश के भीतर सैन्य तथा नागरिक दोनों तरह के मौजूदा बुनियादी ढाँचे का उपयोग करें।

अपेक्षित परिणाम

- नई नीतियों के दायरे में 50 हजार दिव्यांगों को लाया जाएगा।
- एम.ओ.डी. में मौजूदा विकलांगता सेल केंद्र बन जाएगा।
- विकलांग कर्मियों और गैर-सरकारी संगठनों के प्रतिनिधियों वाले नीति संघ की नियुक्ति के माध्यम से विकलांग कर्मियों का सशक्तीकरण हासिल किया गया।

- ऐसे आँकड़े निर्धारित करें, जो विकलांग व्यक्तियों की संख्या दरशाते हों। आँकड़ों को लगातार अद्यतन करने में सक्षम बनाने के लिए रिपोर्ट और रिटर्न को औपचारिक बनाएँ।
- विकलांगों के लाभ को कवर करने के लिए वर्तमान कार्यक्रमों और योजनाओं का विस्तार किया जा सकता है।
- विकलांग कर्मियों के लिए नौकरी/स्व-रोजगार के अवसर प्राप्त करने के लिए मौजूदा प्लेसमेंट प्रयासों, डेटाबेस, नेटवर्किंग संगठनों और अग्रणी गैर-सरकारी संगठनों तक पहुँचें। FICCI, PHDCCI, बहुराष्ट्रीय निगमों आदि जैसे बड़े संगठनों तक पहुँचें।
- विकलांगता क्षेत्र में विकलांग सैनिकों की पहुँच बनाने के लिए मीडिया, सामाजिक न्याय एवं अधिकारिता मंत्रालय (एम.ओ.एस. जे.), विकलांग व्यक्तियों के मुख्य आयुक्त और उनके उपलब्ध बुनियादी ढाँचे का उपयोग करें।
- सेवा कर्मियों के बीच विकलांगता अधिनियम और अन्य अधिनियमों के बारे में जागरूकता फैलाना। अधिनियमों और सरकारी नीति को विकलांग दिग्गजों की विशेष आवश्यकताओं को पूरा करने की आवश्यकता है।
- अवधारणाओं और प्रौद्योगिकी अनुप्रयोगों पर नवीनतम इनपुट प्राप्त करने के लिए निजी एवं विदेशी संगठनों के साथ बातचीत करने के लिए गैर-सरकारी संगठनों का उपयोग करें और उसके बाद अपना स्वयं का विकास करें।
- अतिरिक्त एन.जी.ओ. समर्थन को प्रोत्साहित करें, सहयोग करें और संयुक्त रूप से व्यक्ति की प्रभावी आवाज बनें, जिससे उन्हें संगठनात्मक समर्थन मिले। इन संगठनों के माध्यम से विकलांगों तक, चाहे वे कहीं भी हों, पहुँचें। कई संगठनों के लिए खुले दरवाजे, सेंट डंस्टन की भूमिका बढ़ाएँ।
- विकलांगों में से महिलाओं की देखभाल करना।
- रक्षा मंत्रालय की वेबसाइट पर इन प्रयासों का विवरण शामिल करें।

ऐसे कर्मचारियों को पुनर्गठित करें, जो ऑनलाइन या हार्डकॉपी प्रश्नों का उत्तर देंगे।

- वरिष्ठ सेवानिवृत्त अधिकारियों और पुरुषों को नीति संघ में भाग लेने के लिए प्रोत्साहित करें।

सैन्य संसाधन निम्नानुसार उपलब्ध कराएँ—

1. सैन्य अनुसंधान एवं विकास से सभी विकलांगों को अतिरिक्त लाभ मिल सकता है।
2. इसरो (ISRO) को स्पिन-ऑफ लाभ हो सकता है।
3. साहसिक खेल, विकलांगों की जरूरतों को पूरा करने के लिए सैन्य नियंत्रण में।
4. विकलांग खेलों की पूर्ति के लिए सैन्य खेल संसाधन केंद्र खोले जा सकते हैं।
5. एन.सी.सी. नियमित कार्यक्रमों के हिस्से के रूप में विकलांग ई.एस. एम. को पूरा कर सकता है।
6. विकलांग दिग्गजों को कैंटीन, सैन्य अस्पताल, अधिकारी संस्थानों, मेस और सभी सैन्य कार्यों में विशेष विशेषाधिकार प्राप्त होंगे। दूसरों को प्रेरित करने के लिए विकलांग उपलब्धि हासिल करने वालों के जीवन पर प्रकाश डाला जाएगा।
7. सैन्य विकलांगों को नागरिकों के बीच नेतृत्व लेने के लिए प्रोत्साहित किया जाएगा।
8. यू.एस.आई., नीति अनुसंधान केंद्र, सैन्य अध्ययन प्रबंधन विभाग के माध्यम से इस विषय पर अनुसंधान को प्रोत्साहित करें।
9. विकलांगता की स्थिति में औपचारिकताओं के लिए चिकित्सा चैनलों को परिष्कृत करें। सन् 1948 में प्रकाशित प्रकाशन 'मेडिकल बोर्ड के लिए चिकित्सा अधिकारियों हेतु दिशा-निर्देश' की समीक्षा करें।
10. रक्षा मंत्रालय को सामाजिक न्याय एवं अधिकारिता मंत्रालय की वितरण सूची में शामिल किया जाना चाहिए। विकलांगों के लिए नीति

तय करने से पहले सभी नीतिगत मामलों पर उनकी राय जरूर ली जानी चाहिए।

परिणामों की डिलीवरी के लिए अनुशंसित वाहन—

(क) सलाहकार समिति/नीति संघ।

(ख) मसौदा नीतियों को बेहतर बनाने के लिए राष्ट्रीय संगोष्ठी।

(ग) विकलांगता पर एक राष्ट्रीय सिद्धांत।

किसी भी विकलांग व्यक्ति की आवश्यकताएँ

दस्तावेजीकरण, आवश्यकताओं का मूल्यांकन, परामर्श, गतिशीलता, सहायता एवं उपकरण, प्रौद्योगिकी अनुप्रयोग, स्वतंत्र जीवन में विशेष कौशल, क्षमता विकास, पहुँच, सहायता समूह एवं गैर–सरकारी संगठन और आय सृजन।

सशस्त्र बलों के विकलांग व्यक्तियों की विशेष आवश्यकताएँ

गौरव, संवेदनशीलता, सूचना, सहकर्मी समूह स्वीकृति, संकट प्रबंधन तथा चिकित्सा, शारीरिक फिटनेस, मान्यता, लाभ और कानूनों के बारे में जागरूकता।

फायदे

(क) विकलांग सैनिकों के लिए।

- देश ने जो स्थापित किया है, उसका लाभ उठाता है और अपने घर या पोस्टिंग के नजदीक इसका लाभ उठाता है।
- रैंक या विकलांगता की तारीख के बावजूद सभी प्रभावित कर्मी इस सुविधा का लाभ अभी और भविष्य में उठा सकते हैं।
- जैसे ही नई तकनीक या नीतियाँ आएँगी, सूचना का प्रवाह उसके अद्यतनीकरण को सुनिश्चित करेगा।

(ख) तीनों सेनाओं के लिए

- अपने स्वयं के विकलांगों की देखभाल करने की एक बेहतर छवि विकसित करता है।

- लाभ लागत–प्रभावी हैं।
- कार्यान्वयन मौजूदा संगठन और जन–शक्ति के साथ काम करता है।

(ग) गैर–सरकारी संगठनों के लिए

- उनके लक्ष्य और उद्देश्यों में योगदान दें।
- विकलांगों के लिए कार्य की बेहतर छवि विकसित करें।

(घ) राष्ट्र के लिए

- संतुष्टि की भावना कि वरदी में पुरुषों की बेहतर देखभाल की जाती है।
- राष्ट्रीय संसाधनों का अनुकूलन।

निष्कर्ष

उपर्युक्त अनुशंसाओं पर विस्तृत विचार एवं मंथन की आवश्यकता होगी। इनमें से कुछ वास्तव में विकसित होकर उपयोगी व व्यावहारिक विचार बन सकते हैं, जिन्हें लागू किया जा सकता है। यह प्रयास एक अग्रणी प्रयास है और पूर्व ज्ञान से कोई मदद नहीं मिलती। हम दिव्यांगों के लिए एक बड़ी पहल की आशा करते हैं। इससे वर्तमान के साथ–साथ भविष्य के सभी विकलांग कर्मियों को उपयोगी जीवन जीने में लाभ होगा। आपसे अनुरोध है कि इन मुद्दों पर आगे चर्चा करने के लिए एक उपयुक्त नियुक्ति तय करें।

□

शाश्वत सैनिक

कैप्टन शिवानी सैनी, सैन्य नर्सिंग सेवाएँ

युद्ध जीत लिया गया, हमारा झंडा ऊँचा रहा,
लेकिन तभी पीछे से वो बेवफा गोली आई।
मुझे मारा गया, मेरी रीढ़ की हड्डी टूट गई,
और मैं जमीन पर गिर गया, लेकिन मेरा झंडा ऊँचा हो गया।
और उस पल में मैं आखिरी साँसों के लिए संघर्ष कर रहा था,
लेकिन नहीं, पछतावे का एक भी कण नहीं था।
अपने राष्ट्र की उन्नति के लिए अपना खून बहाना,
शहीद सैनिक का सबसे बड़ा गौरव है

मैं बिस्तर पर उठा, मैं जीवित था,
बीते हुए समय के बारे में अस्पष्ट।
मैं उठना चाहता था, अपने सैन्य जूते पहनना चाहता था,
लेकिन अफसोस! उन पैरों को देखो, वे हिलेंगे नहीं।
मैंने संघर्ष किया, मैंने धक्का दिया, मैंने बिस्तर पर हाथापाई की,
वे हिलने-डुलने में बहुत सुन्न हो गए थे, मेरे पैर मृत लग रहे थे,
कोशिश करते-करते थक गया, मैं क्रोधित और जंगली हो गया था।
और फिर, जब हकीकत सामने आई तो आँसू छलक पड़े।
मेरे पैर ढीले थे, मेरे हाथ धीमे थे,
वे स्तब्ध महसूस कर रहे थे, वे बढ़ नहीं पा रहे थे।

यह दुर्भाग्यपूर्ण था, जीवन की अनिश्चितता,
अब मैं दिन-रात बिस्तर पर पड़ा रहता हूँ।
उपकरण मेरे मित्र हैं, मेरे शरीर का सहारा हैं,
हाँ, मैं वह सैनिक हूँ, जो कहानी सुनाने के लिए जीवित रहा।

शाश्वत सैनिक

बहुत पछतावा हुआ, मैं गर्व से भर गया,
मैं वह सिपाही हूँ, जिसने देश को खुशी दी।
कई लोगों के लिए प्रेरणा, मेरे पास इतिहास का पन्ना है,
उन लोगों की स्मृति, जो यह दिन देखने के लिए जीवित नहीं रहे।

और यदि आज कोई चमत्कार हो जाए और मेरी इच्छा पूरी हो जाए,
मैं अब भी एक सैनिक बनना और देश की सीमा पर रहना पसंद करूँगा।
मैंने अपने देश के लिए अपनी जान दे दी, इसे देने के बारे में दोबारा नहीं सोचूँगा,
एक बार सैनिक के रूप में जन्म लेने के बाद एक सैनिक के रूप में मैं मर जाऊँगा।
मेरे पैर हिल नहीं सकते, लेकिन मेरा धैर्य ऊँचा है,
मैं आत्मा और मन से एक सैनिक हूँ।

□

हम उन बहादुर सैनिकों का हमेशा सम्मान करें और उन्हें सँजोएँ, क्योंकि उन्होंने हमें सिखाया है कि साहस की कोई सीमा नहीं होती और मानवीय भावना किसी भी विपरीत परिस्थिति पर विजय प्राप्त कर सकती है।

—जय हिंद

□□□